COLLECTION

COMPLÈTE

DES MÉMOIRES

RELATIFS

A L'HISTOIRE DE FRANCE.

Jean de Mergey. — François de La Noue. — Achille Gamon. — Jean Philippi.

LEBEL, IMPRIMEUR DU ROI, A PARIS.

COLLECTION

COMPLÈTE

DES MÉMOIRES

RELATIFS

A L'HISTOIRE DE FRANCE,

DEPUIS LE RÈGNE DE PHILIPPE-AUGUSTE JUSQU'AU COMMENCEMENT
DU DIX-SEPTIÈME SIÈCLE;

AVEC DES NOTICES SUR CHAQUE AUTEUR,
ET DES OBSERVATIONS SUR CHAQUE OUVRAGE,

Par M. PETITOT.

TOME XXXIV.

PARIS,

FOUCAULT, LIBRAIRE, RUE DE SORBONNE, N° 9.

1823.

MÉMOIRES

DU SIEUR

JEAN DE MERGEY,

GENTILHOMME CHAMPENOIS.

NOTICE

SUR

JEAN DE MERGEY ET SUR SES MÉMOIRES.

Jean, sieur de Mergey, naquit en 1536, sous le règne de François 1, à Harans-Mesnil en Champagne, de Nicolas de Mergey, et de Catherine, fille naturelle de la maison de Dinteville. Sa famille n'étoit pas riche; il se trouvoit le dernier de quatorze enfans, et l'on crut devoir le destiner à l'état ecclésiastique.

Ayant perdu son père, il fut mis à l'âge de huit ans au collége de Troyes, où il fit ses premières études, puis il passa dans l'abbaye de Montier-en-Der, afin d'y recevoir une éducation conforme aux vues que ses parens avoient sur lui. Mais, loin que sa vocation y répondît, il montra des goûts entièrement opposés : le récit des hauts faits d'armes qui avoient marqué l'époque de sa naissance (1) enflamma son imagination, et lui inspira le plus ardent désir de se signaler dans cette noble carrière. Il fallut donc que sa mère consentît à le retirer de Montier-en-Der; et ce ne fut pas sans regret qu'elle le vit renoncer aux riches bénéfices dont elle s'étoit flattée qu'il seroit pourvu. Hors d'état de lui procurer dans sa maison les moyens d'acquérir les nouvelles connoissances qui lui étoient nécessaires, elle le plaça près de Polisy, bailli de Troyes, chef de

(1) En 1536, François I défit l'armée de Charles-Quint, qui avoit envahi la Provence.

la maison de Dinteville, dont elle étoit issue. Polisy avoit autrefois servi avec distinction; mais, accablé d'infirmités, et ne pouvant plus sortir de chez lui, il employa volontiers ses loisirs à compléter l'éducation de son jeune parent, qui, par des manières vives et enjouées, lui donnoit des distractions agréables, et dissipoit la tristesse de son intérieur. Lorsque cet intéressant élève eut atteint l'adolescence, il l'attacha comme page à Deschenets son frère, qui commandoit une compagnie de cinquante hommes d'armes dans les armées de Henri II.

Ce fut en cette qualité que Mergey fit, à l'âge de dix-huit ans, la fameuse campagne de 1554, et prit part à la victoire de Renty. Au fort de la mêlée, il combattit corps à corps avec un gendarme de l'Empereur, et le blessa d'un coup mortel; mais il lui fut impossible de retirer sa lance du corps de cet ennemi expirant. L'usage étoit alors qu'un page qui perdoit une de ses armes devoit être fustigé: Mergey, ne s'attachant qu'à la lettre de ce réglement, trembloit de reparoître désarmé devant son seigneur; mais, encouragé par ceux qui avoient été témoins de son action, il reprit bientôt confiance; et il n'est pas besoin de dire qu'au lieu de châtiment il ne reçut que des éloges.

L'année suivante, Deschenets le mit hors de page, et, dans l'espoir de lui procurer un prompt avancement, il le plaça près du comte François de La Rochefoucault, lieutenant de la compagnie de gendarmes du duc de Lorraine. Mergey se dévoua entièrement à ce seigneur, qui, comme on va le voir, prit malheureusement sur lui un trop grand ascendant.

La Rochefoucault, alors zélé catholique, avoit pour

épouse Silvia Pica, fille de Galéas, prince de La Mirandole, qu'il aimoit éperdument. Cette jeune Italienne étant morte en 1556 presque subitement dans le château de Verteuil en Angoumois, il témoigna la plus vive douleur, et vint à Paris, où il s'enferma dans l'abbaye de Saint-Victor, renonçant en apparence à toutes les consolations qui pouvoient lui venir des hommes. Il passa quelques mois dans cette retraite, d'où ses amis eurent beaucoup de peine à le tirer. Rendu au monde, et montrant une grande légèreté de caractère, il se remaria dès l'année suivante avec Charlotte de Roye, sœur d'Eléonore, princesse de Condé, et proche parente de Coligny. La famille de sa nouvelle épouse professant en secret la religion protestante, il ne tarda pas à être entraîné dans cette secte, qui déjà commençoit à former en France un parti politique. Mergey, dont les principes religieux manquoient de solidité, parce que dans son enfance on avoit voulu mal à propos contraindre ses inclinations, suivit cet exemple sans presque réfléchir aux conséquences d'une telle démarche. Peu familier avec les matières qui faisoient l'objet des controverses, il ne tenta jamais de s'en faire instruire: sans être incrédule, il demeura indifférent; et cette tiédeur, bien rare dans le siècle où il vivoit, le préserva du moins des passions, qu'entraîne le fanatisme.

Il suivit le comte de La Rochefoucault dans la fatale campagne de 1557, et il fut, ainsi que lui, fait prisonnier après la défaite de Saint-Quentin. Enfermés tous deux dans le château de Genep, où Louis XI, encore dauphin, avoit autrefois long-temps résidé, ils firent pour s'échapper une tentative, dont le récit est un des morceaux les plus intéressans des mémoires ; puis ils furent transférés en Hollande, et mis sous la garde de Bréderode, l'un des plus grands seigneurs du pays, qui possédoit près d'Utrecht un château très-fort. L'humeur de Mergey, qui étoit un excellent convive, plut à ce seigneur ; et les prisonniers, traités avec beaucoup d'égards, n'eurent à regretter que la perte de leur liberté. Elle leur fut rendue après onze mois de captivité ; et Mergey, ayant fait un voyage en Champagne pour revoir sa famille, alla se fixer à Verteuil, séjour ordinaire des comtes de La Rochefoucault.

Agé de vingt-trois ans, il devint, pendant les loisirs de la paix, amoureux d'une demoiselle riche nommée Anne de Courcelles : accueilli favorablement par elle, et aidé par la famille de son protecteur, il l'épousa peu de temps après.

Cependant la mort de Henri II, arrivée au mois de juin 1559, mit à découvert les plaies secrètes et profondes dont la France gémissoit depuis le schisme, et pour lesquelles les mesures rigoureuses prises sous les deux derniers règnes n'avoient été que d'impuissans palliatifs. Les protestans, jusqu'alors contenus, levèrent le masque dès le commencement du règne de François II ; et, appuyés par les princes du sang, ils prirent l'attitude d'un parti politique très-redoutable. Quoique La Rochefoucault fût uni par les liens du sang et de la religion à la maison de Condé, il ne paroît pas que ni lui ni Mergey aient trempé dans la conjuration d'Amboise ; ils ne commencèrent à se déclarer que lorsque, peu de temps avant la mort du jeune roi, les Guise, ses ministres, ordonnèrent des enquêtes sévères pour découvrir et poursuivre tous ceux qui étoient attachés à la nouvelle religion [1560].

Dans la seconde année du règne de Charles IX, Catherine de Médicis, irritée du pouvoir des princes lorrains, eut recours aux protestans, et La Rochefoucault, qui n'avoit pas encore quitté Verteuil, lui envoya Mergey pour entamer une négociation. La Reine le reçut parfaitement, et le chargea d'une mission importante près du prince de Condé, qui, à la tête d'une armée, menaçoit Paris. Une grande fermentation agitoit cette ville, les portes en étoient soigneusement gardées, et un protestant qui essayoit d'en sortir s'exposoit à être massacré. Mergey, plein d'audace et de résolution, fit un faux passe-port, partit en plein jour et en poste, trompa ceux qui visitèrent ses papiers, et parvint au quartier du prince après avoir échappé aux plus grands dangers par une présence d'esprit extraordinaire.

Lorsqu'il eut conféré avec Condé, il repartit pour Verteuil, muni de pleins pouvoirs. La Rochefoucault, ayant fait un appel à la noblesse des provinces voisines, se trouva au bout de quelques jours à la tête de trois cents gentilshommes, avec lesquels il alla joindre le prince, qui venoit de surprendre Orléans. Mergey, qui l'avoit accompagné, le suivit dans une nouvelle expédition que les protestans tentèrent sur la capitale : obligés de lever le siége par l'armée royale qui revint précipitamment de Normandie, et poursuivis dans leur retraite, ils furent atteints près de Dreux, où se livra la bataille de ce nom [19 décembre 1562]. Mergey fit des prodiges de valeur, et ne fut qu'un des derniers à suivre Coligny dans sa retraite.

Le duc de Guise, parvenu au faîte du pouvoir,

comptoit au nombre de ses prisonniers le prince de Condé, chef du parti ennemi, et le ministre Paroceli, aumônier de ce prince. Dans la chaleur du combat il avoit perdu un cheval auquel il étoit très-attaché; et, ayant appris que La Rochefoucault s'en étoit emparé, il proposa un échange qui donne une idée de la manière de voir des grands seigneurs de ce temps. Il écrivit à La Rochefoucault que s'il lui rendoit le cheval il lui renverroit le ministre. La Rochefoucault, qui tenoit beaucoup à sa capture, refusa l'échange; et, voulant néanmoins donner à ce refus un air de décence, il prit pour prétexte qu'il ne vouloit pas priver Condé des consolations qu'il pouvoit trouver dans les instructions religieuses de Paroceli. Cette négociation paroît si naturelle à Mergey, qu'il la raconte sans témoigner le moindre étonnement.

Après la bataille de Dreux, La Rochefoucault et Mergey suivirent Coligny d'abord à Orléans, puis en Normandie, où les protestans s'emparèrent de la ville et du château de Caen. Ce fut là qu'ils apprirent la mort du duc de Guise, assassiné par Poltrot : événement qui rapprocha les deux partis, et donna lieu à la paix d'Amboise [19 mars 1563].

Tandis que Mergey jouissoit du repos dans les terres de son épouse, la femme du comte de La Rochefoucault lui intenta un procès pour quelques propriétés qu'elle revendiquoit, et il crut devoir quitter momentanément le service du comte, auquel il resta néanmoins tendrement attaché. C'est aux soins que lui donna cette contestation, dont l'issue pouvoit compromettre le sort de ses enfans, qu'on doit attribuer l'inaction où il demeura lorsque les protestans reprirent les armes au mois de septembre 1567. Il ne reparut sur les champs de bataille qu'en 1569, à l'époque de la troisième guerre civile; et, ne pouvant suivre La Rochefoucault, il servit sous le comte de Bonneval, l'un des chefs protestans les plus distingués. Il fit partie du corps d'armée qui assiégea Poitiers, dont la défense couvrit de gloire le jeune duc de Guise, et il prit part à la bataille de Montcontour, perdue par son parti. Pendant le cours de cette guerre, le comte de La Rochefoucault sentit vivement la perte d'un tel serviteur : toutes les fois qu'il le rencontroit, il lui disoit : « Mer-« gey, encore que vous ne soyez point avec moy, vous « estes tousjours à moy. »

Lorsque la paix de Saint-Germain [8 août 1570] eut suspendu pour quelque temps la fureur des partis, Mergey s'attacha de nouveau au comte de La Rochefoucault, dont l'épouse venoit de mourir, et il lui fut plus dévoué que jamais. Ils partirent pour Paris peu de temps avant le mariage du roi de Navarre et de Marguerite de Valois [1572], et La Rochefoucault, doué d'un caractère très-aimable, parut jouir de la faveur de Charles IX. Ce fut ce qui l'empêcha d'écouter les conseils de Mergey, qui, ayant reçu de sa femme une lettre en chiffre contenant les avertissemens les plus sinistres, le pressoit de quitter la capitale. L'attentat commis sur la personne de l'Amiral le 22 août ne lui ouvrit pas les yeux; et il ne vit dans les ordres qui furent donnés le même jour afin qu'aucun protestant n'échappât au massacre, que des précautions prises pour garantir leur sûreté.

Ces ordres consistoient à les réunir tous dans le voisinage de Coligny. Par cette nouvelle distribution de logemens, Mergey se trouva séparé de La Rochefoucault : on lui assigna une chambre basse, louée depuis quelque temps à un menuisier, capitaine de son quartier, faisant partie d'un grand bâtiment où étoient les équipages de la jeune princesse de Condé, et situé dans la rue Béthisy, presque vis-à-vis l'hôtel de l'Amiral.

Le samedi 23, veille de la Saint-Barthélemy, il accompagna le soir à la Cour le comte de La Rochefoucault. Placé dans une pièce qui touchoit à la chambre du Roi, il entendit le monarque presser vivement le comte de passer la nuit au Louvre; mais celui-ci, ne concevant pas le moindre soupçon du danger qui le menaçoit, et ayant obtenu d'ailleurs un rendez-vous de la princesse douairière de Condé, dont il étoit amoureux, refusa obstinément une offre qui avoit pour objet de lui sauver la vie. Ayant pris congé de Charles IX, qui, de peur de trahir son secret, n'osa le retenir malgré lui, il alla passer une heure chez la princesse, revint ensuite dans l'appartement du roi de Navarre, d'où il se retira fort tard, et ne voulut pas que Mergey, qui ne l'avoit pas quitté, restât près de lui le reste de la nuit. Il fut égorgé presque au même moment que l'Amiral.

Cependant Mergey, réveillé en sursaut par les clameurs des assassins de Coligny, apprit bientôt la mort de La Rochefoucault, et il ne douta point que le même sort ne lui fût réservé. Le menuisier à qui la chambre appartenoit rentra bientôt. Cet homme avoit vu avec horreur les commencemens du massacre; il auroit voulu cacher Mergey; mais il craignoit de se compromettre, parce qu'il venoit de paroître un ordre qui prescrivoit des visites domiciliaires dans tout le quartier. Heureusement ceux qui en étoient chargés, croyant qu'il ne se trouvoit dans la maison que des valets de la princesse de Condé, passerent sans y entrer. En proie aux plus cruelles perplexités, Mergey eut la consolation d'apprendre que le jeune Marsillac, fils de La Rochefoucault, avoit une sauve-garde, et qu'il étoit en sûreté avec son gouverneur dans une maison de la rue Saint-Honoré. Il parvint à le joindre, et l'on peut se figurer combien leur première entrevue fut touchante. Charles ix, qui avoit tenté vainement de sauver le père de ce jeune seigneur, lui témoigna le plus tendre intérêt, et il lui permit de se retirer à Verteuil.

Mergey eut pour le nouveau comte de La Rochefoucault le même dévouement dont il avoit donné tant de preuves à son père. Il le suivit en 1573 au siége de La Rochelle, où il fut obligé d'accompagner le roi de Navarre et le prince de Condé; il fit avec lui une campagne en 1575, lorsque le duc d'Alençon, frère de Henri iii, parut embrasser la cause des protestans; et en 1581 tous deux prirent part à l'expédition malheureuse qui avoit pour objet de donner à ce prince la souveraineté des Pays-Bas.

De si longs services rendus à la maison de La Rochefoucault, ne valurent à Mergey aucune récompense. Il n'y avoit nullement compté, car, dès l'époque où il s'étoit attaché à elle, il lui étoit revenu un propos qui auroit détruit toutes ses espérances, s'il avoit pu en concevoir. Le père du jeune comte, en s'entretenant avec ses deux frères sur la conduite qu'ils devoient tenir avec les gentilshommes qui s'étoient dévoués à

eux, s'étoit exprimé ainsi : « Quand on a un bon ser-
« viteur, il ne lui fault jamais faire du bien, mais l'en-
« tretenir en bonne esperance et lui faire beaucoup
« de caresses; car, si vous lui faictes du bien, il vous
« quittera aussitost, là où, le paissant d'esperance, vous
« le retenez tousjours. » Ce système d'ingratitude et
d'égoïsme, sur lequel Mergey ne pouvoit élever aucun
doute par la connoissance qu'il avoit du caractère du
comte, ne l'empêcha pas de consacrer au père et au
fils la plus belle partie de sa vie, sans aucune vue
d'ambition ni d'intérêt.

Affoibli par l'âge et les infirmités, il se retira dans
la terre de Saint-Amand en Angoumois, qui lui venoit de sa femme. Ce fut là qu'il composa, pour l'instruction de ses enfans, des Mémoires, dans lesquels il
ne s'étend que sur les événemens dont il a été acteur et
témoin. Cet ouvrage se distingue par une naïveté et
une franchise qui inspirent une grande confiance : on
y trouve beaucoup d'anecdotes curieuses, et l'on n'y
remarque jamais cette animosité qui auroit pu égarer
la plume d'un homme échappé, comme par miracle,
au massacre de la Saint-Barthélemy. Son style, sans
être châtié, est clair et naturel : il convient lui-même
*qu'il n'a jamais fait grande dépense au collége, quoi-
qu'il ait toujours aimé les livres;* et son peu de préten-
tion sous ce rapport donne à sa narration un air
d'aisance, de liberté et de bonne foi, qui dédommage
de ce qu'on pourroit désirer du côté de l'élégance et
de la correction. En 1613 Mergey étoit âgé de
soixante-dix-sept ans : on ignore la date de sa mort.

Les Mémoires de Mergey ont été publiés, pour la
première fois, par le chanoine Camusat, et font par-

tie du recueil intitulé : *Meslanges historiques, ou Recueil de plusieurs actes, traictez, lettres missives et autres memoires qui peuvent servir en la deduction de l'histoire, depuis 1390 jusques à l'an 1580. Troyes, Noel Moreau,* 1619. Ils n'ont été réimprimés que dans l'ancienne Collection des Mémoires sur l'histoire de France, 1788. Nous avons suivi l'édition de 1619.

MÉMOIRES

DE

JEAN DE MERGEY.

NICOLAS DE MERGEY, sieur de Haraumesgnil en Champagne, paroisse de Sauvage Maisgnil, diocèse de Troyes, espousa Catherine de Dinteville, de laquelle eut quatorze enfans, qui tous moururent jeunes, excepté Bernard, Jacques, Anne et Jean, lesquels furent mariez. Bernard, qui estoit l'esné, ayant suivy dès sa premiere jeunesse les armes soubs la charge du seigneur de Jours, qui estoit colomnel de la legion de Champagne, ayant acquis reputation aux guerres, fut honoré de l'enseigne colonnelle, qui a laissé plusieurs enfans. Jacques de Mergey, ayant aussi longuement suivy les armes avec l'infanterie, fut honoré d'une place aux gardes du corps du Roy, soubs la charge de M. de Brezé, et depuis exempt en ladicte compagnie; lequel aussi a laissé plusieurs enfans. Anne de Mergey fut mariée avec le sieur de La Pouge, angoulmoysin, oncle du sieur de La Voulte, qui eut une fille mariée avec le capitaine Sainct Martin, exempt de l'une des compagnies des gardes du Roy. Et moy, Jean de Mergey, qui suis le cadet et dernier de tous, ayant attainct l'aage de huit ans, ma mere me mit au college, où ayant demeuré deux ans, elle me mist en l'abbaye de Monstierender, en laquelle j'arresté peu de temps, ne voulant estre moyne; elle me mist avec M. de Polizy, bailly de Troyes, chef de la maison de Dinteville, personnage accomply et orné de toutes vertus et sciences autant que homme de son temps et qualité, ayant esté gouverneur de M. d'Orleans, et ambassadeur pour le Roy en Angleterre : mais, estant devenu paralitique et impotent de tous ses membres, et ne pouvant plus à ceste occasion demeurer à la Cour, et s'estant retiré chez soy, se mist pour son plaisir et exercice à bastir ceste belle maison de Polizy; lequel me prist en telle amitié, qu'il prenoit bien la peine luy mesme de m'instruire en toutes les sciences desquelles mon jeune aage pouvoit estre capable; et ayant demeuré avec luy jusques en l'aage de quatorze ou quinze ans, et me voulant mieux former par la frequentation du monde et exercice des armes, me donna à M. Deschenetz son frere, chevalier de l'ordre du Roy, et capitaine de cinquante hommes d'armes, avec lequel je fis plusieurs voyages, mesmes celuy où le roy Henry fit de si beaux exploits de guerre aux pays de l'Empereur ez frontieres de Hainault et du Liege, pour avoir sa revanche des cruautez, pilleries et bruslemens exercez auparavant par la royne de Hongrie aux frontieres de France.

[1554] Le Roy en ce voyage prist et saccagea la ville et chasteau de Beyns et Marimont, maisons de plaisance de ladicte royne de Hongrie, qui estoient aussi bien et richement meublées que maisons de la chrestienté. J'eus pour ma part du butin, car tout estoit habandonné, les pantes d'un lict de velous cramoisi tout garny et enrichy de broderie, de toille d'or et d'argent, qui valloient plus de cinq cens escus; mais M. Deschenetz mon maistre les ayant veuz s'en accommoda. La ville et chasteau de Dynan furent aussi pris, où commandoit Julian Romero, renommé capitaine espagnol, et lequel depuis combatit en France en duel contre un autre Espagnol en presence du Roy, qui leur avoit donné le camp, avec toutes les fanfares et formalitez en tel cas requises; mais les deux champions estant mis dedans le camp par leurs parrains, la partie de Julian ne voulut point venir aux mains, et, tournoiant autour du camp, ne faisoit que crier à son ennemy qui le suyvoit : *No te quiero, Juliano;* proverbe qui a long-temps depuis couru en France.

De Dynan le Roy s'achemina quelque temps après, et alla assieger le fort chasteau de Renty, sur la frontiere de France, que tenoit l'Empereur, mais si bien muny de bons hommes et de choses necessaires pour la conservation de la place, qu'il nous fallut lever le siege; car l'Empereur, ayant dressé son armée grosse et forte, et s'estant acheminé pour secourir les assiegez, s'asseuroit que trouvant nostre armée harassée pour le long temps qu'elle avoit tenu la campagne, qu'il en auroit bon marché s'il la pouvoit affronter; et, ayant faict advancer son avant-garde pour donner courage aux assiegez, il y eut de beaux combats et escarmouches entre les deux armées avant que la nostre levast le siege, où je me trouvé en l'une, estant encore page, où je fis mon premier apprentissage, comme vous entendrez.

M. de Guise estant monté à cheval avec environ vingt-cinq chevaux, capitaines et gentils-hommes, pour aller recognoistre l'avant-garde imperiale qui s'estoit approchée jusques près de Fouquemberge, où estoient logez nos chevaux legers, lieu seur et advantageux, ledict sieur de Guise, estant arrivé assez près dudict Fouquemberge, entendit l'escarmouche que nos chevaux legers avoient attaquée avec les Imperiaux, qui luy feirent faire halte, et envoya M. Deschenetz pour dire au seigneur Paul Baptiste (1), lieutenant de la cavalerie legere soubs M. de Nemours, qu'il eust à se retirer et ne rien attaquer, et qu'il le vint trouver où il estoit sur une petite colline.

M. Deschenetz se mit en chemin pour executer sa charge, et moy avec luy sur un petit cheval barbe, mais fort viste, ayant en ma teste son morion (2) à banniere, avec un beau panache et un javelot de Brezil (3), le fer doré bien tranchant, avec belle houppe d'or et de soye, ma casaque de page, belle et bien estoffée de broderie, de sorte que je pensois estre *quelque petit dieu Mars.*

Ledit sieur Deschenetz, ayant descouvert de dessus une petite montagnete nos gens et les ennemis meslez à l'escarmouche, ne voulut passer outre, voyant au vallon quatre ou cinq chevaux qui se pourmenoient; et, ne sçachant s'ils estoient amis ou ennemis, demeura là, m'envoyant vers ledict Paul Baptiste pour luy dire ce que M. de Guise luy mandoit, et me dist qu'il m'attendroit là.

Je m'achemine pour exécuter ma charge, en l'esquipage que j'estois, droict où estoit l'escarmouche, et y arrivé si à propos, que nos gens s'estoient desbandez

---

(1) *Paul Baptiste.* Paul-Baptiste Frégose, seigneur génois, dont il est souvent parlé dans les Mémoires précédens. — (2) *Son morion :* c'étoit un casque sans visière. — (3) *Javelot de Brezil :* espèce de lance.

pour soustenir ceux qui avoient rembarré les nostres; et les ennemis se retirant pour gaigner leur gros, nous les chargeasmes; et moy y arrivant, et estant bien monté, je fus le premier à la charge. Ayant arresté un Bourguignon (1) qui avoit une cuirace à cru, si courte que la moitié de l'eschine luy paroissoit, j'adresse si bien mon coup, que je luy plante mon javelot en ce defaut dedans l'eschine, qui n'eut pas fait trois pas que, faisant un grand cri avec une laide grimace, tumba mort de dessus son cheval, emportant en ses reins mon javelot, lequel je ne peus retirer à cause qu'il estoit barbillonné (2), et nous retirasmes à notre gros, où trouvant ledit sieur Paul Baptiste, je lui dis ce que luy mandoit M. de Guise; lequel aussitòst fit sonner la retraicte, et le menay où M. Deschenetz l'attendoit.

Je le prié, par le chemin, de faire en sorte avec ledict sieur Deschenetz mon maistre, que je ne fusse poinct fouetté à cause du javelot que j'avois perdu, lequel se prit à rire et m'asseura que je n'aurois point de mal, et qu'il avoit bien veu comment je l'avois perdu; et ayant trouvé ledict sieur Deschenetz, ils s'en vont tous deux trouver M. de Guise, auquel après avoir fait le recit de tout ce qui s'estoit passé, adressant sa parole audict sieur Deschenetz en présence dudit sieur de Guise, luy dit la peur que j'avois d'estre fouetté pour avoir perdu mon javelot; et ayant recité le fait comme il l'avoit vu,

---

(1) *Un Bourguignon.* On donnoit ce nom aux Flamands qui servoient dans les troupes impériales, parce que la Flandre avoit autrefois appartenu aux ducs de Bourgogne, dont Charles-Quint descendoit.

(2) *Barbillonné.* Ce javelot étoit armé de deux crochets qui avoient quelque ressemblance avec les brins de barbe du poisson qu'on appelle barbillon.

dist que si tous ses chevaux legers eussent aussi bien fait que moy, qu'il eust battu l'advant-garde de l'Empereur : voilà mon premier chef-d'œuvre à la guerre.

Il y eut le lendemain un autre gros combat, qui estoit bien une demi-bataille, car nous eusmes huict enseignes de leurs gens de pied, et quatre pieces de campagne montées sur quatre roues que deux chevaux menoient au galop.

Le Roy doncques ayant levé le siege, ceste nuict mesme se retira à Amiens, despartant son armée sur la frontiere aux lieux plus seurs et commodes pour vivre, et voir ce que deviendroit celle de l'Empereur, lequel, ayant rafraischi les assiegez de tout ce qui leur estoit necessaire, rompit aussi la sienne, y estans contraints et les uns et les autres, à cause de l'hyver qui les talonnoit.

[1555] Ledit sieur Deschenetz, pour tousjours m'advancer, m'avoit donné, moy n'en sçachant rien, à M. le comte de La Rochefoucault, qui estoit lieutenant de la compagnie de M. de Lorraine, lequel, avec ladicte compagnie, estoit en garnison à Pierrepont. Ledict sieur Deschenetz, estant avec le Roy à Amiens et moy avec luy, me mit hors de page et m'envoya audict sieur comte à Pierrepont, avec un bon cheval et trente escus, duquel je fus receu avec plus d'honneur et bonne chere que je ne meritois.

[1556] Les deux armées donc estant rompues, ledict sieur comte, laissant encores sa compagnie en garnison à Pierrepont, s'achemina avec son train pour aller à Paris trouver le Roy ; et estant près de Senlis, il sceut les nouvelles de la mort de madame la comtesse sa femme, qui luy causa un extresme dueil en son

ame; et ayant gaigné Paris, s'alla enfermer en l'abbaye
de Sainct-Victor pour evaporer ses soupirs et regretz,
où il eust demeuré long-temps sans ses amis, qui par
importunité l'en firent sortir. Quant à moy, ayant pris
congé de luy, m'en allé en Champagne me rafraischir,
où je ne fis pas long sejour, et retourné tost après retrouver M. le comte [1557], lequel, peu de temps
après, se remaria avec madame Charlotte de Roye,
belle-sœur de M. le prince de Condé; et n'ayant pas
demeuré avec elle plus de trois semaines après leurs
nopces, la guerre se ralluma entre le Roy et le roy
d'Espagne.

M. le connestable, voulant redresser l'armée et ras-
sembler les forces du Roy, manda à M. le comte de le
venir trouver avec ladicte compagnie au lieu de La Fere,
ce qu'il feit. Or, pendant que ledict Connestable dressoit
sa petite armée, petite dis-je, car il ne peut mettre ensemble plus haut de deux mille chevaux et six mille
hommes de pied, M. de Guise ayant emmené avec luy
en Italie la fleur de toute la noblesse de France, ledict
sieur Connestable fut si peu advisé avec ceste pongnée
de gens qu'il avoit, d'aller affronter une armée fresche
et gaillarde, contre l'advis de tous les capitaines qui
estoient avec luy, qui tous luy conseilloient de departir tout ce qu'il avoit, tant de cheval que de pied, par
toutes les bonnes villes de la frontiere, et les bien faire
munir, afin que quand l'ennemy en auroit attaqué quelqu'une, et qu'il seroit là attaché il la trouvast bien munie, et que lors ledict sieur Connestable rassemblant ses
forces qui estoient departies par les garnisons, il pust
rompre les vivres à l'ennemy, et l'incommoder; mais il
demeura tousjours ferme en son opinion, et ayant sceu

que Sainct-Quentin estoit bloqué, où estoit M. l'Admiral, fort denué d'hommes et autres choses necessaires, se resolut de l'aller secourir et mettre des hommes dedans; mais il n'estoit plus temps. Il avoit auparavant envoyé M. le mareschal de Sainct-André à Han, craignant que l'ennemy ne s'en emparast, avec deux cens chevaux et deux mille hommes de pied. M. le comte de La Rochefoucault estoit du nombre. Ledict sieur mareschal, ayant entendu que Sainct-Quentin estoit assiegé, retourna à La Fere trouver M. le Connestable, laissant ledict sieur comte audict Han, avec toutes les troupes qu'il y avoit menées, en qualité de lieutenant de Roy.

Deux jours après, M. le Connestable, voulant effectuer son dessein de mettre des hommes dedans Sainct-Quentin, manda audict sieur comte de le venir trouver le lendemain, avec les trouppes qu'il avoit sur le chemin de La Fere, audict Sainct-Quentin, ce que fit ledict sieur comte, et partit de Han dès le soir mesme, après souper, pour cheminer toute la nuict. Je veux bien mettre ici un mauvais presage que nous eusmes de ladicte entreprise : c'est que mondict sieur le comte et M. de La Capelle Biron, qui estoit là avec sa compagnie de gensdarmes, estant à cheval en la place dudict Han, faisans sortir les trouppes pour s'acheminer, un grand chien tout noir se vint presenter devant eux, et, estant sur le cul, se mist à hurler sans cesse, et, quelque chose qu'on chassast ledict chien, il retournoit tousjours, et continuoit ses hurlements : lors M. le comte, adressant sa parolle audict sieur de La Capelle Biron, lui dist : « Que vous semble de cecy, mon pere (1) ? » qui luy respondit : Parbieu, mon fils (car

(1) *Que vous semble de cecy, mon pere?* Les seigneurs donnoient

c'estoit son serment), qu'il ne sçavoit qu'en dire, mais que c'estoit une musique mal-plaisante. M. le Connestable, repliquant, lui dist : « Je croy, mon pere, que nous allons fournir la comedie. — Parbieu, je le croy, » respondit-il; et se trouva la prophetie dudict sieur comte veritable, car le lendemain la tragedie fut jouée.

Revenant donc à nos troupes qui avoient marché toute la nuict, le lendemain, sur sept heures du matin, nous rencontrasmes M. le Connestable avec son armée. M. le comte feit faire halte aux troupes qu'il menoit, et s'en alla trouver M. le Connestable, pour sçavoir ce qu'il avoit à faire et comment il marcheroit, lequel luy commanda de se mettre en marche à la teste de l'armée avec la compagnie de M. de Lorraine, luy disant, comme il faisoit à tous les autres capitaines, qu'il monstreroit aux ennemis un tour de vieille guerre. Suivant donc son commandement, mondict sieur le comte se mist à la teste de l'armée; le reste suivoit, tant cavallerie que infanterie, selon l'ordre qui leur estoit commandé, et ainsi arrivasmes sur les neuf heures à la vue des ennemis, à la portée du canon; mais ils ne pouvoient venir à nous ny nous à eux, à cause d'un grand maraiz qui estoit entre nous et eux, et une riviere qui passoit par le milieu, qui alloit se rendre et passer par la ville, joignant les murailles.

M. le Connestable avoit faict amener dix ou douze bateaux sur des chariots, pour les jetter sur ladicte riviere, et y mettre des soldatz et les faire couler

alors le nom de *père* aux guerriers plus âgés qu'eux. Jacques de La Charbonnières, seigneur de La Chapelle-Biron, avoit vu plusieurs batailles, et passoit pour très-expérimenté.

dedans la ville; et si lesdicts basteaux eussent esté à la teste de nostre armée comme ils debvoient, ils eussent esté deschargez et mis sur ladicte riviere avec les soldatz, avant que les ennemis eussent eu le moyen de les en empescher, car nous arrivasmes à la veue de leur camp sans qu'ils eussent aucunes nouvelles ny allarme de nous; mais nos basteaux estans à la queue de nostre armée, n'arriverent de deux grosses heures après nous. Cependant les ennemis eurent loisir de se rasseurer et empescher nos basteaux et soldats de gaigner la ville, ayant tous esté pris et tuez, reste une vingtaine (1), qui entrerent à la ville avec un basteau. Cependant M. le Connestable, avec six canons qu'il avoit, faisoit tirer force canonnades dedans le camp des ennemis, qui firent plus de bruict que d'effect. Or les ennemis, ne pouvans venir à nous sans faire le tour de la ville, et passer sur une chaussée où il ne pouvoit passer que trois chevaux de front, eurent loisir de venir gaigner ladicte chaussée.

M. le comte de La Rochefoucault, estant à la teste de nostre armée avec sa compagnie, et plus proche de ladicte chaussée, avoit envoyé sur le bout pour cognoistre si l'ennemy la voudroit passer pour venir à nous, qui virent desjà les ennemis sur l'autre bout de la chaussée, retournerent en donner advis audict sieur comte, lequel, quand et quand, fut trouver M. le Connestable pour l'en advertir, et luy dire que s'il faisoit là encores trop long sejour, il auroit toute l'armée du

---

(1) *Reste une vingtaine.* Coligny, qui commandoit à Saint-Quentin, dit que le secours qu'il reçut fut beaucoup plus considérable. Selon lui il se composa de quatre cent cinquante soldats conduits par d'Andelot, de quinze ou seize capitaines *fort suffisants,* d'un certain nombre de volontaires, d'un commissaire d'artillerie et de deux canonniers.

roy d'Espagne sur les bras, et que, pour obvier à cela, et avoir loisir de nous retirer seurement, il estoit d'advis que promptement il hazardast trois ou quatre cens harquebuziers, et les envoyast à un moulin à vent qui estoit tout joignant le bout de ladicte chaussée, pour empescher et retenir les ennemis de passer si-tost ladicte chaussée, et que luy cependant fist marcher noz gens de pied en toute diligence pour gaigner les boys qui n'estoient qu'à une lieue de nous, et qu'il fist mettre, pour les suivre et faire sa retraicte, toute la cavalerie en un hot avec l'artillerie sur la queue, et que si les ennemis estoient passez la chaussée et nous vouloient suivre, nous aurions jà gaigné les boys; et, au cas qu'ils eussent faict si bonne diligence de nous joindre, qu'ils n'oseroient nous charger en gros, à cause de nostre artillerie qui les arresteroit et escarteroit : s'ils nous vouloient charger par petites troupes, ils ne pourroient nous affronter sans recevoir grande perte, et cependant ferions nostre retraicte seurement ayans gaigné les bois : ce que M. le Connestable trouva bon, et commanda audict sieur comte d'aller faire marcher nos gens de pied pour faire ladicte retraicte, dont il s'excusa, luy disant qu'il commandoit à la compagnie de M. de Lorraine, qui faisoit la retraite, et qu'il ne voudroit pas qu'il y arrivast quelque chose qu'il n'y fust luy-mesme, et qu'il ne pensoit pas y estre de retour qu'il n'eust l'ennemi sur les bras, ce qui fut vray. J'estois tousjours avec luy, et entendis tous les discours qu'il eut avec M. le Connestable, lequel, n'ayant envoyé lesdicts harquebouziers au moulin pour arrester la cavalerie des ennemis, ou l'ayant oublié, fut cause de nostre desroute.

Ledict sieur comte estant retourné à sa compagnie, nous vismes la plus grande part de leur cavallerie passée, qui se mettoit en bataille pour nous suivre, ce qu'ils firent sans trop se haster, attendant que tout le reste eust passé et leur infanterie aussi; et cependant les premiers passez, pour nous amuser, avoient desbandé cinquante ou soixante carabins bien montez, qui nous venoient tirer des arquebuzades dedans les rains, car nous estions jà sur nostre retraicte.

La compagnie de gendarmes de M. le prince de Condé, dont M. de Saincte Foy estoit lieutenant, avoit esté ordonnée pour marcher avec celle de M. de Lorraine, et estoient lesdictes deux compagnies meslées ensemble en haye pour s'estendre davantage, car en ce temps la cavallerie combattoit en haye. M. le comte, voyant que lesdicts carabins nous pressoient si fort par le derrier, fit tourner la teste vers les ennemis pour les arrester, qui furent les deux compagnies seules qui tournassent et chargeassent les ennemis, lesquels, voyans nostre armée qui d'elle-mesme avoit pris l'espouvente et se mettoit en route, n'oserent, ou ne voulurent jamais charger lesdictes deux compagnies qui avoient faict teste, mais, coulant devant nous, se mirent à suivre les nostres qui jà s'enfuioient. Ledict sieur comte voyant cela, et qu'il n'y avoit plus de moyen de s'en desdire, chargea par le flanc les ennemis qui suivoient la victoire.

Il advint lors, comme nous commenceasmes nostre charge, M. le comte avoit à son costé M. de Saincte Foy, et moy au-dessous de luy; comme nous entrasmes dedans les ennemis, je me trouve coste à coste de mondict sieur le comte, ledict sieur de Saincte Foy ayant tenu bride au lieu d'enfoncer, ce que firent aussi son enseigne, son guidon et tous ceux de sa compagnie, reservé deux qui furent tuez et un prisonnier, et luy se sauva à La Fere, et tous ses compagnons.

Quand à la compagnie de M. de Lorreine, les lieutenant, enseigne et le guidon furent pris avec vingt-huict de prisonniers et trente-deux de tuez : je croy que ledict sieur de Saincte Foy et ses compagnons, prevoyants le desastre, s'estoient donnez le mot pour tenir ainsi bride lors du combat : leur capitaine en chef n'eust pas faict cela, mais il combatoit avec les chevaux legers, dont il estoit colonnel. Ayantz donc chargé coste à coste dudict sieur comte avec nostre compagnie, nous fusmes bien tost escartez parmy un hot de mil ou douze cents chevaux : pour moy, Dieu me fit la grace de percer ledict escadron sans estre blessé, ny moy ny mon cheval, et en estant hors, je croy que je me fusse bien sauvé; mais je vis plus avant, à quatre vingts ou cent pas de moy, un gentil-homme de nostre compagnie, nommé Fayoles, à pied tout armé, que deux soldats aussi à pied vouloient tuer, luy tirant force coups d'espée qu'il paroit avec ses brassarts le mieux qu'il pouvoit; et moy, croyant que ce fust un mien frere qui estoit venu nouvellement aussi en nostre compagnie, et n'ayant point encore, ny luy ny ledict Fayoles, de cazaques de livrée, avoient chascun faict faire une cazaque de gris de Carcassonne pour porter sur leurs armes, attendant celles de livrée; moy croyant, comme j'ay dit, que ce fust mon frere au lieu dudict Fayoles, pousse mon cheval droict à luy et aux soldats qui le chamailloient; et, les abordant, je donne un coup d'espée au travers du corps du premier soldat que j'aborde ; et comme je passois outre pour faire de mesme à l'autre, en passant il donna un grand coup d'espée dans le flanc de mon cheval, et le sentant chanceler, et tournant la teste vers la croupe, je vis les boyaux qui luy trainoient ; et à l'instant mesme un Espagnol à cheval vint m'accoster par le derrier, me donnant un coup de masse sur ma salade, si vertement qu'il *me fist veoir les estoiles au ciel*, et lors me rendis à luy, et en mesme temps le cheval tomba mort entre mes jambes. Mon Espagnol me prist par la main pour me conduire en leur camp ; car il pensoit bien avoir faict quelque bonne prise, d'autant que ma cazaque estoit de veloux en broderie, mes armes noires et dorées, avec la selle d'armes de mon cheval de mesme ; somme, j'estois en fort bon equipage : m'ayant donc amené en sa tante, retourne en toute diligence pour faire encore quelque butin, car l'Espagnol ne vaut rien s'il ne sent à butiner. Une bonne heure après, mon Espagnol m'ameine un prisonnier escossois de la compagnie du comte de Haran.

Voilà ce que je vis en ladicte bataille, dont la deffaicte fut grande, messieurs d'Anguien tué, La Roche du Maine, et tant d'autres dont il ne me souvient ; messieurs de Montpensier, Connestable, mareschal de Sainct André, Ringrave, La Rochefoucault prisonniers, avec tant d'autres seigneurs, capitaines et gentilshommes, qu'il me faudroit trop de temps et de papier pour en faire l'inventaire. Estant donc en leur camp avec mon Escossois, j'estois en grand peine et soucy qu'estoit devenu M. le comte, ny n'osois en demander des nouvelles, de peur que s'il estoit prisonnier cela le fist recognoistre.

Le lendemain de bon matin, mon Escossois et moy fusmes menez devant le maistre de camp pour dire nos noms, nostre pays et nos qualitez, comme il fut faict à tous les autres prisonniers ayant esté amenez en nostre tente; et moy, estant à la porte revassant tousjours à mondict sieur le comte, je ne me donne de garde que je le vis de loing, avec quatre soldats qui l'amenoient de la tente du maistre de camp : je tressailly tout de joye le voyant marcher droict, qui me fit juger qu'il n'estoit point blessé; lequel passant près de moy, je baisse la teste pour ne faire semblant de le cognoistre, lequel, jugeant bien à quel dessein je le faisois, me dist : « Laissons cela, Mergey, je suis bien cognu. » Lors je luy embrasse la cuisse, d'aise que j'avois de le voir sain; il me demanda lors si j'estois fort blessé, parce qu'il voyoit mes chausses toutes sanglantes d'un petit coup d'espée que j'avois receu à la main; je luy dis que ce n'estoit rien; il me demanda si j'estois à rançon, je luy dis que non, ny près à m'y mettre, car celuy qui me tenoit prisonnier me demandoit mil escus. Il se prist lors à rire, et me dist qu'il me faisoit une grande grace de me quitter à si bon marché; et, se retournant à ceux qui le menoient, leur dist : « Et quoy, messieurs, voulez-vous perdre la reputation que vous avez acquise de faire bonne guerre, de demander mille escus à ce soldat qui estoit de ma compagnie, et qui n'avoit vaillant que son cheval et ses armes? » qui luy respondirent : « Seigneur, nous ne pouvons pas donner loy à nos compagnons; si le prisonnier estoit à nous, nous luy ferions toute courtoisie. » Lors M. le comte me dist : « Advisez de capituler pour vostre rançon le mieux que vous pourrez, affin de venir avec moy pour me servir; » et ainsi nous separasmes pour lors.

Dès le soir mesme, je capitule pour ma rançon à la somme de trente escus, et fis la mesme capitulation pour mon Escossois; j'allé le matin trouver M. le comte, qui respondit de ma rançon et de plus de quarante gentilshommes prisonniers, lesquels, estans tous retournez en France, rendirent à madame la comtesse l'argent dont mondict sieur le comte avoit respondu pour eux, horsmis un gentilhomme de la compagnie du roy de Navarre, nommé Seguiniero, de Sainctonge, qui ne rendit point les cent escus dont ledit sieur comte avoit respondu pour luy estant donc prisonnier au camp. Il y arriva, deux jours après, un trompette du roy de France pour s'enquerir des morts et prisonniers. M. Deschenetz, qui s'estoit sauvé, desirant sçavoir de mes nouvelles, avoit donné charge audit trompette de s'en enquerir, et, si j'estois prisonnier, s'adresser au seigneur Fernand de Gonzague, qui estoit fort de ses amis, auquel il envoyoit par ledict trompette deux soldats qu'il avoit retiré de prison pour me retirer pour eux; m'ayant ledict trompette treuvé avec ledict sieur comte, me dit la charge qu'il avoit dudict sieur Deschenetz de me remener en France; mais je luy fis responce que tant que M. le comte seroit prisonnier je ne l'abandonnerois point : ainsi mon trompette s'en retourna laissant ses deux Espagnols, et si ne me remmena point

Cependant que le camp demeura devant Sainct-Quentin par l'espace de quinze jours, les vivres et le vin estoient fort rares à cause que Le Castelet, qui est sur le chemin de Sainct-Quentin à Cambray, tenoit encore pour nous, où commandoit le sieur de Salignac (1), rompoit tous les vivres qui venoient de Cambray au camp espagnol, lequel Salignac fut depuis fort blasmé d'avoir rendu la place si legerement, car s'il eust tenu bon, le roy d'Espagne eust esté contraint de lever son siege de devant Sainct-Quentin pour attaquer Le Castelet, ou de mourir de faim en son camp devant Sainct-Quentin. De quoy moy estois fort triste d'estre reduit à l'eau contre mon naturel; mais M. le comte ny les capitaines qui le gardoient n'avoient pas meilleure condition, qui n'avoient pour tous vivres, sept qu'ils estoient à table, qu'un morceau de vache, gros comme le poing, qu'ils mettoient dedans un pot plein d'eau sans sel, ny lard ny herbes. Et estans tous à table, ils avoient de petites saulcieres de fer blanc où ils mettoient ledict bouillon, et chacun sa saulciere pour humer, puis le lopin de vache estoit party en autant de morceaux qu'ils estoient d'hommes à table; avec fort peu de pain. Je vous laisse à penser la bonne chere que je faisois de leur reste; mais depuis que Le Castelet fut rendu, les vivres et les vins abonderent au camp; et moy, ressuscité, je trouvé là un amy en l'armée, qui estoit le comte de Pont Devaux, de la Franche-Comté, qui me cognoissoit, m'ayant veu chez luy au Pont Devaux avec M. Deschenetz, lequel me presta dix escus, et avec cela *grand chere au cul de la barrique.*

Cependant la ville fut battue, trois bresches faites, assaillies et forcées en mesme temps, M. l'Admiral et

---

(1) *Où commandoit le sieur de Salignac.* C'étoit Solignac, et non Salignac, qui commandoit au Catelet. Cette place ne tomba au pouvoir de l'ennemi qu'aprés la prise de Saint-Quentin.

M. Dandelot son frere pris chacun sur la bresche qu'il deffendoit, et menez incontinent dans le camp; mais la nuict M. Dandelot se sauva. Le lendemain, M. de Savoye (1) donna à disner à M. l'Admiral et à M. le comte de La Rochefoucault, lequel il aimoit, et non pas M. l'Admiral, comme il fit lors demonstration; car il fit seoir à table vis-à-vis de luy ledit sieur comte, hors-mis la place de l'escuyer tranchant, lequel il entretint de plusieurs discours fort familierement; mais quant à M. l'Admiral, il estoit tout au bas bout de la table qui estoit longue, où il y avoit force capitaines et gentilshommes, ne luy disant une seule parole, ny ne faisant semblant de le veoir.

L'Empereur en ce temps estoit desjà retiré en son monastere, lequel, voyant la liste des seigneurs prisonniers que le roy d'Espagne luy avoit envoyée, et y trouvant ledict sieur comte de La Rochefoucault, luy donna ceste louange, que c'estoit la maison de France où il avoit esté le mieux et plus honorablement receu, quand, par la permission du Roy, il la traversa pour aller en ses Pays-Bas.

La ville de Sainct-Quentin prise, cinq ou six jours après, M. l'Admiral et M. le comte furent chargez sur un chariot de Flandres et menez à Cambray, conduits par les gardes du corps du roy d'Espagne. M. l'Admiral avoit avec luy deux de ses gentilshommes prisonniers, Favaz et Avantigny, et moy avec M. le comte. De Cambray, le lendemain, ledict sieur Admiral et comte

---

(1) *M. de Savoye.* Emmanuel Philibert de Savoie, général de Philippe II, avoit succédé deux ans auparavant, dans le commandement des Pays-Bas, à Marie, reine douairière de Hongrie, sœur de Charles-Quint.

furent separez, M. l'Admiral mené à l'Isle en Flandre, et M. le comte à Genap en Hainault, à dix ou douze lieux de Mariembourg, chasteau fort et commode à garder prisonniers, tout environné d'eau, où furent aussi amenez avec nous le capitaine Breüil, de Bretagne, avec sa femme et deux damoiselles; il estoit gouverneur de Sainct Quentin lorsqu'elle fut prise : y furent aussi amenez prisonniers les capitaines Sainct André provençal, Lignieres et Rambouillet, qui avoient chacun une compagnie dedans Sainct Quentin. Un sergent espagnol avec quinze soldats avoit charge de nous garder audict chasteau, où, durant le sejour que nous y fismes, qui fut près de six mois, je m'accosté d'un soldat de nostre garde qui estoit maure (1), le sceuz si bien persuader qu'il se resolut de faire sauver mondict sieur le comte et tous les autres prisonniers, moyennant mille escus que M. le comte luy promist, et de le garder tousjours en France avec une pension de cent escus par an, sa vie durant.

Or, pour faciliter l'execution de l'entreprise, il nous falloit servir de M. de Losses, qui estoit gouverneur de Mariembourg pour le Roy, qui n'est qu'à douze lieux dudict Genap où nous estions. Et pour luy faire sçavoir de nos nouvelles, il fut advisé que madame de Breüil s'en retourneroit en France, et pour cest effect M. le comte, qui estoit aymé de M. de Savoye, obtint un passeport de luy pour ladicte dame de Breüil, pour se retirer en France; nostre soldat maure la debvoit conduire jusques à Mariembourg. Le matin qu'elle vouloit partir, et prenant congé du sergent Alcala, qui

---

(1) *Qui estoit maure.* Ce soldat, comme on le verra plus bas, s'appeloit *Ortegue.*

nous gardoit, le supplia de luy donner quelqu'un de ses soldats pour la conduire par les chemins jusques audit Mariembourg, et qu'elle le contenteroit bien. Nous avions faict la leçon audit Ortegue, lequel, se tenant près dudict Alcala, qui n'en voyoit point de plus près de luy, luy commanda d'aller avec ladicte dame : ledict Ortegue, pour mieux faire valoir la marchandise, en fit au commencement difficulté, alleguant qu'il ne se pourroit asseurer parmy les François; mais ladicte dame luy fit tant de belles prieres et promesses qu'il n'auroit aucun mal, avec l'asseurance que luy en fit aussi ledict Alcala, qu'il s'y accorda : ainsi donc ladicte dame prist congé, et arriva à Mariembourg avec ledict Ortegue; et ayant conferé avec ledict sieur de Losses, il promit d'envoyer et guides et soldats pour executer l'entreprise.

Ledict chasteau, comme j'ay dict, estant fort et tout environné d'eau, les soldatz ne faisoient aucune garde la nuict, le pont levis estoit tousjours levé; mais le petit pontilon ou planche ne se levoit poinct ny le jour ny la nuict; la porte se fermoit seulement, laquelle ledict Ortegue sçavoit bien ouvrir par dehors, et par ce moyen se pouvoient mettre dans ledict chasteau des hommes. Le jour assigné, dont ledict Ortegue nous avoit donné advis, et que la nuit l'execution se debvoit faire, M. le comte avoit donné à souper aux capitaines Sainct André, Lignieres et Rambouillet, lesquels se meirent à jouer attendant le signal. Il y avoit toutes les nuicts deux soldats en garde à la porte de la chambre de M. le comte; et pour garder en tout evenement qu'ils ne se peussent ayder de leurs arquebuzes, lesquelles ils laissoient tout le long du jour à la porte de la chambre par le dehors en une petite galerie, je les accommode si bien avec de l'eau et du sel dedans le secret; qu'elles n'avoient garde de faire feu : nous, attendantz le signal, avions faict provision de bons cousteaux, n'ayants point d'autres armes, pour, après avoir despesché nosdicts deux soldats, aller aux autres, et puis trouver nos guides et nos chevaux, lesquels vindrent bien; mais ils ne trouverent point ledict Ortegue pour leur ouvrir la porte; et ayants tousjours attendu, et voyants que le jour vouloit poindre, se retirerent : voylà comment nostre entreprise fut rompue par la lascheté dudict Ortegue, qui nous bailla le lendemain des excuses qu'il nous fallut prendre en payement et faire semblant de le croire : mais voicy une chose estrange qui survint après.

La dame de Breüil, s'asseurant bien de la promesse de M. de Losses, voulut bien, estant partye d'avec luy, escrire de Maubert Fontaine; par sa lettre elle luy faisoit une reiteration de l'entreprise, luy suppliant de la mettre en execution au plustost. Le malheur voulut que celuy qui portoit la lettre fust pris par ceux de la garnison de Cimay (1), qui estoient Espagnols. Le capitaine, ayant veu lesdictes lettres, cognut incontinent par icelles qu'il y avoit entreprise pour faire sauver les prisonniers de Genap, envoye incontinent les lettres de ladicte dame du Breüil, à Genap, au sergent Alcala, affin qu'il donnast ordre à un tel affaire; lequel, incontinent, s'asseura que ceste pratique avoit esté menée par ledict Ortegue, quand il alla conduire la dame du Breüil; et d'autant qu'il ne le vouloit pas punir en presence de ses compagnons, craignant qu'ils ne se

---

(1) *Cimay* : Chimay.

mutinassent, comme ceste nation y est subjecte, se resolut de l'envoyer au gouverneur de Cimay pour en faire justice exemplaire, ce qu'il fit; et appellant Ortegue luy dist qu'il falloit qu'il allast à Cimay porter une lettre au gouverneur pour affaires de consequence qui importoient pour le service du Roy, et qu'il n'y vouloit pas envoyer homme auquel il ne se fiast; ce que ledict Ortegue accepta, et, prenant sa lettre bien fermée et cachetée, se mist en chemin : estant à une lieüe de Cimay, quelque soupçon et remordz de conscience le saisit, de sorte qu'il voulut sçavoir qu'il y avoit dedans la lettre, et l'ayant bien subtillement ouverte et refermée, et y ayant veu sa sentence, fut toutefois si fol et mal advisé qu'il se resolut de la porter, ce qu'il fit; et trouvant ledict gouverneur, qui se vouloit mettre à table pour disner, luy presenta ses lettres, lequel les communiqua, à une fenestre, à quelques capitaines qui estoient avec luy, qui se soubzrioient de veoir ce pauvre negre qui avoit luy mesmes apporté sa sentence sans en rien sçavoir, comme ils cuidoient.

Le gouverneur donc se mettant à table avec ses capitaines, fit aussi asseoir ledict Ortegue, luy disant que après disner il luy feroit sa despesche. Ledict Ortegue ayant bien disné ne voulut attendre le fruict, se leva de table, disant au gouverneur que pendant qu'il feroit sa despesche il alloit au logis faire abbreuver et donner de l'avenne à son cheval, et le supplioit que, à son retour, il trouvast sa despesche, afin qu'il peust, ce jour mesme, retourner à Genap : ce que le gouverneur lui promist, s'asseurant qu'il retourneroit; mais incontinent qu'il fut au logis, il monta à cheval, et, sans dire à Dieu, se sauva en France et vint trouver M. de Randan, frere de

M. le comte, avec lequel il demeura tousjours jusques au siege Thionville, où il fut tué. Il avoit un compagnon nommé Alouze, lequel ayant sceu le despart de son compagnon, et craignant d'estre soupçonné de participer à l'entreprise, se retira aussi en France avec lettres de M. le comte à madame sa femme pour le recevoir. Voilà le succès de nostre entreprise, de laquelle estant adverty le comte de Mansfeld, de qui M. le comte estoit prisonnier, et craignant qu'estant si près de la frontiere de France il essayast encores quelques autres moyens pour se sauver, le feit mener en Hollande chez un sien beau-frere nommé M. de Brederode, à Vienne (1), près de la ville d'Utrecq, où nous demeurasmes onze mois avec bonnes gardes nuict et jour, de sorte que toutes nos esperances pour nous sauver furent perdues. Ledict sieur me prist en telle affection pource que je sçavois bien boire, qu'il me voulut suborner pour me faire demeurer avec luy, me promettant deux cents florins d'Estat tous les ans. Nous demeurasmes un an audict lieu de Vienne, qui estoit assez pour se fascher et ennuier; durant lequel temps mondict sieur le comte fut surpris d'une fiebvre continue si violente, que nous fusmes long temps que nous n'en esperions que la mort, mais Dieu luy fit misericorde luy renvoyant sa santé.

[1558]. Le comte de Mansfeld, craignant quelque recheute qui l'emportast, se hasta de le mettre à rançon; et, après avoir bien disputé, enfin il promist trente mil escus, dont il debvoit payer dix mil en sortant de prison, et les vingt mil restants dans un an après, et donner caution messieurs de Guyse, Connes-

(1) *Vienne :* Vienten.

table et mareschal de Sainct-André, qui lors possedoient le roy Henri second. L'accord faict, je fus incontinent despesché pour en porter les nouvelles en France; et cependant ledict sieur comte fut mené à Arras, pour estre plus proche de la France pour negocier le surplus et apporter les dix mil escus promis.

Estant arrivé à Paris, où lors estoit le Roy, je m'en allé droict au Louvre trouver M. le cardinal de Chastillon, auquel j'avois charge de m'adresser, lequel estoit avec le Roy en sa chambre, qui ne faisoit que sortir de table : et, frappant à la porte, je dis à l'huissier qui me vint ouvrir que je voulois parler audict sieur cardinal, lequel me laissant entrer aller tirer ledict sieur cardinal, lequel, me recognoissant, vint à moy, me menant à une fenestre près la porte de la chambre, lequel lisant les lettres que luy avois apportées, le Roy estant debout qui se chaufoit, me voyant botté et crotté comme un courrier, et M. le cardinal lisant lesdictes lettres, luy demanda : « Quelles nouvelles avez-vous-là? » qui luy dict : « Sire, c'est de mon nefveu de La Rochefoucault. » Le Roy, en tressaillant, me demanda : « En venez-vous, mon gentilhomme? — Ouy, Sire. — Comment se porte-t-il? — Sire, il a esté fort malade; mais, Dieu mercy, il se porte bien à ceste heure. — Est-il à rançon? — Ouy, Sire. — A combien? — A trente mille escus, Sire. — Foy de gentilhomme, dist le Roy, il ne demeurera pas pour cela : y retournez-vous? — Ouy, Sire. — Faictes-luy mes recommandations, et qu'il prenne courage, et que je luy garde un bon courtault pour courir le cerf. »

Là-dessus M. le cardinal me mena à M. le Connestable et à M. le mareschal de Sainct André, pour avoir leurs lettres de pleigement et caution pour les vingt mille escus. J'allé moy-mesme trouver M. de Guise pour le mesme effect, lequel fort librement entra en ladicte caution : le plus difficile fut de trouver les dix mille escus ; mais je fis telle diligence à solliciter les amis de M. le comte, que nous trouvasmes enfin nostre somme. Madame de Guise presta trois mil escus, madame de Bouillon autant, M. de Marmoustier (1) trouva le reste, et ne fis de sejour à Paris que trois jours.

Ayant donc amassé nos bribes et tous escus au soleil, car ainsi estoit-il accordé, je me mis au retour avec quatre hommes que m'avoit donné M. de Marmoustier, ayant chacun de nous cousu en nos pourpoincts deux mil escus, et trouvasmes à Arras M. le comte qui nous attendoit, mais non pas sitost ; et, ayantz delivré lesdicts dix mil escus, nous reprismes la route de France, par luy tant desirée. Madame sa femme l'attendoit à Noyon ; de là il alla trouver le Roy, qui luy fit de grandes caresses, et luy tint promesse du courtault qu'il luy avoit promis par moy, qui fut le meilleur de son temps et le plus beau, qu'on appelloit *Le Greq,* et lequel depuis me donna ledict sieur comte, lequel, au lieu de me laisser reposer, me dist qu'il falloit que j'allasse à Onzain, pour garder le milord Grey, qui y estoit prisonnier, me disant que je sçaurois mieux faire cela qu'un autre, ayant appris en Hollande comment il falloit bien garder prisonnier ; il me fallut obeyr.

Estant donc arrivé à Onzain, le pauvre milord, qui en fut adverty et de ma charge, fut saisi de grande

---

(1) *M. de Marmoustier.* Il étoit frère du comte de La Rochefoucault.

tristesse, sçachant bien le mauvais traictement que M. le comte avoit receu en sa prison, et, craignant le recevoir pareil ou pire, fut trompé; car, encores que pour le bien garder je n'oubliasse rien, il avoit tous les plaisirs, bons traictementz et courtoisies qu'il eust peu desirer, jusques à estre visité souvent par les dames de Bloys. Je demeuré quatre moys avec luy, durant lequel temps il composa de sa rançon à vingt-cinq mil escus: l'accord faict, je le mene à Paris, où estoit M. le comte, lequel, m'ayant lors licentié, je m'en allé en Champagne visiter mes parentz et amis, et leur conter des nouvelles du Pays-Bas, où nous avions demeuré dix huict moys, tant en Flandres, Hollande, Brabant et Artoys.

Je demeuré en Champagne trois moys, au bout desquels je m'acheminé en Angoulmois, à Verteil, et devins amoureux de Anne de Courcelle, que depuis, et au bout de quatre ans après, j'ay espousée, de laquelle j'ay eu plusieurs filles et un garçon, toutes les filles mortes jeunes, excepté l'aisnée, qui fut mariée avec Jean Horiq, sieur de La Barre, et Magdeleine sa sœur, qui fut mariée avec Abraham de Cram, sieur de Couleynes, et Jean de Mergey, qui fut marié avec Catherine Raimond, fille du sieur du Repaire, qui m'a laissé, après sa mort, sa femme et plusieurs enfans, tant fils que filles.

[1562] Vivant donc en toutes delices et plaisirs, pour me faire oublier la souvenance des maux que j'avois soufferts en prison, les guerres civiles s'allumerent en France: l'accident de Vassy (1) arriva, et les

---

(1) *L'accident de Vassy.* La conjuration d'Amboise est très-antérieure à l'accident de Vassy, qui n'arriva qu'en 1562, la seconde année du règne de Charles IX.

armes se prirent de tous costez. Une paix se fit : après, suivit le tumulte d'Amboise, et quelque temps après, le roy de Navarre et M. le prince de Condé retenuz prisonniers, et la mort inopinée du petit roy François, tous les seigneurs, chevaliers de l'Ordre, et autres des plus grands, debvoient tous en personne venir rendre raison de leur foy, affin de recognoistre ceux qui estoient huguenotz, dont j'avois donné advis à M. le comte qui lors estoit à Troyes en Champagne, lesquels advertissementz venoient de la part de la duchesse d'Uzès [1], qui possedoit fort la Royne mere, et qui sçavoit tous les secretz du cabinet, et aymoit fort ledict sieur comte, et faisoit toutes les sepmaines un voyage de Troyes à Orleans pour sçavoir des nouvelles; laquelle manda à mondict sieur le comte qu'il estoit temps qu'il pensast à ce qu'il respondroit estant devant le Roy, lequel luy manda par moy qu'il leur diroit son *Credo* en latin, comme son precepteur luy avoit appris; mais elle me dist qu'on luy feroit bien exposer en françois, et que, pour le plus seur pour luy, elle luy conseilloit de ne point venir à la Cour; auquel advis il se resolut, et estions preparez, luy et moy et un valet de chambre, de nous en aller en Allemagne, en guise de marchandz, chacun la petite mallete en croupe, et là attendre que l'orage fust passé : mais à l'autre voyage que je fis à Orleans, le jour que j'y arrivé le Roy mourut, la mort duquel apporta un estrange changement.

Peu après, le roy Charles, la Royne mere et mes-

---

[1] *La duchesse d'Uzès* : Françoise de Clermont, femme d'Antoine de Crussol, premier duc d'Uzès. Elle avoit beaucoup d'esprit, penchoit vers les opinions nouvelles, et Catherine de Médicis se servoit d'elle pour ses relations avec les chefs des protestans.

sieurs, estántz à Fontainebleau, furent conduictz à Melun par M. de Guyse, ce qui estonna la Royne, laquelle lors rechercha M. le prince, luy escripvant qu'il eust pitié de la mere et des enfans, pour les tirer de la captivité où ils estoient. M. le comte de La Rochefoucault, qui estoit lors à Verteil, entendant ces nouvelles, me depescha incontinent en poste, pour aller vers elle pour recevoir ses commandemens, avec lettres de creance seulement : elle luy manda qu'il ne fist point de difficulté de se joindre avec M. le prince, et que ce qui estoit bon à prendre estoit bon à rendre; voylà les propres mots qu'elle luy manda par moy, lequel, toutesfois cognoissant l'humeur de la dame, ne voulut promptement adjouster foy à ce qu'elle luy mandoit par moy, et me redespescha incontinent pour aller trouver M. le prince, et sçavoir de luy la verité, et en quelle disposition estoient les affaires; lequel je trouvé à Clayes près de Meaux, avec mille chevaux, qui passerent tous en ordre trois à trois sur les fossez de Paris, du costé du faulxbourg Sainct Martin, et allerent loger à Sainct Cloud. Or, pour l'aller trouver, il me falloit passer à travers la ville et sortir par la porte Sainct Martin. Estant descendu à la poste pour changer de chevaux, qui estoient au faulxbourg Sainct Germain-des-Preyz, et demandant des chevaux, le gendre de Brusquet (1), qui tenoit la poste, qui me cognoissoit et estoit fort serviteur de M. le comte, me dit qu'il n'oseroit me donner des chevaux si je n'avois un brevet de M. le cardinal de Bourbon, qui lors estoit gouverneur de la ville et logé dans le palais, et me monstra un gentilhomme dudict sieur

---

(1) *Le gendre de Brusquet :* Brusquet étoit le fou du Roi.

cardinal, qui ne bougeoit de la poste, pour recevoir tous les brevetz de ceux qui vouloient avoir des chevaux.

Je m'en allé quand et quand au palais, pour avoir un brevet dudict sieur cardinal, auquel je ferois à croire que j'estois à M. de Marmoustier qui estoit à la Cour, et que j'allois trouver; mais le malheur voulut que, estant en la cour du palais, je rencontre feu M. de Candales, qui alloit disner avec ledict sieur cardinal, lequel me voyant, me demanda comment se portoit M. le comte son frere (1), et quels affaires j'avois en la ville : mais, cognoissant l'humeur du seigneur, et la liberté de sa langue, je luy desguise la verité, luy disant que j'allois trouver M. de Marmoustier à Fontainebleau, où M. le comte m'envoyoit pour ses affaires, et que j'allois trouver M. le cardinal pour avoir des chevaux de poste, lequel me dist: « Je m'en vas disner avec luy, venez avec moy, je vous ferai despescher un brevet; » et là-dessus passa outre. Je ne le voulus suivre, ny aller vers mondict sieur le cardinal; car M. de Candale n'eust jamais failly, luy demandant un billet pour moy, de luy dire que j'estois à M. le comte de La Rochefoucault, qui eust gasté tout le mystere, et moy en danger d'estre retenu.

J'euz recours à une autre finesse: je m'en vas en la grande salle du palais trouver le procureur de M. le comte, et luy fis escripre mon brevet tel qu'il le falloit; et comme j'avois veu les autres entre les mains dudict gentilhomme qui les recevoit à la poste, et ayant remarqué la signature dudict sieur cardinal, je la con-

(1) *M. le comte son frere.* Frédéric de Foix, comte de Candale, avoit épousé la sœur du comte de La Rochefoucault.

trefis le mieux que je peuz, et avec cela m'en retourné à la poste, où, de bonheur, je trouve trois courriers qui demandoient des chevaux, et qui avoient donné leurs brevetz audict gentilhomme qui s'amuzoit à eux; cependant je tire à part le maistre de la poste, qui estoit de mes amis, luy monstre mon brevet, luy disant qu'il le fist passer dextrement, car il n'estoit pas du bon coing; ce qu'il sceut fort bien faire, le monstrant seulement audict gentilhomme, sans toutesfois le lascher, lequel, estant empesché avec les autres, ne se soucia de bien verifier le mien, et par ce moyen passa, et eus des chevaux.

Il me falloit traverser toute la ville jusques à la porte Sainct Martin: l'alarme estoit grande, les chaisnes commenceoient à se tendre; toutesfois ayant gaigné la porte Sainct-Martin, par laquelle il me falloit sortir, je la trouve fermée, et un capitaine de la ville qui la gardoit avec force soldats en armes, et m'adressant à luy pour le prier me faire ouvrir la porte, me demanda qui j'estois et où j'allois. Je luy dis que j'estois de Troyes en Champagne, filz d'un marchant de la ville, qui m'envoyoit à Anvers pour ses affaires; me demanda si j'avois des lettres; je luy dis que non, et que mon homme qui estoit devant, les avoit avec mes autres hardes; ne se contenta de cela, mais me fouilla par tout; mais il ne trouva dedans la pochette de mes chausses que mon bonnet de nuict, ayant bien preveu ce qui m'advint; car j'avois mis mes lettres dedans la bourre de mon cuissinet(1); ainsi le petit portilon me fut ouvert, et nous acheminasmes mon postillon et moy, qui, croyant que j'allasse à Anvers, vouloit suivre le grand

(1) *Cuissinet*: coussin de la selle.

chemin de la poste; mais, à la sortie du fauxbourg, je tourne à main droicte, pour aller à Clayè, où estoit M. le prince; ce que voyant mon postillon, qui tousjours me disoit que ce n'estoit pas le chemin de la poste, se doubta bien incontinent où je voulois aller; se retournant vers moy, me dist: « Vous estes un fin matois; or bien, bien, allons. »

Nous n'eusmes pas faict demye poste, que nous rencontrasmes messieurs le prince, Admiral et Dandelot avec leurs troupes, tous cavaliers sans infanterie, qui furent fort ayses de sçavoir des nouvelles de M. le comte; et cependant qu'ils s'acheminoient à Sainct-Cloud, je m'en retourne au fauxbourg Sainct Martin et jusques près de la porte de la ville, faignant que je fuyois pour eviter la rencontre de M. le prince, que j'avois descouvert de loing avec ses troupes, qui redoubla l'alarme à ceux de la ville. Ledict sieur prince passa au bout dudict fauxbourg et dessus les fossez de la ville, pour aller gaigner Sainct Cloud; moy cependant, faisant fort l'estonné en mon cabaret près la porte de la ville où je m'estois retiré, fis fort bien repaistre mes chevaux; et quand toute la troupe de M. le prince fut outrepassée le bout dudict fauxbourg, je remonte à cheval, et allé trouver ledict sieur prince à Sainct Cloud, où il me fit ma despesche pour m'en retourner vers M. le comte, m'ayant monstré la lettre que la Royne luy escripvoit, par laquelle elle le prioyt d'avoir pitié de la mere et des enfans, et m'en fit donner une copie pour la porter à mondict sieur le comte, lequel pour lors n'avoit encores pris aucune resolution, et m'en retourne en diligence le trouver.

Cependant M. le prince ayant intelligence en la ville

d'Orleans, et la faveur du peuple, dont la plus grande part avoit changé de religion, y avoit envoyé M. Dandelot secrettement pour l'execution de son entreprise. Le sieur de Montreuil (1) en estoit gouverneur pour le Roy. M. le prince estant party de Sainct-Cloud avec sa cavalerie, et faisant diligence arrivant à Sercote, trois petites lieux d'Orleans, se mist avec toute sa troupe au galop pour aller gaigner la porte, M. Dandelot luy ayant mandé qu'il se hastast, lequel desjà avoit assemblé la pluspart de ceux de sa faction, et estoit allé au logis de M. de Montreuil luy dire qu'il estoit son amy, et que, en ceste consideration, il luy conseilloit de se retirer et sortir de la ville, car M. le prince y arrivoit : ledit sieur de Montreuil le creut, et ne fut point opiniastre.

Là-dessus, M. le prince arriva en la ville avec mille chevaux en poste; ceux qui le rencontroient par les chemins, qui ne sçavoient rien de la venuë de M. le prince ny de son entreprise, voyant si grand nombre de cavalerie, tous au galop, se choquantz les uns les autres en courant, veoir les uns tumber sur le pavey, des valletz avec leurs malles par terre, pensoient que tous les fols de France fussent là assemblez pour faire rire les spectateurs : voilà comment Orleans fut pris (2).

(1) *Le sieur de Montreuil*. Innocent Tripier de Montreuil étoit lieutenant de roi à Orléans. Il y commandoit alors sous les ordres du prince de La Roche-sur-Yon.

(2) *Voilà comment Orleans fut pris*. Si l'on en croit d'Aubigné, le peuple fut quelques momens incertain sur le parti pour lequel il se déclareroit. « Le peuple, dit-il, voyant le gouverneur armé au Martroy, « branloit pour la pluspart à se jetter de son costé; mais quand ils virent « la première cavalerie entrée, ce fut à crier : *Vive l'Evangile!* et à « s'advancer en foule au devant du prince. » La princesse de Condé,

De moy, estant arrivé à Verteil, je trouve M. le comte en la salle, avec compagnie de dames, lequel me voyant entrer fut comme tout transi, et se levant me fit signe que je le suivisse, ce que je fis. Il entra en la gallerie qui regarde sur la riviere, ferma la porte par derriere, où je luy rendis compte de tout mon voyage; lequel, ayant entendu le tout, s'appuya sur l'une des fenestres qui regardoient sur la riviere, où il demeura un gros quart-d'heure sans dire un seul mot, puis se tournant vers moy, me demanda ce qu'il debvoit faire, auquel je fis response que je n'avois pas l'esprit capable ny l'experience suffisante pour le conseiller en affaire de telle importance, et qu'il falloit qu'il prist conseil de luy-mesme. Lequel me respliqua qu'il estoit bien resolu de ce qu'il debvoit faire, mais qu'il vouloit que je luy en disse mon advis; alors je luy dis, puisqu'il me le commandoit, que mon advis estoit qu'il debvoit faire ce que la Royne et M. le prince luy mandoient, puisque il y alloit du service de Leurs Majestez et de leur liberté : il me dist alors que telle estoit aussi sa volonté et resolution; et quand et quand retourna en la salle trouver la compagnie avec un visage riant, et incontinent commença à escripre à tous ses amys en Gascogne, Perigort, Saintonge, Poictou, Limousin et Angoulmois, pour le venir trouver et aller joindre M. le prince; de sorte que en quinze jours il mist aux champs près de trois cents gentilshommes avec leur equipage, et alla avec ceste belle troupe trouver M. le prince à Orleans,

accompagnée de son fils ainé, se hâta de venir joindre son époux; et manqua d'être lapidée par les catholiques en passant par le village de Vaudré. « Le mal et le travail de cette attaque, ajoute d'Aubigné, la « fit accoucher, devant le temps, de deux jumeaux. »

lequel ayant assemblé ses forces françoises, lansquenetz et reistres, s'en alla devant Paris, où le Roy et toutes ses forces s'estoient retirées et retranché les faulxbourgs de Sainct-Germain jusques à la porte Sainct-Anthoine.

Il ne se fit poinct de combat memorable audit siege qu'à l'escarmouche qui se fit à notre arrivée, où nos ennemis furent tellement battuz et repoussez, et avec un tel desordre, que sans leur artillerie, qui nous saluoit, nous eussions entré pesle-mesle dedans la ville. M. de Guise estoit à la porte, disant mille injures à la noblesse et gendarmerie qui fuyoient, leur disant qu'il leur falloit des quenouilles et non des lances. Nous fismes plusieurs entreprises sur les fauxbourgs Sainct-Germain pour leur donner quelque camisade; mais rien ne reussit : enfin le roy d'Espagne envoya du secours et quelque cavalerie françoise qui entra en la ville.

M. le prince voyant qu'il n'y avoit esperance de prendre la ville ny la faire venir à capitulation, leva le siege, et s'achemina vers la Normandie pour recevoir quelque secours d'hommes et d'argent qui luy venoit d'Angleterre. Aussi messieurs de Guise, Connestable et mareschal de Sainct-André, sortirent de Paris avec toutes les forces du Roy pour nous suivre, et tant firent qu'ils nous joignirent auprès de Dreux au mois de janvier 1562 (1).

(1) *Où le Roy et toutes ses forces s'estoient retirées.* La Cour n'étoit pas à Paris ; elle se trouvoit en Normandie, où elle venoit de s'emparer de Rouen.

(2) *Au mois de janvier.* La bataille de Dreux fut livrée le 19 décembre.

M. le prince, ne pensant point à combattre ce jour-là, avoit envoyé devant nostre artillerie au lieu où nostre armée debvoit aller loger. Nos coureurs, sur les huict heures du matin, ayants descouvert l'armée du Roy, qui venoit droict à nous, en donnerent advis à M. le prince et à M. l'Admiral, qui tournerent incontinent teste vers les ennemis avec toute nostre armée, et les rencontrasmes tous en bataille ayants à leurs costez deux gros villages qui les couvroient par les flancqz, et là nous attendoient avec beaucoup d'avantage. Nostre armée se mist en bataille vis-à-vis de la leur, les attendant aussi pour les attirer hors de leur advantage, et demeurerent lesdictes deux armées sans bouger; l'une devant l'autre, près de deux heures, sans aucune escarmouche; enfin voyant M. le prince qu'ils ne vouloient point sortir de leur fort pour venir à nous, se resolut de se retirer pour aller loger et suivre nostre artillerie.

Nostre armée n'eut pas tourné la teste et marché deux cens pas, que celle du Roy nous suivit en bon ordre et bien serrée. Quand M. le prince les vit hors de leur fort, il fit aussi tourner la sienne pour les combattre; leur artillerie commença à nous saluer bien furieusement : nous n'avions de quoy leur respondre; les nostres vont les premiers à la charge, et renverserent tout ce qui se presenta devant eux, et eusmes leur artillerie en nostre possession plus d'une demye heure; nous les eussions suivy davantage, mais nous trouvasmes leurs Suisses en teste, qui nous en empescherent. Nous leur fismes quelque charge; mais il est malaisé d'enfoncer tels herissons : cela fut en partye cause de nostre perte, et de nous mettre en desordre à faire lesdites charges. Cependant les fuyants s'estoient r'alliez, nos gens de pied furent chargez et desfaicts. Sur ce desordre, M. le prince avec seulement cinq ou six chevaux passant à la teste de nostre compagnie, qui n'estoit lors que de vingt ou trente, le reste estoit escarté, nous voulusmes le suivre; mais il ne le voulut permettre, nous commandant de l'attendre, et qu'il alloit seulement recognoistre les ennemis; mais il ne fut pas à deux cent pas, qu'il rencontra M. le mareschal Damville avec sa compagnie, qui le chargea et le prist prisonnier; cependant nos gens de pied desfaicts, nostre cavallerie, pour se garantir, s'estoit mise à passer et traverser un grand tailliz que nous avions derriere nous, et ayant traversé ledict tailliz, où les ennemis n'oserent nous suivre, les nostres trouverent en la plaine, près dudict tailliz, messieurs l'Admiral, La Rochefoucault et prince de Portien, qui rallioient tous ceux qui sortoient du bois, estans esloignez les uns des autres d'environ cinq cents pas sur le bord dudict tailliz : un secretaire de M. le comte et moy, ayants passé ledict tailliz, et ne sçachants nouvelles dudict sieur comte, nous trouvasmes M. le prince de Portien qui rallioit de son costé, lequel me cognoissoit, car mon frere avoit esté son gouverneur, qui me dit que nous trouverions M. le comte un peu plus hault, qui rallioit de son costé.

Ayants donc, lesdicts sieurs Admiral, comte et prince de Portien, rassemblé et rallié tout le reste de nostre cavallerie, excepté ceux qui avoient pris le chemin d'Orleans pour se sauver, dont M. de Congnée, nostre guidon, fut du nombre, qui me voulut emmener avec luy. Les ennemis eurent bien de leur costé aussi des fuyards, mesme M. de Meru (1), qui, sans desbrider, alla à Sainct Maur des Fossez où estoit le Roy, donner l'alarme, disant que tout estoit perdu. Nos troupes donc rassemblées avec deux cens reistres, le tout ne faisant pas plus de six ou sept cens chevaux en trois troupes, nous fismes le tour du tailliz pour aller encores affronter les ennemys avec les espées seulement, reservé les reistres qui avoient leurs pistolets. Comme nous marchions serrez et bien deliberez, et ayants faict le tour du bois, nous vismes les ennemis tous en bataille, qui ne nous pensoient pas si près d'eux : avant que les joindre et charger, M. le comte m'envoya dire à M. l'Admiral, qui conduisoit sa troupe, qu'il estoit d'advis qu'il fist un peu advancer nos reistres, afin qu'ils chargeassent les premiers pour mettre en desordre les ennemis, ce qu'il fit, et chargeasmes tous de telle façon que nous rompismes et renversasmes tout ce qui se trouva devant nous, et eussions mis tout le reste à vau de route, sans M. de Guise qui avoit tousjours tenu ferme sans combattre, regardant le passetemps en son gros de cavallerie.

Ce fut en ladicte derniere charge où nous fismes la plus grande execution; le mareschal de Sainct André tué, M. de la Brosse et tant d'autres capitaines et gentilshommes, M. le Connestable pris et quand et quand mené à Orleans; la nuict nous separa, et allasmes loger à une lieue d'où s'estoit donné la bataille. Encores faut-il que je die que je fuz le dernier des nostres qui se retira, non pas que j'eusse tant de volonté de com-

(1) *M. de Meru* : Charles de Montmorency, seigneur de Meru, troisième fils du Connétable. On ne trouve cette anecdote que dans les Mémoires de Mergey.

4.

battre; mais estant meslé parmy la compagnie de M. le mareschal de Sainct André, qui avoient leurs cazaques blanches, avec un peu de broderie de verd qui ne paroissoit quasi point, je fus long-temps pensant qu'ils fussent des nostres; car les huguenots avoient tous des cazaques blanches : j'avois faict mettre sur la mienne quelque passement de jaune et noir, qui faisoit aussi croire à noz ennemis que j'estois de leur compagnie; mais ayant recognu mon erreur, je me desmesle dextrement d'eux, et suivy les nostres qui se retiroient, et, les suivant, je rencontre un guidon d'une compagnie de gendarmes qui se retiroit plus viste que le pas; car deux de nos reistres le suivoient : je l'affronte pour l'empescher de fuyr, de sorte que nos deux reistres le joignirent, luy donnant chacun un coup de pistolet dont il tumba mort, les reistres emporterent le drapeau, et ainsi nous retirasmes au logis, où nos hostes nous traicterent assez mal pour ceste nuict là, qui fut aussi froide que j'en senty jamais; je servis de palefrenier à M. le comte, car de valets ny de bagage nous n'en avions point; ils avoient pris quartier à part.

Le lendemain, M. l'Admiral ayant faict monter tout le monde à cheval, retournasmes sur le lieu où la bataille s'estoit donnée nous presenter encores; mais personne ne nous vint attaquer; ça esté le combat mieux debattu qui se soit faict de memoire d'homme. Je veux dire un acte de vaillance ou folle hardiesse d'un de nos reistres. M. de Guise avoit faict faire quatre beaux et riches mandilz de veloux cramoisi à broderie pour porter sur les armes, dont il en donna trois, l'un à M. le Connestable, l'autre à M. le mareschal de Sainct

André, l'autre à M. de la Brosse, et le quart l'avoit retenu pour luy, pour s'en parer tout le jour de la bataille, ce que tous les trois avoient faict excepté luy, qui n'avoit lors sur ses armes qu'un mandil de treilliz noir, ayant donné le beau à son escuyer Spagny (¹), qui estoit à la teste de l'escadron dudict sieur de Guise, monté sur ce brave genet qui a esté si renommé, et ledict mandil sur luy. M. l'Admiral estant adverty desdicts mandilz qui debvoient paroistre le jour de la bataille, en avoit donné advis à ses capitaines; la renommée s'en estendit par toute nostre armée: quand nous fismes la derniere charge il y eut un reistre des nostres qui, de loing, voyant ledict escuyer Spagny à la teste de l'escadron avec son beau mandil, et croyant que ce fust M. de Guise, se desbanda de sa troupe, son pistolet en la main et le chien abatu, et à toute bride vint affronter ledict Spagny, luy donne un coup de pistolet par la teste, duquel il tumba mort, prend le cheval et regaigne sa troupe, sans que nul de l'esquadron de M. de Guise se desbandast pour rescourre ledict cheval.

Le lendemain, M. le comte achepta deux cens escus ledict cheval, du reistre qui l'avoit pris: ledict sieur de Guise regrettoit fort ledict cheval, et employa M. le prince, qui estoit prisonnier, pour prier M. le comte de rendre ledict cheval, offrant d'en donner deux mil escus, et, de plus, mettre en liberté Peroceli, ministre de M. le prince, qui estoit prisonnier avec luy; auquel M. le comte feit response que ledict cheval luy faisoit besoing, et que tant que la guerre dure-

(¹) *Son escuyer Spagny*. Quelques historiens appellent cet écuyer Bainy, d'autres Varicarville.

roit il s'en serviroit; que de sa part il debvoit aussi garder ledict Perocely pour l'assister et consoler en son affliction, mais que la paix estant faicte, s'il avoit encores ledict cheval, et que M. de Guise en eust envie, de bon cœur il luy donneroit.

Retournons trouver M. l'Admiral, lequel, avec les reliques de l'armée, s'en alla rafreschir à Orleans et èz environs cependant qu'il donnoit ordre pour son voyage de Normandie, qu'il avoit deliberé de faire sans gens de pied ny aucun bagage pour marcher plus legerement : il eut grand peine à faire condescendre nos reistres de laisser leurs chariots, ce qu'enfin il obtint d'eux, qui est chose qui ne s'estoit encores veue. Nous estants donc acheminez avec mil ou douze cens chevaux sans aucun bagage, nous marchasmes en diligence, ayants disné et repeu, et nos chevaux aussi, et partant du logis dès le poinct du jour, faisions neuf lieux sans repaistre jusques en noz logis, de sorte qu'en quatre jours nous fusmes à Caen, dont la ville se rendit. Il n'y avoit que le chasteau qui estoit fort, dans lequel commandoit et s'estoit renfermé M. le marquis d'Elbœuf (1).

Nous trouvasmes la ville bien munie, et principalement de bons vins, qui resjouyssoient fort nos reistres, lesquels venoient tous les matins, à diverses troupes, trois à trois, en bon ordre, *sages comme presidens,* et s'estant departiz par les cabaretz, y demeuroient à boire jusques sur les trois heures après midy, qu'ils sortoient *beaux enfans,* pour retourner en leurs logis, faisant faire saults et voltes à leurs chevaux sur le pavé, dont quelquefois ils prenoient la mesure, se querel-

---

(1) *Le marquis d'Elbœuf :* l'un des frères du duc de Guise.

loient et battoient à la veille escrime; nous ne faillions point tous les jours d'avoir ce plaisir. Cependant nous battions le chasteau, où il fut faict quelque bresche, mais non pas raisonnable pour l'assaillir : ce que aussi ne voulut attendre ledict sieur marquis d'Elbœuf, qui se rendit.

[1563] Cependant M. de Guyse tenoit Orleans assiégé, dans lequel commandoit M. Dandelot. M. l'Admiral, ayant receu le secours d'Angleterre, d'hommes, d'argent et d'artillerie, se resolut d'aller secourir les assiegez; et, deux jours avant que debvions partir, nous sceusmes la mort de M. de Guise. La paix, quand et quand, commencea à se pratiquer (1) par les moyens de messieurs le prince et Connestable prisonniers, laquelle fut enfin conclue. M. l'Admiral ne laissa de parachever son voyage. Après ceste paix, qui dura quelques années, les feux se rallumerent [1567]. M. le duc d'Anjou, comme lieutenant general du Roy, avoit commandement sur toutes les armées. Les historiens ont descript les choses advenues èsdictes guerres, et veus reciter seulement ce que j'ay veu, et où je me suis trouvé.

[1569] Après la rencontre de La Roche-Labeille en Limousin, où j'estois avec M. de Bonneval, ayant laissé M. le comte de presence, non d'affection ny de volonté, à cause que madame sa femme (2) s'estant em-

(1) *Commencea à se pratiquer.* Le traité fut publié à Amboise le 19 mars 1563. — (2) *Madame sa femme* : Charlotte de Roye, comtesse de Roussy, seconde femme du comte de La Rochefoucault. Elle mourut d'un mal de gorge en 1570, deux ans avant la Saint-Barthélemy, où fut assassiné son mari. L'Estoile raconte que, ne pouvant plus prendre aucun aliment, elle dit que *c'etoit grande pitié d'avoir soixante mille livres de rente, et toutefois de mourir de faim.*

parée des terres de Beaulieu et le Chastelar qui m'appartenoient, la tenois en procès, encores qu'il fust au nom de M. le comte, lequel elle possedoit fort, et n'ozoit, pour la crainte d'elle, me faire demonstration de l'affection qu'il me portoit : voilà pourquoy, en ce voyage, je me mis avec M. de Bonneval; et quand ledict sieur comte me rencontroit, il ne laissoit de me faire bon accueil, me disant tousjours : « Mergey, encores que vous ne soyez pas avec moy, vous estes toutes fois tousjours à moy. » Après donc ladicte rencontre, M. l'Admiral, avec messieurs les princes de Navarre et de Condé, desquels il estoit lieutenant, et soubs eux commandoit à l'armée, s'achemina en Poictou, et au lieu de Chastellerault M. le comte tumba malade en telle extremité qu'il fut comme abandonné, ne pouvant quasi plus parler, et ne voulant veoir personne, non pas mesmes M. l'Admiral.

Estant donc avec M. de Bonneval, il m'envoya vers ledict sieur comte, qui commandoit à la bataille de laquelle estoit ledict sieur de Bonneval et sa compagnie, pour sçavoir ce qu'il debvoit faire; et estant en la chambre dudict sieur comte, qui estoit toute ouverte, et où chacun entroit, attendant le dernier soupir dudict sieur comte, je me mis avec les autres gentilshommes qui estoient en la chambre à le regarder, et luy moy attentivement et assez longuement; enfin il appela tout bas son chirurgien Bastien, qui estoit au chevet de son lict, luy demandant : « N'est-ce pas là Mergey ? » qui luy dit que ouy. « A-t-il esté malade, car je le trouve tout desfaict? — Non, » luy respondit Bastien. Alors il me fit signe de la main que j'allasse à luy, ce que je fis : il me demanda, mais fort bas, car il ne pouvoit quasi parler, si j'avois esté malade; je luy dis que non. « Je vous trouve fort desfaict. » Je luy respondis en soubzriant que c'estoit à cause que je ne beuvois pas mon soul de vin; il me demanda qui me menoit; je luy dis que M. de Bonneval m'envoyoit à luy pour recevoir ses commandemens, et sçavoir ce qu'il avoit à faire : à quoy il me respondit : « Allez trouver le comte Ludovicq (1), qui commande à la bataille depuis que je suis malade. » Dès cette heure là il commença à reprendre courage et la parole, et retourna en convalescence : les medecins dirent que j'estois cause qu'il avoit repris ses esprits et sa santé.

M. l'Admiral s'achemina à Lusignan, qui fut bien assailly et bien deffendu, mais enfin se rendit. De là nous allâmes attaquer Poictiers; nous fismes une faulte de ne l'avoir attaqué avant Lusignan, car, estant despourveu d'hommes et munitions necessaires, nous l'eussions emporté d'abord; mais M. le duc (2) eut temps et loisir, pendant que nous estions devant Lusignan, de mettre dedans et gens et munitions. Estant donc assiegé, la compagnie de M. de Bonneval avec trois autres cornettes de cavallerie où il commandoit, estions logez à Viart, fort proche de la ville, et du costé du pont Achard, par où ceux de dedans faisoient quasi tous les jours des sorties sur nous audict Viart, n'ayans nulle infanterie pour nous couvrir, de sorte que nous estions continuellement en cervelle; car il nous failloit soustenir leurs sorties, jusques à ce que les compagnies

---

(1) *Le comte Ludovicq*: Ludovic de Nassau, frère du prince d'Orange. — (2) *M. le duc* : le duc d'Anjou, frère de Charles IX : il mit à la tête de la garnison de Poitiers le jeune duc Henri de Guise, fils aîné de François de Guise, assassiné devant Orléans.

qui estoient logées loing de nous fussent arrivées pour nous soustenir. J'eus un cheval tué soubs moy en l'une desdites sorties; et si nous n'eussions usé d'une ruse que nous pratiquions, ils nous eussent souvent pris sans verd; mais tout joignant la porte du pont Achard, et un peu esloigné du fossé, y avoit un grand rocher derriere, sur lequel, du grand matin, nous mettions deux sentinelles à cheval, qui n'estoient point descouvertes de ceux de la ville, et qui pouvoient veoir tout ce qui sortoit de ladicte porte; et quand la cavallerie vouloit sortir, qui ne pouvoit que venir un à un par une petite ruelle qui se rendoit à ladicte porte, l'une de noz sentinelles qui estoit derriere ledict rocher, partoit à toute bride pour nous donner l'alarme. Il y avoit sur le toict du logis de M. de Bonneval une autre sentinelle qui pouvoit descouvrir jusques au rocher, et, voyant partir la sentinelle à cheval qui y estoit, donnoit quand et quand l'alarme.

M. de Bonneval avoit tousjours avec luy en son logis neuf ou dix gentilhommes, les chevaux sellez, et les brides à l'arçon de la selle, et la cuirasse toute preste; lesquels oyants l'alarme de la sentinelle qui estoit sur le toict, estions incontinent à cheval, et plustost en la campagne que les ennemis fussent sortiz, qui s'esbahissoient que, tant secrettement qu'ils peussent faire leurs sorties, ils nous trouvoient tousjours à cheval pour les recevoir, combien que tous les jours nous ne faillions poinct d'avoir de l'exercice avec la lance, pistolet, ou l'espée. Les Italiens faisoient au commencement toutes les sorties; mais ils s'en lasserent à la fin, et y demeuroit tousjours quelqu'un pour gaiges. Les reistres prindrent leur place, la ville fut battuë, et bresche fut faicte; mais pour y aller à l'assaut il falloit passer un ruisseau qui couloit le long des murailles, où l'on estoit jusques à la ceinture, qui rompit l'entreprise que je vis preste à executer. Nous eussions esté bien receuz, car, encores que nous eussions gaigné la bresche, toute leur cavallerie estoit en bataille pour nous recevoir en une grande plaine qui joignoit à la bresche : ceux qui ont escript dudict siege n'ont oublié les autres particularitez.

Durant cela, M. le duc ayant assemblé toutes ses forces pour nous faire desmordre, vint attaquer Chastellerault, qui nous fut un grand plaisir, car nous ne sçavions comment nous pourrions autrement lever le siege à nostre honneur. Nous nous acheminasmes donc pour assieger Chastellerault (1), où nous arrivasmes qu'ils avoient desjà enduré et repoussé un assaut; et, si les ennemis eussent encores tardé une heure à se retirer, nous les eussions mal accommodés. Nostre infanterie passa sur les ponts, et la cavallerie passa à gué au-dessoubs de la ville; nous fismes toute diligence pour les joindre sur le chemin, mais la leur fut plus grande à la retraicte, et gaignerent le port de Piles, où ils estoient en toute seureté, à cause des marais et fossez qui les couvroient; si les suivismes nous jusques sur le bord, où il y eut quelques escarmouches. Nous estants retirez pour passer la riviere sur les ponts de....., et faire vivre nostre armée, nous fusmes quatre ou cinq jours costoyans la leur, où les deux avant-gardes se rencontrans un jour, il y eut une grosse escarmouche où leur artillerie nous fit quelque dommage :

---

(1) *Pour assieger Chastellerault.* Lisez : pour faire lever le siége de Chastellerault.

la nuict nous separa, et allasmes loger à Sainct-Cler, près de Montcontour, sur un marest qui estoit entre l'armée catholique et la nostre.

M. le duc, ne pouvant plus retenir ses estrangers, ny la pluspart de la noblesse françoise qui estoit avec luy, voulut hasarder et precipiter la bataille, ce que M. l'Admiral eust evité s'il se fust retiré vers Nyort et tout ce pays là qui estoit en nostre obeissance; et quand M. le duc nous y eust voulu suivre, ses estrangers et sa noblesse l'eussent quitté, et se fussent retirés, comme tel estoit leur dessein, et dont il fut bien adverty, le soir se pourmenant avec six ou sept chevaux sur le bord du marest, par deux gentils hommes catholiques qui estoient sur l'autre bord, sans le cognoistre toutefois, commencerent à nous crier : « Huguenots, advertissez M. l'Admiral qu'il aura demain la bataille, et que, s'il s'en peut exempter, que dans cinq ou six jours nos estrangers se retirent, et nostre noblesse aussi. »

M. l'Admiral, mesprisant cest advertissement (1), croyant que ce fussent quelques bons compagnons qui nous voulussent donner la baye, n'en tint compte, se fiant que les ennemis ne pouvoient venir à nous à cause du marest qui ne pouvoit se passer que sur le pont de Montcontour, ou à la source dudict marest, qui estoit à deux lieux de Sainct Cler, où nous estions logez; mais M. le duc fit marcher son armée toute la nuict pour gaigner la source dudict marest; et, sur les sept

(1) *M. l'Admiral mesprisant cest advertissement.* D'Aubigné est loin de convenir que l'Amiral ait fait cette faute. « Tels avis, dit-il, « nullement mesprisés par l'Admiral, furent estouffez par la crierie « des impatiens; et d'ailleurs estant survenu une mutinerie entre les « lansquenets et les François, l'Admiral ne put partir de nuict comme « il desiroit. » (*Hist. univ.* liv. v.)

heures du matin, nos sentinelles à cheval, qui avoient esté mises sur une grande motte assez loing dudict Sainct Cler, descouvrirent l'armée catholique, qui marchoit en bataille à nous avec leurs coureurs, qui vindrent droict à ladicte motte pour s'en saisir, où M. de Bonneval avoit mis huict ou dix chevaux de sa compagnie en garde : nous nous meslasmes avec lesdicts coureurs, où mon cheval eut un coup d'harquebuze, et fuz contrainct, et mes compagnons aussi, de nous retirer en nostre logis audict Sainct Cler, où je ne trouvé que mon valet avec un cheval d'Espagne que M. de Bonneval m'avoit presté (luy s'estoit retiré malade à Nyort); pensant monter à cheval, il se trouva desferré d'un pied de devant. Si je fus lors en peine, je le laisse à penser : je ne trouve autre moyen que de passer le ruisseau qui couloit par le milieu dudict marest, qui se passoit facilement à gué, et aller trouver un mareschal qui se tenoit à l'autre bout du marest, vis à vis de Sainct Cler, pour faire referrer mon cheval, ayant mon vallet avec moy pour tenir le pied.

Estant à la forge dudict mareschal, j'y trouvé trois reistres des nostres qui faisoient aussi ferrer leurs chevaux, et me fallut attendre qu'ils fussent despeschez les premiers, n'y ayant plus que moy et mon valet, qui tenoit le pied de mon cheval, et moy le mien en l'estrié, car j'entendois grand bruit à Sainct Cler, nostre logis : mon cheval ferré, je voulus repasser le ruisseau et aller en nostre logis pour suivre nostre compagnie, qui jà en estoit deslogée ; et estant sur le bord du ruisseau prest à le passer, il vint un homme à moy, habillé de noir, ayant bonne façon, lequel me dist : « Monsieur, si vous passez outre vous estes perdu, car le bourg est jà rempli d'ennemis, et faut que vous gaigniez Montcontour pour passer l'eau et retrouver l'armée. » Cela m'estonna un petit : je retourne donc; et, suivant le rivage du marest, voulois gaigner Montcontour. De fortune je trouve un vieil bonhomme assis sur le chemin, qui faisoit des paniers, auquel je demande s'il y auroit point moyen de passer delà le marest sans passer à Montcontour, qui estoit à une lieue de là où j'estois, lequel me dist que ouy, mais qu'il estoit bien difficile à ceux qui ne sçavoient pas les destours; mais la necessité fait entreprendre beaucoup de choses : je le prie de me monstrer lesdicts destours, ce qu'il fist, me monstrant certaines marques : je me hazarde suivant l'instruction du bonhomme, et traverse le marest; mais mon cheval y perdit son autre fer. Estant hors du marest, et monté en la plaine, je me trouve au cul de l'armée catholique, qui marchoit bien serrée et en bon ordre pour affronter la nostre. Je fis lors un grand cerne pour l'esloigner et aller chercher la nostre, que je voyois de loing aussi approcher pour venir au combat, mais non pas en tel nombre ny ordre que celle des ennemis. L'ayant donc trouvée, il ne restoit plus qu'à faire ferrer mon cheval. Je trouve un mareschal qui avoit un fer à tous pieds, que j'achepte, mais il n'avoit point de cloux; j'en trouve après un autre qui avoit des cloux, qui referra mon cheval, et allé incontinent retrouver nostre cornette, dont mes compagnons furent fort resjouis, car ils pensoient que je fusse perdu.

Je ne fus pas plustost arrivé, que l'artillerie catholique commencea à nous saluer, qui emporta de la premiere volée deux de nos compagnons, l'un tout joignant et coste à coste de moy : somme, les deux armées choquerent. M. l'Admiral, qui menoit l'avant garde, combattit fort bien, comme aussi fist le comte Ludovicq, qui menoit la bataille. A la premiere charge j'avois pris un Italien, bien armé et monté, qui s'estoit rendu à moy; et ayant pris son cheval par la bride et son espée, l'emmenois, quand deux de nos reistres le vinrent accoster, me disant : *Nusté prisonnier,* lui donnerent chacun un coup de pistolet et le tuerent; je tenois tousjours le cheval par la bride pensant le sauver, mais je vis deux lanciers catholiques qui me suivoient de près; je quitte lors le cheval et m'esloigne d'eux. Nous perdismes la bataille, mais non pas à vau de routte, car nous fismes une belle retraicte; et nos reistres, s'estant rassemblez, demeurerent sur la queue avec la cornette de M. de Bonneval, qui s'estoit rallié avec eux. Jamais les ennemis qui nous suivoient n'ozerent nous charger; et, quand quelques uns se desbandoient de leur gros, ils estoient repoussez par les François qui estoient soubs la cornette de M. de Bonneval; noz reistres depuis adoroient ceste cornette, et toutes les fois qu'ils la voyoient luy disoient : *Bonne France! bonne France!* Ainsi nous retirasmes, et vinsmes loger à l'entour de Hernaut (1) et autres lieux commodes; et messieurs les princes, que M. l'Admiral avoit dès le matin envoyez à Nyort, se retirerent à La Rochelle.

[1570] M. l'Admiral, pour rafraischir son armée, fit un grand circuit de pays par la Gascogne, le Vivaretz et autres provinces, enfin remist sus une belle armée, avec laquelle il s'alla planter devant Chartres, où la paix fut faicte, qui dura comme les autres; car le Roy ne pouvoit aymer ceux de la religion : et lors

(1) *Hernaut :* lisez Airvault.

l'execution ensuivie le jour de la Sainct Barthelemy, fut proposée par le moyen du mariage du roy de Navarre avec madame Marguerite, à quoy ledict roy de Navarre ne vouloit entendre; mais les remonstrances et authorité de la royne de Navarre, sa mere, luy firent condescendre, et s'achemina de Pau [1572], où il estoit, pour aller à la Cour, ayant pour guides et conducteurs M. le mareschal de Biron et le cardinal d'Armagnac; et, passants à Verteil, lesdicts sieurs de Biron et cardinal estants à la fenestre de leur chambre, qui regarde sur le jeu de paulme, mademoiselle de Benaye et sa niepce, ma femme, estants en la chambre au-dessus, appuyées aussi sur la fenestre, et voyants lesdicts sieurs de Biron et cardinal, desquels elles n'estoient pas veues, parler d'affection et en conseil, escoutoient ce qu'ils disoient, lesquels discouroient des moyens qu'il falloit tenir pour ladicte execution (1), dont elle fit advertir M. le comte; mais il n'en fit non plus d'estat qu'il fit des autres qu'il eut depuis.

Le roy de Navarre donc estant arrivé à la Cour, les nopces se firent avec grandes pompes et magnificences, où tous les seigneurs et gentils hommes de la religion estoient pour la pluspart. M. l'Admiral, M. le comte et autres seigneurs, avoient advertissement de plusieurs endroicts, qu'il se brassoit quelque chose de sinistre contre eux; mais ils n'y adjoustoient point de foy : mesme; cinq ou six jours avant ladite execu-

(1) *Pour ladicte execution.* Dans l'Introduction aux Mémoires de Montluc, on a prouvé que le massacre de la Saint-Barthélemy n'avoit point été prémédité : ainsi cette conversation n'a pu avoir lieu. Une preuve plus décisive qu'elle est controuvée, c'est que Biron étoit au nombre des proscrits, et qu'il eût péri s'il ne se fût point renfermé dans l'Arsenal.

tion, ma femme, qui estoit à Verteil, m'escripvit par une lettre en chiffre que nul ne pouvoit cognoistre qu'elle et moy, que le ministre de Verteil, nommé Textor, lui avoit donné charge de m'advertir pour advertir M. le comte que pour certain il se brassoit une entreprise à Paris contre ceux de la religion, et qu'il tenoit cest advertissement d'un sien frere, medecin de M. de Savoye, qui luy avoit mandé pour advertir mondict sieur le comte; ce que je fis incontinent, luy disant qu'il ne falloit point tant mespriser les advertissemens qu'on lui donnoit, et que pour moy je trouvois que le sejour à Paris n'estoit point bon, à quoy il me respondit qu'il le cognoissoit bien; je luy repliquay que ce n'estoit pas assez de le cognoistre, mais qu'il y falloit remedier, et que ce n'estoit pas assez de courir fort, mais de partir de bonne heure; lequel me respondit qu'il n'esperoit pas de passer là son hyver.

Le lendemain, M. l'Admiral sortant du Louvre fut blessé d'une harquebusade; cela commença à esveiller ceux de la religion, lesquels si dès-lors ils eussent deslogé de Paris et gaigné Orleans, le surplus ne fust arrivé, et n'eust-on ozé rien faire à M. l'Admiral. Le Roy fit grand semblant d'estre fort marry de tel accident, vint visiter M. l'Admiral avec la Royne sa mere, pour mieux l'asseurer et tous les huguenots, auxquels il faisoit, en general et en particulier, toutes les caresses et bonnes cheres du monde, lesquels prenoient cela pour argent content. Il avoit faict mettre un gros corps de garde devant le logis de M. l'Admiral, de peur, comme il disoit, qu'on ne luy fist desplaisir, et, pour plus grande seureté dudict Admiral, fit advertir tous les seigneurs et gentilshommes huguenots de se venir loger près de luy, ausquels les mareschaux des logis du Roy donnoient les logis. M. le comte de La Rochefoucault deslogea du sien pour venir en celuy qui luy avoit esté marqué, auquel n'y avoit aucuns meubles, ny hoste ny hostesse.

Le samedy, vigile de Sainct Barthelemy, M. le comte, selon sa coustume, estant demeuré le dernier en la chambre du Roy, et se voulant retirer, un gentilhomme des siens, nommé Chamont, et moy, l'attendions en la salle; et, entendant le remuement des souliers quand on faict la reverence, je m'approche près de la porte, et entendis que le Roy dist audict sieur comte : « Foucault (car il l'appelloit ainsi), ne t'en vas pas, il est desjà tard, nous baliverneronsle reste de la nuit. — Cela ne se peut, luy respondit ledict sieur comte, car il faut dormir et se coucher. — Tu coucheras, lui dit-il, avec mes valets de chambre. — Les pieds leur puent, luy respondit-il; à Dieu, mon petit maistre; et sortant s'en alla en la chambre de madame la princesse de Condé la douairiere (1), à laquelle il faisoit l'amour, où il demeura encores près d'une heure : au partir de là, s'en va en la chambre du roy de Navarre, puis, luy ayant donné le bon soir, sortit pour se retirer. Estant au pied de l'escalier, un homme habillé de noir vint à luy, et, le tirant à part, parla longuement à luy, puis se retira quand et quand. Ledict sieur comte m'appella, et me commanda de retour-

---

(1) *Madame la princesse de Condé la douairiere :* Françoise d'Alençon. Elle étoit fille de François d'Orléans, marquis de Rothelin, et avoit épousé, en 1565, Louis, prince de Condé, tué en 1569 à la bataille de Jarnac.

ner en la chambre du roy de Navarre, et luy dire qu'il venoit d'estre adverty que M. de Guise et M. de Nevers estoient par la ville et ne couchoient point au Louvre; ce que je fis, et le trouve couché avec la Royne sa femme, et luy ayant dict à l'oreille ce que M. le comte luy mandoit, me commanda de luy dire qu'il le vint trouver de bon matin comme il luy avoit promis: je m'en retourné à M. le comte, lequel je trouve au pied de l'escalier et M. de Nancey (1), capitaine des gardes, devant lequel je ne voulus luy dire ce que le roy de Navarre luy mandoit. Lesdicts sieurs comte et de Nancey retournerent en la chambre du roy de Navarre, où ils entrerent seuls et n'y firent long sejour.

Or, le Roy avoit adverty ledict roy de Navarre de faire demeurer près de luy le plus de gentilshommes qu'il pourroit, et qu'il avoit peur que ceux de Guise voulussent faire quelque chose; à l'occasion de quoy force gentilshommes estoient retirez en la garderobe dudict roy de Navarre, qui estoit seulement fermée de tapisserie. Ledict sieur de Nancey, levant la tapisserie, et mettant la teste en ladicte garderobe, la voyant quasi plaine, les uns jouans, les autres causans, je vis qu'il fut assez long-temps les remarquant et contant avec la teste, leur disant avec une parole longue: « Messieurs, si quelqu'un de vous autres se veut retirer, on s'en và fermer la porte. » Lesquels lui respondirent qu'ils vouloient achever là de passer la nuit, estant attachez au jeu. Là dessus, M. le comte et luy descendirent en la cour, où desjà toutes les compagnies des gardes estoient en bataille, tant Suisses, Escossois que François, depuis l'escallier qui monte en la grand salle

(1) *M. de Nancey*: Gaspard de La Chastre, sieur de Nancey.

5.

jusques à la porte où estoit M. de Rambouillet (1), capitaine de la porte, assis sur un petit billot joignant le petit portillon qui seulement s'ouvroit; et, comme je sortois, luy, qui m'aimoit et qui me cognoissoit, ayants esté compagnons prisonniers en Flandres, me tendit la main, me prist la mienne, me la serrant et me disant d'une voix pitoyable: « A Dieu, monsieur de Mergey, mon amy; » ne m'ozant lors dire ce qu'il m'a bien dict depuis, car il sçavoit bien l'execution qui se debvoit faire, mais il n'y alloit que de sa vie s'il en eust rien decelé.

M. le comte estant en son nouveau logis fort mal meublé, nous voulusmes bien toutesfois, Chamont et moy, demeurer; mais il ne le voulut permettre: le sieur de Coulaines demeura avec luy, qui avoit fait apporter sa paillasse et un matras (2). Chamont et moy nous retirasmes au logis qui nous avoit esté marqué, qui estoit tout vis-à-vis de celuy de M. l'Admiral; où nous estants couchez, nous ne fusmes pas plustost au lict que nous entendons l'alarme, et le logis de M. l'Admiral attaqué par le corps de garde mesme que le Roy y avoit ordonné pour le preserver et garder. Je me doubtois tousjours bien que le mal s'estendroit plus loing qu'au logis de M. l'Admiral; je me jette quand et quand hors du lict, et m'habillé le plus promptement que je peus. Chamont estoit si estonné, qu'il demeuroit tout en chemise en la place, ne sçachant que faire; je fis tant que je le fis habiller, et voulois descendre en la ruë pour aller trouver M. le comte; mais il me dist: « Pourquoy voulez-vous que nous sortions? que sça-

---

(1) *M. de Rambouillet*: Nicolas d'Angennes, marquis de Rambouillet. — (2) *Un matras*: lisez un matelas.

vez-vous quelles gens ce sont? attendons encores un peu. » Je le creu, et nous en trouvasmes bien ; car si nous fussions sortis en la ruë, nous estions despeschez. La chambre où nous estions estoit des appartenances d'un grand logis où estoit logé le train et l'ordinaire de madame la princesse de Condé (1), de la maison de Nevers; laquelle chambre estoit loüée à un menuisier, et separée dudict logis; et ne me sentant bien asseuré en ladicte chambre, oyant le grand bruict et tumulte qui estoit en la ruë, et le rompement des portes, mesme celles du logis de M. l'Admiral, je mis la teste à une fenestre qui regardoit en la cour dudict logis, en laquelle je vis deux hommes fort estonnez; aussi estoient-ils huguenots et officiers de madame la princesse; et, en recognoissant un, le prie mettre contre la fenestre où j'estois une meschante chanlatte debout qui estoit par terre, affin, par icelle, de descendre en la cour, ce qu'il fit, et par ce moyen me coule en la cour; Chamont en fit autant.

Cependant j'estois en grande peine de sçavoir des nouvelles de M. le comte, et prie celuy qui nous avoit dressé la chanlatte, qui estoit sommelier de madame la princesse, et qui avoit esté laquais de M. le prince, nommé Le Lorrain, d'aller jusques au logis dudict sieur comte pour m'en rapporter des nouvelles, lequel, estant sorty en la ruë, et n'ayant point la livrée de ceux qui faisoient l'execution, qui estoit des croix blanches sur les chapeaux et sur les bras, faillit d'estre tué; et, s'il ne se fust avoué de madicte dame princesse, il eust esté despesché, et se retira bien viste au

---

(1) *Madame la princesse de Condé* : Marie de Clèves, première femme de Henri de Bourbon, prince de Condé.

logis; je luy fis lors des croix de papier et sur son chapeau et sur ses manches, et le prié d'achever son voyage avec deux escus, car ce metail rend les hommes plus courageux et hazardeux. Estant donc sorty, il ne tarda gueres à retourner, me disant que M. le comte s'estoit sauvé, mais ne me disant point comment : et, desirant en sçavoir la verité, luy donné encores deux escus pour m'en apporter certaines nouvelles, lequel, à son retour, haussant les espaules, me dist qu'il estoit mort, l'ayant veu tout nud à la porte de son logis, et auprès de luy son fils et un autre grand homme rousseau. Et quand il me nomma son fils, je trouvé cela estrange, comment il pouvoit estre si promptement apporté, et de si loing, auprès de luy; car il estoit logé près la porte Sainct Martin, de laquelle il y avoit un grand quart de lieue jusques au logis dudict sieur comte; et luy demande lors quel homme c'estoit que sondict fils, lequel me dist que c'estoit un petit homme, ayant une petite barbe noire, et une jambe plus courte que l'autre. Alors je jugé bien que mondict sieur le comte estoit mort; car celuy que disoit mon messager estre son fils, estoit tailleur de mondict sieur le comte, boiteux et la barbe noire; l'autre homme rousseau estoit un porte bois qui servoit de portier, ledict tailleur, de Verteil, nommé Barrilet, l'autre du bourg de Sainct Front, près Verteil. Ces nouvelles m'affligerent fort.

Cependant M. l'Admiral fut tué en sa chambre, et jetté par la fenestre en la cour où estoit M. de Guise à cheval; et, l'ayant veu et recogneu, sortit, et avec toute sa cavallerie, se mit à suivre les huguenots qui estioent logez au fauxbourg Sainct-Germain-des-Prez.

J'estois en la cour dudict logis, près la grande porte, pour escouter; et comme la cavallerie suivoit M. de Guise, l'un d'eux passant devant la porte dudict logis, j'entendis qu'il demanda à quelqu'un : « Qui est logé là-dedans? » Auquel il fut respondu que c'estoit le train de madame la princesse; lequel dist : « Ce n'est pas là où nous en voulons. » Qui me rejoüoyt fort, et rentre au logis, où le maistre arriva tost après, qui estoit capitaine du quartier, et venoit de l'execution, lequel, sçachant qui nous estions, nous dist qu'il estoit bien marry de ce desastre, lequel il n'approuvoit, et qu'il nous feroit tout le plaisir qu'il pourroit; mais, pource qu'il avoit esté ordonné que tous les logis seroient visitez, et qu'il y avoit commissaires deputez pour cela, si nous estions trouvez en sa maison, il en pourroit recevoir du blasme et desplaisir; mais que, si nous voulions, il nous meneroit dedans l'eglise de Sainct Thomas du Louvre, et que de là nous nous pourrions sauver; lequel je remercie de sa bonne volunté, le suppliant la vouloir continuer, et que puis que Dieu nous avoit preservez jusques à ceste heure, que nous esperions qu'il continueroit, et que, pourveu qu'il ne nous fust point ennemy, je m'asseurois que nous n'aurions point de mal, ny luy aucun desplaisir à nostre occasion; ce qu'il nous promist, et là-dessus s'en alla.

Or, ne voulant toujours demeurer là, et ayant entendu que M. de Marcillac (1) s'estoit sauvé, et que M. de La Coste, son gouverneur, l'avoit mené au logis de M. de Lansac, en la rue Sainct-Honoré, j'y envoyé

(1) *M. de Marcillac.* Il étoit fils unique du comte de La Rochefoucault, dont il prit aussitôt le nom.

mon valet nommé Vinat, qui estoit de Verteil, pour le supplier qu'il me retirast à luy; mais le portier ne le voulut jamais laisser entrer, et retourna à moy. Je m'advise d'un moyen pour luy faire sçavoir de mes nouvelles : je pliay une demye feuille de papier comme une lettre, et le renvoye bien embouché, lequel estant à la porte, dist au portier qu'il venoit d'Angoumois, et qu'il portoit des lettres de M. de Barrault à sa sœur, qui estoit avec madame de Lansac. Le portier luy ouvrit : et, le laissant soubz la porte, alla querir madamoiselle de Barrault; laquelle estant venue, mon homme luy dist que, pour entrer au logis, il avoit esté contrainct de mentir un petit, et que c'estoit moy qui l'envoyois vers M. le comte pour luy dire de mes nouvelles et où j'estois. « Vrayment, mon amy, tu seras le bien venu ; car M. le comte estoit en peine de luy. » Lors, prenant mon Vinat par la main, le mena en la salle où estoit ledict comte, luy disant : « Monsieur, voicy qui vous dira des nouvelles de M. de Mergey. » M. le comte, qui cognoissoit mon valet, luy demanda où j'estois et comment je me portois; lequel ayant entendu tout le discours dudict Vinat, et le desir que j'avois d'estre avec luy, pria quand et quand le sieur de La Rochette, exempt des gardes, qu'on avoit desjà mis avec luy pour remarquer ses actions, qu'il m'allast incontinent querir pour m'amener à luy.

J'oubliois à mettre icy que, voulant avoir plus d'une corde en mon arcq, j'avois envoyé ledict Vinat, mon valet, au logis de M. de Sesac (1), lieutenant de M. de Guise, et qui avoit espousé la fille aisnée de M. Des-

---

(1) *M. de Sesac* : François de Cazillac, seigneur de Sesac, avoit épousé Claude de Dinteville, fille de Deschenets.

chenetz, et par ce moyen m'estoit amy, et n'eust ozé
faillir de me faire en cest endroict un bon office; ayant
donné charge à mondict valet de dire que j'estois au
logis où il m'avoit laissé; lequel sieur de Sesac, estant
au lict pour se reposer de la courvée qu'il avoit faicte
avec M. de Guise à la poursuite du comte de Montgommery qui s'estoit sauvé, dist à mon valet : « Retourne à ton maistre, et luy dis que s'il ayme sa vie
qu'il ne bouge du logis où il est, et que ce soir je iré
ou envoyeré le querir. » Il envoya bien le soir au logis
pour me mener à luy; mais j'estois desjà avec M. le
comte auquel m'avoit mené ledict sieur de La Rochette,
lequel, suivant la priere de M. le comte, estoit venu
au logis, et, estant à la porte de la salle où j'estois,
commença à me dire avec une voix rude et menaçante,
allons, sans me dire autre chose. Moy, ne sçachant encores qu'il venoit de la part de M. le comte, que d'autre part il estoit grand ennemy de ceux de la religion,
m'attendois d'aller non pas dessus, mais dessoubz le
pont aux Musniers, comme une infinité d'autres, luy
fis une grande et profonde reverence, lequel redou-
blant sa voix comme d'un rodomont, me dist de rechef,
allons, allons. Je luy demande lors s'il vouloit que je
prisse mon espée, lequel me dist : « Oüy d'à; qui voudroit vous battre, voudriez-vous pas vous deffendre? » Je
luy respondis : « Ouy et de bon cœur. » Lors, adou-
cissant sa voix et riant, me dist : « Allons, allons, M. le
comte vous demande. » Je luy fis encores une plus
grande reverence que la premiere et de meilleur cœur;
et prenant mon espée et une halebarde d'un de ses
compagnons qu'il me donna, car il en avoit six ou sept
avec luy, qui m'estonnoit fort au commencement, et

ainsi allasmes trouver M. le comte, lequel me voyant me saulta au collet, me tenant embrassé un long espace de temps, sans me pouvoir dire un seul mot, avec larmes et souspirs, et moy de mesme.

Je demeuré avec luy quinze jours, durant lesquels M. de La Coste et moy fismes recouvrer la vaisselle d'argent, tant de cuisine que du buffet, qui avoit esté pillée en son logis, ensemble tous ses chevaux, qui estoient logez auprès de Villepreux.

Le Roy faisoit toutes les caresses du monde à mondict sieur le comte, le faisant causer familierement avec luy; mais il fut advisé par le conseil qu'il luy falloit oster tous ses serviteurs qui estoient de la religion. A ceste cause M. de La Coste et moy, avec un bon passeport du Roy et une sauve-garde pour nos maisons, nous en retournasmes en Angoumois, remenants avec nous tout le train de feu mondict sieur le comte, et trouvasmes à Verteil M. de Marmoustier, à huict heures du matin, lequel n'estoit encores sorty de sa chambre, et, sçachant nostre venue, n'ozoit sortir, de peur que nous voyant, cela luy renouvelast ses regrets; en sortant et passant près de nous, tout sanglottant et sans nous dire mot passa outre, et s'en alla en une autre chambre au bout de la salle, sur le portail du chasteau, se jetter sur un lict avec pleurs et sanglots. Cependant nous estions tousjours en la salle, attendant s'il nous feroit appeller; enfin son valet de chambre sortit, qui me dist que Monsieur me demandoit; M. de La Coste voulut venir avec moy, mais le valet de chambre luy dist que Monsieur ne demandoit que moy. J'entre donc tout seul, et l'ayant salué, après qu'il eut un peu moderé ses souspirs, me fit conter tout au long ce qui se passa le jour de l'execution, et comment son frere avoit esté tué; et ayant achevé, il demeura fort long-temps sans dire mot, puis, jettant un grand soupir s'escria, disant: O thraistre, ce n'est pas ce que tu m'avois promis! parlant à mon advis du... (¹), qui luy pouvoit bien avoir decelé la conclusion de l'execution, et promis que le comte son frere en seroit exempt : voilà l'exposition que je donne à ces paroles.

[1573] Tost après, le Roy delibera d'attaquer La Rochelle, et fit son lieutenant general M. le duc d'Anjou, son frere, qui la vint assieger avec une grosse et puissante armée, où il usa de toutes les ruzes et stratagesmes qui se pouvoient inventer pour la surprendre et avoir; mais bien assailly bien deffendu. M. le comte estoit audict siege, et moy avec luy. Enfin la mortalité se mist audict camp, et l'esperance de forcer la ville perdue. M. le duc n'estoit à se repentir d'estre venu là, et ne sçavoit comment en desloger à son honneur : là-dessus, les ambassadeurs de Poulongne arriverent pour luy annoncer qu'il avoit esté esleu roy de Poulongne, qui luy fut un honorable subjet de lever le siege et faire la paix.

[1574] Quelque temps après, la Royne, qui ne pouvoit demeurer oysive, ayant tousjours quelques desseins, mesme sur La Rochelle, se voulut servir de la dame de Bonneval, qui avoit esté nourrie avec elle, et l'ayant instruicte, l'envoya à La Rochelle pour essayer de pratiquer ce dont elle avoit charge, avec amples memoires. Partant donc de Bonneval, passa par La Rochefoucault, et d'autant qu'elle m'aimoit et me

---

(¹) *Parlant à mon advis du...* Il paroit qu'il est ici question d'un des princes de la maison de Guise.

faisoit cest honneur que de m'appeller son cousin, me pria de la vouloir accompagner en son voyage, ce que je ne peus luy refuser. Par les chemins, elle me communiqua sa charge et ses mémoires, lesquels ayant veus, je luy dis que si elle les presentoit en la forme qu'ils estoient, que messieurs de La Rochelle se mocqueroient d'elle, mais que mon advis estoit qu'estant arrivée, la premiere chose qu'elle feroit seroit de veoir M. de La Noue qui y estoit, et luy monstrer lesdicts memoires pour les corriger et accommoder comme il adviseroit; ce qu'elle fit et s'en trouva bien, car, encores qu'elle ne fist rien de ce qu'elle pretendoit, elle partit toutesfois contente de ceux de La Rochelle, et eux d'elle.

En ce temps, les guerres s'estants rallumées en France, soubs le vieux pretexte de la religion, M. le prince de Condé ayant rassemblé le plus de François qu'il avoit peu, et attendant un gros secours de reistres qui le venoient trouver, la Royne mere ayant instruict M. le duc son fils (1), lequel faisant le malcontent, à cause qu'il disoit qu'il n'estoit pas bien appanagé, partit de la Cour sans dire à Dieu, se joignit avec ceux de la religion, non pas qu'il changeast la sienne. M. le prince et tous les seigneurs et capitaines, voyants qu'il se vouloit servir de nous, ne peurent mieux faire, ce leur sembloit, que de le faire leur chef; mais son intention n'estoit que de faire esvanoüyr ceste grosse nuée qui venoit sur les bras des catholiques, laquelle toutesfois joignit M. le prince, qui faillit d'estre attrapé en un parlement qui se fit, où estoit la Royne, laquelle avoit deliberé, durant iceluy, de faire enlever mondict

---

(1) *Le duc son fils* : le duc d'Alençon.

sieur le prince, qui estoit venu mal accompagné; mais nos reistres, se doutans ou ayant senty quelque vent de l'entreprise, envoyerent au grand trot mil ou douze cens reistres environner le lieu où se faisoit le parlement, et retirerent M. le prince : s'ils eussent voulu, ils eussent bien faict à la Royne ce qu'elle vouloit faire à M. le prince.

Durant ces choses, M. le comte de La Rochefoucault, retournant d'Italie, estoit venu trouver M. le duc, et demeura tousjours avec nous jusques à ce que la paix fut conclue (1), qui fut bientost après, par laquelle, entre autres articles, le Roy debvoit payer nos reistres; mais, n'y ayant point d'argent contant, la Royne leur offrit de bonnes cautions qu'ils emmeneroient avec eux, ce qu'ils accepterent : la Royne avoit nommé M. le comte de La Rochefoucault, qui ne faisoit que revenir d'Italie, comme j'ay dict, et M. le comte Descars. M. de Chasteauvieux, beaufrere de M. de Rochechoüart, avec lequel j'estois en ce voyage, me rencontrant de fortune, me dit ladicte resolution de la Royne, qui se debvoit executer le lendemain, et retenir lesdicts sieurs comtes et les mettre entre les mains des reistres. J'ay trouvé si à propos M. le comte de La Rochefoucault, qui s'estoit desjà acheminé pour aller trouver la Royne, logée delà la riviere d'Yonne, auquel je dis ce que M. de Chasteauvieux m'avoit chargé de luy dire, lequel, avec l'advis que luy donné, tourna bride et s'en vint trouver M. le viscomte de Turenne, qui s'en retournoit à Turenne avec tous les Lymousins. M. de Rochechoüart estoit de la partie; nous sceusmes depuis que la Royne n'estoit pas bien edifiée de M. le comte

---

(1) *Que la paix fut conclue :* elle fut signée le 14 mai 1576.

de La Rochefoucault, de s'en estre party sans prendre congé d'elle, et fut en deliberation de l'envoyer querir; mais, sçachant qu'il estoit avec M. de Turenne, qui n'eust pas permis qu'on l'eust emmené contre son gré, le laissa aller, et luy fallut trouver un autre caution.

[1585] Quelque temps après, M. de Marmoustier vint à mourir, qui avoit de beaux benefices et tous en la collation de M. le duc qui avoit esté esleu duc de Brabant par les Estats du pays. M. le comte me despescha en poste vers luy, pour essayer d'avoir lesdicts benefices, lequel je trouvé à Anvers le lendemain qu'il y avoit fait son entrée. Luy ayant donné mes lettres et declaré ma creance, qui estoit de luy amener cent gentilshommes bien montez et armez, pour luy faire service aux guerres qu'il avoit contre le roy d'Espagne, il me fit des responses ambigües pour le regard des benefices, acceptant l'offre de cent gentilshommes. M. le comte tint sa promesse, qui luy pensa couster la vie, car il estoit dedans Anvers lors que M. le duc fut contrainct de sortir de la ville.

[1589] Long-temps après survindrent ces malheureuses guerres, et M. de Guise prisonnier dans le chasteau de Tours, duquel avoit la garde le seigneur du Rouvray mon beau-frere; et moy, ayant quelques procez en la cour de parlement seant lors à Tours, je ne bougeois quasi d'avec ledict sieur du Rouvray, et par ce moyen estois cognu dudict sieur de Guise, et fort familier, et qui le plus souvent, avec la permission de mon beau frere, me faisoit cest honneur de me faire ou disner ou souper avec luy, n'y ayant à sa table que luy et moy, et un exempt des gardes au bas bout. Or, voyant qu'il me faisoit plus d'honneur que je ne meritois, avec tant de familiaritez, je m'advise de l'employer, et le suppliay de vouloir escripre à M. de Mayenne son oncle, affin qu'il fist sortir des soldats que M. de Pompadour avoit mis en ma maison de Venayes en garnison, et qu'il me laissast joüir du revenu; lequel me fit response qu'il n'escriproit point à M. de Mayenne, mais qu'il escriproit à M. de Pompadour, et qu'il s'asseuroit que ses lettres auroient autant de vertu que celles de M. son oncle; et, ayant escript, me donna ses lettres, que j'envoye incontinent audict sieur de Pompadour, lequel, tout aussi-tost, fit desloger la garnison de chez moy.

Le vieillesse ayant pris possession de moy, avec les incommoditez dont elle a accoustumé de servir ses vassaux, me contraignit de garder la maison; et, pour comble de malheur, je perdis mon second maistre à ceste malheureuse journée de Sainct-Yves (1): cela m'accabla du tout.

Si j'ay inseré en ce discours quelques particularitez des combats et rencontres qui se sont faicts en mon temps, et ausquels me suis trouvé, ce n'est pas que je vueille contrefaire l'historien, mais seulement pour reciter ce que j'ay veu à mes enfans, qui verront que

---

(1) *De Sainct Yves*: lisez Saint Yrieix. Ce combat eut lieu en 1597. D'Aubigné, dans son *Histoire universelle*, raconte ainsi la mort du comte de La Rochefoucault : « Le comte, voyant son lieutenant en-
« gagé et tout en fuite, s'ecria : *Il ne sera pas dit que j'aye fui avec*
« *ces armes dorées*. Il prit donc le combat, où il eut d'abordée son
« cheval tué sous luy; et, remonté par son écuyer, revint à la charge,
« où il se vit bientost abandonné de tous, et lors il cria aux ennemis :
« *Je suis le comte de La Rochefoucault, vingt mille escus sont bons.*
« Quelques fugitifs de Limoges respondirent qu'on ne sauvoit point la
« vie aux huguenots; et, entre ceux-là, un nommé La Bisse le saisit et
« le poignarda. »

je n'ay pas tousjours demeuré à la maison, et que j'ay eu l'honneur d'estre employé envers les grands pour affaires de consequence, affin qu'ils cherchent les moyens de pouvoir suivre ma trace, et s'acquitter fidellement du service qu'ils doibvent à leurs seigneurs et maistres, comme j'ay faict. Peut estre seront-ils plus heureux que moy en la recompense de leurs services; non que je me vueille plaindre de mesdicts seigneurs et maistres, qui m'aimoient et honoroient plus que je ne meritois; mais je n'avois pas bien retenu le proverbe, qui dit que *service de seigneurs n'est pas heritage*. Et sur ce subject diray que messieurs le comte de La Rochefoucault, de Rendan et de Marmoustier freres, estants un jour à Muret tous trois en une chambre seuls, excepté un secretaire de M. le comte, nommé Cadenet, lequel estoit en un coing sans estre apperceu d'eux, entre autres propos qu'ils eurent ensemble, tomberent sur les bons et mauvais serviteurs, qu'il falloit garder les bons et se deffaire des autres; M. de Randan, venant à opiner, dist que quand on avoit un bon serviteur, qu'il ne luy fault jamais faire de bien, mais l'entretenir en bonne esperance et luy faire beaucoup de caresses; « car, disoit-il, si vous luy faictes du bien, il vous quittera aussitost; là où le paissant d'esperance, vous le retenez tousjours. » Ledict secretaire ayant entendu tous ces discours sans estre d'eux apperceu, le lendemain vint trouver M. le comte, auquel il demanda son congé; dequoy M. le comte s'esbahit, et luy demanda l'occasion pourquoy il le vouloit laisser, lequel luy fit response que le service qu'il luy faisoit estoit en intention de avoir recompense, de laquelle se voyant frustré par la resolution que luy et messieurs ses freres avoient prise le jour de devant, de ne point faire de bien à un bon serviteur, estoit l'occasion qui luy faisoit demander son congé. M. le comte voulut r'habiller ses discours, l'asseurant qu'il n'estoit point compris en iceux, et le pria de demeurer, et qu'il ne seroit ingrat à recognoistre ses services; mais il ne fut en la puissance de M. le comte de le retenir, et s'en alla, après toutefois avoir esté bien payé et satisfaict. Ledict Cadenet estoit frere du precepteur de M. le prince, nommé Ozias.

Pour moy, j'ay ce contentement d'avoir fidellement servy mes maistres, et avec cela feray la closture de mon discours, suppliant ceux qui le pourront veoir excuser et le subject et le stile, car je ne suis ny historien ny rethoricien; je suis un pauvre gentilhomme champenois qui n'ay jamais faict grande despense au college, encore que j'aye tousjours aymé la lecture des livres.

Fait le 3 septembre 1613, et de mon aage soixante-dix-sept ans, à Saint Amand en Angoumois.

FIN DES MÉMOIRES DE MERGEY.

MÉMOIRES

DU SIEUR

FRANÇOIS DE LA NOUE.

NOTICE

SUR

LA NOUE ET SUR SES MÉMOIRES.

François de La Noue naquit en 1531, de François de La Noue et de Bonaventure l'Espervier : sa famille, depuis long-temps illustre en Bretagne, avoit des liens de parenté avec les maisons de Matignon et de Châteaubriand. Cet homme, qui, par ses vertus et ses talens, devoit répandre un si grand éclat sur les protestans français du seizième siècle, n'eut pas le bonheur de recevoir une éducation soignée : ses premières années s'écoulèrent, comme celles de du Guesclin son compatriote, dans une oisiveté qui ne fut interrompue que par ces exercices violens auxquels on appliquoit dès l'enfance la jeune noblesse. A l'époque de son adolescence, il parut comme page à la cour de Henri II; et ce fut là que, réparant le temps qu'il avoit perdu, il embrassa un plan d'études qui avoit principalement pour objet la tactique et les histoires anciennes et modernes. Il fit des progrès rapides, et les auteurs les plus célèbres de l'antiquité, surtout Plutarque, dont Amyot faisoit alors la traduction, lui devinrent bientôt familiers.

Après avoir passé quelques années auprès du Roi, dont il fixa les regards par ses dispositions naissantes, il alla faire ses premières armes en Piémont, sous le maréchal de Brissac, et il servit jusqu'à la paix de Cateau-Cambresis dans cette armée qui passoit pour la meilleure école de l'art de la guerre. Pendant qu'il étoit absent son père mourut; et l'on put craindre que sa mère, livrée à la passion du jeu, ne dissipât sa fortune : Henri II, instruit de ce désordre, lui en ôta l'administration; mais, en croyant rendre au jeune orphelin le service le plus signalé, il connoissoit peu ce que pouvoit sur lui le respect filial. Aussitôt que La Noue fut de retour, il sollicita une audience du monarque, et la première chose qu'il demanda et qu'il obtint, fut la levée de l'interdiction prononcée contre sa mère. Cette femme fut vivement touchée d'une action que sa conduite ne lui avoit pas permis d'attendre; elle cessa de jouer, mais elle survécut peu au bonheur d'avoir retrouvé un fils si digne de son amour.

La Noue, privé de ses parens, se fixa pour quelque temps en Bretagne, dans l'intention de s'occuper, pendant la paix, de l'administration de ses biens, dont le revenu s'élevoit à quarante mille livres, somme considérable pour le temps. Ce fut alors que d'Andelot, frère de Coligny, qui venoit d'épouser mademoiselle de Rieux, la plus riche héritière de la province, y fit un voyage. Ayant embrassé avec chaleur la religion protestante, il ne cherchoit qu'à faire des prosélytes, et c'étoit dans cette vue qu'il se faisoit accompagner par le ministre Gaspard Cormel, prédicateur fameux. Il ouvrit d'abord le prêche dans son château de La Bretesche, où les talens de Cormel attirèrent beaucoup de curieux; et quoique la Bretagne fût de toute la France le pays le plus attaché à la religion catholique, il parvint, en moins de cinq années, à y établir douze églises calvinistes. Ses efforts se dirigèrent principalement sur La Noue, qui, malgré sa modestie, laissoit entrevoir de grandes qualités politiques et militaires ; et il jugea que son adhésion aux opinions nouvelles pourroit servir utilement un parti qui, réprimé jusqu'alors très-sévèrement, n'avoit encore pris aucune consistance.

La Noue, qui, dans la maison paternelle, n'avoit puisé aucun principe solide de religion, et qui, pendant son séjour à la cour voluptueuse de Henri II, n'avoit pu, sous ce rapport, corriger les vices de son éducation première, prêta volontiers l'oreille aux apôtres d'une doctrine qui ne prêchoit en apparence que la réforme, et qui affectoit beaucoup de rigorisme. Agé de vingt-sept ans, il avoit échappé aux passions de la jeunesse, plutôt par la force de son caractère que par ses principes religieux; mais il sentoit que l'homme a besoin d'un frein plus puissant que sa foible raison; et, fatigué des incertitudes dans lesquelles il flottoit depuis plusieurs années, il embrassa sincèrement la croyance où il pensa trouver la vérité. En prenant cette résolution, qui devoit décider de son sort, il se préserva du fanatisme des nouveaux sectaires; et si par la suite les circonstances l'entraînèrent à soutenir ses opinions les armes à la main, il montra constamment, au milieu des guerres civiles les plus horribles, une noblesse, un désintéressement, une modération, qui lui attirèrent l'estime et l'admiration des deux partis qui divisoient la France.

Sous le règne de François II, lorsque les Guise, parvenus au faîte du pouvoir, se flattèrent d'anéantir les protestans, il ne prit aucune part à la conjuration d'Amboise, tramée dans des vues politiques bien plus que dans des intérêts religieux. Il fut même un des plus sincères admirateurs des qualités solides et brillantes du duc François de Guise, auquel la France avoit dû son salut après la funeste bataille de Saint-Quentin. Ses relations amicales avec la maison de Lorraine continuèrent pendant les premières années du règne de Charles ix, et il fut désigné par cette famille pour faire partie du cortége qui reconduisit en Ecosse l'infortunée Marie Stuart, veuve de François ii. Ce fut dans ce voyage qu'il contracta une liaison assez intime avec Brantôme, qui, jeune encore, recueilloit déjà des notes pour ses intéressans mémoires.

La Noue se trouvoit à Paris au mois de mars 1562, lorsque l'accident de Vassy, produit, selon toute apparence, par le hasard, mais à qui l'esprit de faction parvint à donner les couleurs les plus alarmantes, devint le signal des guerres civiles. Persuadé que Catherine de Médicis formoit des vœux secrets pour que le jeune roi Charles ix tombât au pouvoir du prince de Condé, chef des protestans, il se rangea sous les étendards de ce prince, le suivit dans ses différentes expéditions, et prit part à la bataille de Dreux, où les protestans furent vaincus et Condé fait prisonnier [19 décembre 1562]. Après avoir dirigé avec l'amiral de Coligny la retraite difficile de l'armée battue, il apprit bientôt l'assassinat du duc François de Guise, chef du parti catholique, qu'il n'avoit pas cessé d'estimer, et auquel il donna des regrets. Cet attentat ayant été suivi presque immédiatement de la paix d'Amboise [19 mars 1563], La Noue put aller dans ses terres reprendre la vie paisible qu'il n'avoit quittée que par des circonstances indépendantes de sa volonté.

Ce repos ne dura que quatre ans, et fut souvent troublé par les excès auxquels se livrèrent impunément les deux partis. Les conférences que Catherine de Médicis avoit eues à Bayonne avec le duc d'Albe, répandirent de nouveau l'alarme parmi les protestans : ils se figurèrent que leur ruine étoit décidée, et ils ne trouvèrent d'autres moyens de la prévenir, que de s'emparer de la famille royale, qui devoit passer les derniers beaux jours de l'année 1567 à Monceaux, maison de plaisance qui n'avoit aucune fortification.

Les rôles furent partagés entre les différens chefs protestans pour la réussite de cette grande entreprise; et tandis que le prince de Condé et l'Amiral, à la tête d'une troupe nombreuse de cavalerie, devoient surprendre Monceaux, les autres généraux étoient chargés de s'emparer de quelques grandes villes. Les projets du prince de Condé sur la famille royale échouèrent par l'inébranlable fidélité de six mille Suisses que la Cour avoit appelés; mais La Noue, qui avoit dans Orléans des intelligences avec le bailli de Grelot, y pénétra, n'étant suivi que de trois cents hommes, fut obligé de soutenir dans les rues, et sur les places publiques, plusieurs combats sanglans, et parvint enfin à se maintenir en possession de cette ville importante. Il parcourut ensuite la Bretagne, l'Anjou, la Touraine, la Normandie, le Perche, la Beauce, y leva des troupes; et, après avoir déployé une étonnante activité, il vint joindre le prince de Condé, qui campoit sous les murs de Paris.

Peu de jours après, la bataille de Saint-Denis fut

livrée [10 décembre 1567]; les protestans eurent le dessous comme à Dreux; mais les catholiques perdirent leur général, le connétable de Montmorency. Cette action n'étant pas décisive, Condé, qui n'avoit plus l'espoir de s'emparer de la capitale, mena son armée en Lorraine afin de joindre le prince Casimir, second fils de l'électeur Palatin, qui venoit à son secours. Il falloit une somme considérable pour payer ces troupes étrangères; et, par des circonstances qu'on n'avoit pas prévues, la caisse du prince de Condé étoit vide : on vit alors les chefs, et même les soldats, s'empresser de subvenir à ce besoin pressant; une armée qui n'étoit pas payée se dépouilla entièrement pour en faire subsister une autre; et il n'est pas besoin de dire que La Noue donna, l'un des premiers, le conseil et l'exemple de ce noble désintéressement. C'étoit une des époques de sa vie dont il se rappeloit le souvenir avec le plus de complaisance. « Il seroit impossible, dit-il « dans ses mémoires, de faire maintenant le semblable, « parce que les choses généreuses sont quasi hors « d'usage. »

Ce renfort, que les protestans avoient payé si chèrement, ne leur fut pas d'une grande utilité, car ils furent obligés de faire la paix peu de mois après [27 mars 1568]. La Noue, suivant son habitude, se retira aussitôt dans ses terres, mais il ne put y jouir d'une longue tranquillité. A peine y eut-il passé six mois, qu'il apprit que Catherine de Médicis avoit tenté de faire arrêter le prince de Condé dans son château de Noyers, et que ce prince, accompagné de l'Amiral et de quelques amis, s'acheminoit en toute hâte vers La Rochelle, unique asile qui lui restât. Il conduisit sur-le-champ quelques troupes à d'Andelot, qui étoit en Bretagne; et tous deux se préparèrent à joindre leur chef. Mais les passages de la Loire étoient au pouvoir des catholiques, et ce fut avec beaucoup de peine qu'ils parvinrent à découvrir un gué; ils y furent vivement attaqués par Martigues, et La Noue, qui le dernier traversa le fleuve, courut le plus grand danger.

Les protestans, ayant en peu de temps réuni une armée nombreuse, se trouvèrent en présence des catholiques, près de Jarnac, dans les premiers jours de mars 1569. Après quelques indécisions, ils acceptèrent la bataille, la perdirent, et le prince de Condé, leur chef, fut tué par Montesquiou, au moment où il venoit d'être fait prisonnier. La Noue, quoique très-affoibli par une fièvre quarte, avoit long-temps disputé la victoire au duc d'Anjou, frère de Charles IX. Cédant au nombre, il tomba au pouvoir des catholiques, qui l'épargnèrent, et qui consentirent bientôt à ce qu'il fût échangé contre Sessac, lieutenant de la compagnie d'hommes d'armes du duc de Guise.

Devenu libre, il rejoignit Coligny qui avoit pris le commandement de l'armée protestante : il fit avec lui le siége de Poitiers, et lui servit de lieutenant général à la bataille de Montcontour [3 octobre 1569]. Dès le commencement de l'action, l'Amiral reçut une blessure grave, et se trouva hors d'état de combattre. La Noue qui le remplaça ne put rassurer les soldats consternés du malheur arrivé à leur chef; il fut pris dans le fort de la mêlée, manqua d'être massacré, et ne dut la vie qu'à l'intérêt que témoigna pour lui le duc d'Anjou, dont il avoit mérité l'estime. Coligny, qui le regrettoit vivement, avoit en son pouvoir Strozzi, officier très-distingué, et parent de Catherine de Médicis : il fit proposer de l'échanger contre La Noue; mais le cardinal de Lorraine s'y opposa fortement dans le conseil du Roi, et il fonda son opinion sur *ce qu'il y avoit en France plusieurs Strozzi, tandis qu'il n'y avoit qu'un La Noue.* On balança quelques momens; et ce ne fut que d'après le vœu bien prononcé de la Reine-mère, qu'on accepta la proposition de Coligny.

L'exécution de cet arrangement ne fut différée que par la générosité de La Noue : Strozzi étoit attaqué à La Rochelle d'une maladie dangereuse, et l'Amiral auroit voulu le renvoyer sur-le-champ, afin de revoir plutôt La Noue; mais celui-ci, ayant appris que Strozzi ne pouvoit être transporté sans péril, refusa d'être libre à ce prix : « Je ne bougerai pas, écrivit-il « à ses amis, et j'aime mieux demeurer en prison que « de hasarder la vie d'un brave cavalier. » Il attendit patiemment la convalescence de Strozzi, et il revint, sans avoir eu aucun reproche à se faire, retrouver les protestans, qui lui confièrent le commandement des provinces de Poitou, d'Aunis et de Guienne.

Il s'efforça de faire lever le siége de La Rochelle, entrepris par les catholiques, surprit quelques petites places voisines, s'empara des Sables-d'Olonne, et remporta près de Luçon une victoire complète sur Puy-Gaillard, chargé par le duc d'Anjou de protéger cette place. Dans cette guerre, où des deux côtés l'on montroit le plus grand acharnement, La Noue maintint parmi ses troupes la plus exacte discipline. Il empêchoit le pillage, et prenoit sous sa protection spéciale les vieillards, les femmes et les enfans : son habitude étoit de payer scrupuleusement tout ce dont la nécessité le forçoit à s'emparer; et si les maîtres des maisons où il logeoit étoient absens, il faisoit placer dans un trou l'argent qu'il leur destinoit. « Ces pauvres « gens, disoit-il, seront bien aises de trouver, à leur re- « tour, ce dédommagement de la perte qu'ils ont éprou- « vée. » Un jour, son maître d'hôtel vint lui dire qu'il n'avoit point de fonds pour acquitter une dette de ce genre, et il reçut l'ordre de vendre un cheval : le marché ayant été conclu, on rapporta cent écus à La Noue. « Cent écus, dit-il, c'est trop; il ne m'en couste « que quatre-vingts, et il y a long-temps qu'il me rend « service; et de plus, celuy qui l'a achepté estant « homme de vertu comme il est, ne merite pas d'estre « trompé. » Et il voulut qu'on rendît vingt-cinq écus à l'acheteur. Ainsi La Noue faisoit en quelque sorte revivre, au milieu des horreurs de la guerre civile la plus cruelle, l'humanité, la douceur et le noble désintéressement qui avoient autrefois mis Bayard au premier rang des chevaliers.

Après s'être emparé de Luçon, La Noue alla faire le siége de Fontenay; et, s'étant trop approché pour examiner la place, il reçut un coup d'arquebuse qui lui fracassa le bras gauche. On le transporta sur-le-champ à La Rochelle, où se trouvoit Jeanne d'Albret, reine de Navarre, qui lui témoigna l'intérêt le plus tendre. Les médecins décidèrent qu'on ne pouvoit le sauver qu'en lui faisant l'amputation du bras : il déclara d'abord qu'il aimoit mieux mourir que de se mettre hors d'état de combattre; mais ses amis, les ministres protestans, et surtout la reine de Navarre, le déterminèrent à vivre. Il se soumit donc à l'opération, pendant laquelle la princesse eut le courage de lui tenir le bras :

elle réussit parfaitement; bientôt il entra en convalescence; on lui fit un bras de fer dont il put se servir pour tenir la bride de son cheval, et il ne respira plus que les combats.

Cependant tout se disposoit pour la paix; les deux partis, fatigués d'une lutte qui n'avoit rien de décisif, modéroient leurs prétentions; les chefs se rapprochèrent, et ils firent à Saint-Germain, le 8 août 1570, un accommodement qui malheureusement ne calma pas les passions violentes dont ils étoient tourmentés. Deux jours après la signature de ce traité, le premier président Christophe de Thou, père de l'historien, écrivit à La Noue une lettre qui prouve l'estime que ce guerrier généreux inspiroit aux catholiques.

« Je desire, lui dit-il, qu'il vous plaise, comme su-
« jet et vassal du Roy, et ayant le moyen de nous ay-
« der et secourir, pour faire cesser tous troubles et
« nous mettre en repos et tranquillité pour recognoistre
« et aymer de tout notre cœur un seul Dieu et un seul
« Roy, d'y employer tous les moyens que Dieu vous
« a donnés, lesquels vous ne pouvez employer mieux
« à propos, ni plus opportunément. Je sçai votre vo-
« lonté, votre puissance; reste l'exécution, que j'estime
« aysée, oubliant le passé, sur lequel nous n'avons au-
« cun commandement, et traictant les choses de bonne
« foy, sans aucune passion ni affection particuliere,
« mettant hors toutes défiances, car sans cela ne pour-
« rions rien faire. De ce je vous prie et supplie, etc. »

La Noue, ayant toute la confiance des protestans, fit partie des commissaires qu'ils chargèrent de veiller à l'exécution du traité. Peu de temps après, Coligny, ayant été bien accueilli à la Cour, crut avoir déterminé Charles ix à déclarer la guerre aux Espagnols; et La Noue, persuadé que les promesses du monarque étoient sincères, partit pour les Pays-Bas avec Louis de Nassau, frère du prince d'Orange, afin de commencer les opérations. Ils prirent Valenciennes et Mons; mais bientôt assiégés par le duc d'Albe dans cette dernière ville, et ne pouvant espérer de secours, ils furent obligés de se rendre [21 septembre 1572].

La capitulation permettoit à La Noue de rentrer en France; mais les événemens qui venoient de s'y passer sembloient rendre son retour impossible. Les protestans s'étoient trouvés proscrits au milieu de la sécurité la plus profonde; le signal du massacre de la Saint-Barthélemy avoit été donné à Paris dans la matinée du 24 août; et cet horrible exemple avoit été suivi dans presque toutes les provinces. La Noue ne pouvoit donc rencontrer de sûreté que dans le camp du duc d'Albe, et il obtint de ce général la permission d'y séjourner quelque temps.

Le duc de Longueville, gouverneur de Picardie, dont il étoit estimé et chéri, fut instruit de sa position, et il crut pouvoir lui offrir un asile. La Noue ne balança pas à se rendre auprès de lui, et la Cour, avertie de son arrivée dans Amiens, résolut sur-le-champ de le charger d'une mission qui montre combien elle croyoit pouvoir compter sur sa loyauté et sur sa bonne foi. Les Rochellois, exaspérés par le massacre, s'étoient déclarés indépendans, et paroissoient décidés à s'ensevelir sous les ruines de leur ville, plutôt que de rentrer dans l'obéissance du Roi : on vouloit que La Noue jouât près d'eux le rôle de médiateur, leur fît oublier le passé, et les amenât à se soumettre.

Il fut donc appelé mystérieusement à Paris, et il alla loger chez Albert de Gondy, comte de Retz, l'un des ministres de Charles ix; la nuit suivante, le Roi vint le trouver, et eut avec lui une longue conférence. Ce jeune monarque, que les remords dévoroient, essaya d'excuser ce qui venoit de se passer à Paris; il loua la modération de La Noue, son esprit conciliant, et son éloignement pour les factions : il le pria de l'aider à éteindre un incendie qui, loin d'être étouffé, sembloit reprendre de nouvelles forces; et il le conjura de ramener les Rochellois au devoir, s'engageant à leur donner toutes les garanties qu'ils pourroient désirer. La Noue aperçut en un moment toutes les difficultés d'une telle mission : il lui étoit permis de douter de la sincérité du Roi; et peut être avoit-on l'intention de le déshonorer en le rendant l'instrument de quelque nouvelle perfidie; mais le sentiment du devoir et l'intérêt de son pays lui firent surmonter toutes ses défiances; et, après quelques instans de réflexion, il dit à Charles ix qu'il lui obéiroit, *pourvu qu'on ne se servist pas de lui pour trahir les Rochellois.*

Il partit bientôt, accompagné du florentin Jean Gadagne, créature de Catherine de Médicis, et il alla trouver Biron, qui commandoit un corps de troupes dans le voisinage de La Rochelle. Les habitans, instruits de l'objet de sa mission, conçurent contre lui les soupçons les plus injurieux; cependant ils résolurent de l'entendre, mais hors de leur ville, dans un lieu nommé Tadon. Il s'y rendit le 19 novembre 1572, et y reçut quatre de leurs députés: il commença par leur raconter ce qui lui étoit arrivé depuis le massacre, puis il leur fit part de son entrevue avec le Roi, et il leur conseilla de se soumettre, en exigeant toutefois de *bonnes asseurances des promesses de la Cour.*

Ce langage plein de franchise ne rassura pas les députés; et l'un d'eux, prenant la parole, lui dit avec dédain : « On nous avoit fait espérer de rencontrer M. de « La Noue à Tadon, mais on nous a trompés; nous « allons en rendre compte à ceux qui nous ont en- « voyés. — Quoi, monsieur, répondit La Noue « ne me cognoissez vous plus? avez vous sitost perdu « le souvenir de tant de choses que nous avons faites « ensemble pour notre commune conservation? — « Nous nous souvenons fort bien, répliqua le député, « qu'il y a quelques années, un M. de La Noue a fait « de belles et grandes actions pour la défense de l'E- « vangile, et nous en garderons la mémoire. Quant à « vous, nous ne vous recognoissons point pour ce sei- « gneur : nous voyons bien en vous quelque air de son « visage et de la stature de son corps; mais nous ne re- « trouvons pas dans votre langage les conseils qui nous « ont été autrefois si salutaires. M. de La Noue ne s'est « pas laissé corrompre par la Cour au point de nous « engager à nous livrer aux persécuteurs de la vérité, « et aux massacreurs de nos frères. »

Après lui avoir tenu ce langage outrageant, les deputés retournèrent à La Rochelle. Décidé à opposer la patience aux emportemens des Rochellois, il ne quitta point Tadon, où il fut visité par plusieurs personnes distinguées de la ville. Bientôt, ceux mêmes qui avoient paru le plus animés contre lui, ne doutèrent plus de sa bonne foi; et les magistrats lui envoyèrent une délibération où leurs intentions étoient expliquées d'une manière claire et précise.

Elle portoit que les habitans de La Rochelle reconnoissoient M. de La Noue du temps passé, quoique les circonstances l'eussent fait parler autrement qu'il n'avoit coutume de s'exprimer; qu'ils refusoient de recevoir Biron comme gouverneur, et qu'ils ne vouloient traiter de la paix que de concert avec les autres églises. Elle se terminoit par trois propositions, sur lesquelles on lui laissoit le choix. Par la première, on lui offroit le gouvernement de la ville au nom du Roi; par la seconde, il pouvoit y vivre en simple particulier, et entretenu aux frais du public; enfin, s'il ne vouloit accepter aucune de ces deux conditions, on consentoit à le tirer de la position pénible où il se trouvoit, en équipant un vaisseau qui le transporteroit en Angleterre. Ces propositions, si favorables en apparence, présentoient les plus grandes difficultés à un homme aussi scrupuleux que La Noue: d'un côté, il étoit convaincu que La Rochelle ne pourroit résister long-temps à toutes les forces du royaume; de l'autre, étoit-il prudent de se fier entièrement aux promesses de la Cour? Après de longues réflexions, il résolut d'accepter le gouvernement, bien décidé à n'agir que dans les intérêts de ceux qui s'abandonnoient à sa loyauté; et il chargea, en même temps, Gadagne de dire à Charles ix qu'il ne négligeroit rien pour engager la ville à se soumettre. Sûr de ses bonnes intentions, soit à l'égard du Roi, soit à l'égard des protestans, il osa prendre sur lui la plus effrayante responsabilité.

Il entra dans La Rochelle le 27 novembre 1572, et il fut aussitôt installé dans ses fonctions. Son premier soin fut de mettre la ville dans un état respectable de défense, et il inspira aux habitans une telle confiance, qu'ils lui donnèrent un pouvoir dictatorial. Il s'en servit pour combattre et pour négocier : heureux dans quelques petites actions, il échoua complètement dans ses projets pacifiques. L'hiver s'étant passé ainsi, la Cour chargea le duc d'Anjou du siége de La Rochelle; et, la veille de son départ, ce prince écrivit à La Noue la lettre suivante : « Dans trois jours je seray au camp. « Le Roy recognoistra les Rochellois comme vrays et « bons sujets, s'ils remettent la ville entre mes mains. Je « leur promets, dans ce cas, toute asseurance de leurs « vies et biens. Autrement, et si dans le jour mesme que « j'arriveray là ils n'y ont pas satisfait, je suis tout re-« solu, avec la force que j'ay et celles qui viennent en-« core, d'assiéger la ville, de la prendre par force, et « faire tel chastiment et punition de ceux qui s'y trou-« veront, que cela servira d'exemple à tous les au-« tres. 2 fevrier 1573. » Cette lettre menaçante dérangea tous les plans de La Noue : obligé d'obéir au ressentiment des Rochellois, il fit avec eux plusieurs sorties, battit les troupes royales, et, dans une de ces actions, il fut sur le point de prendre le duc d'Anjou.

Ces succès ne l'empêchèrent pas de rappeler aux habitans qu'ils finiroient par succomber, et que la meilleure résolution qu'ils eussent à prendre étoit de profiter des circonstances pour obtenir une paix solide. Il ne réussit, par ses exhortations, qu'à mettre la division dans les esprits, et bientôt la ville offrit deux partis, dont l'un vouloit combattre, l'autre négocier. Le parti de la guerre étoit surtout excité par Montgommery, qui, réfugié en Angleterre, aspiroit au commandement de La Rochelle, et promettoit d'arriver bientôt avec des secours considérables. Cependant,

7.

La Noue obtint que des conférences s'ouvriroient au moulin d'Amboise, près de la porte de La Conque : il s'y rendit, et eut de longs entretiens avec Biron et Gadagne ; mais il trouva auprès des catholiques les mêmes difficultés qu'il avoit rencontrées de la part des protestans; et la rupture de la négociation mit une nouvelle aigreur dans les esprits.

Alors, fatigué de la vie, et ne pouvant plus supporter la position terrible dans laquelle les circonstances et le devoir l'avoient placé, il chercha, mais vainement, à se faire tuer, en s'exposant avec témérité dans de fréquentes sorties. Les avantages qu'il remporta rendirent les catholiques moins difficiles sur les conditions de la paix, et il eut avec le duc d'Anjou une conférence dont le résultat pouvoit être favorable. Il assembla donc le conseil de la ville, et lui fit part des propositions du prince : les partisans de la guerre, et surtout les ministres, se livrèrent aux déclamations les plus violentes; ils ne craignirent pas d'exciter des soupçons sur les intentions secrètes du général qui s'étoit sacrifié pour eux ; la majorité se prononça en leur faveur, et tout espoir de paix s'évanouit.

Au sortir de cette séance orageuse, La Noue, dévoré de chagrin, rencontra le ministre La Place, qui l'accabla publiquement d'invectives, et lui reprocha d'être vendu à la Cour. Sa modération n'ayant fait qu'augmenter la rage du ministre, celui-ci lui donna un soufflet, et aussitôt les officiers qui l'accompagnoient voulurent venger leur général. Mais La Noue l'arracha de leurs mains, le préserva de toute insulte, et le reconduisit tranquillement dans sa maison : ayant trouvé la femme de cet insensé, il lui dit avec dou-

ceur : « Madame, ayez soin de votre mari ; ne le lais-
» sez pas sortir de quelque temps, car il a l'esprit
» égaré. »

Tant de grandeur d'ame fit momentanément disparoître les préventions qu'on avoit contre lui ; et ses démarches pacifiques semblèrent offrir quelques chances de succès : mais Montgommery écrivit qu'il alloit arriver avec un convoi de quarante-cinq vaisseaux, et le parti de la guerre reprit le dessus. Alors La Noue, abreuvé de dégoûts, résolut de se retirer dans le camp du Roi ; et ce ne fut pas sans les plus vifs regrets que les habitans sages de La Rochelle lui virent abandonner le commandement [mars 1573].

Il fut bien accueilli par le duc d'Anjou, qui lui permit de vivre en simple particulier. Mais de nouvelles intrigues mirent encore à l'épreuve la loyauté de son caractère. Le roi de Navarre et le jeune prince de Condé, échappés au massacre de la Saint-Barthélemy, servoient malgré eux dans l'armée qui faisoit le siége ; et le duc d'Alençon, le plus jeune frère du Roi, partageoit leur mécontentement. Ces jeunes princes résolurent de s'unir aux protestans, et soumirent leur plan à La Noue. C'étoit la plus belle occasion qui pût se présenter pour relever un parti abattu, et pour lui donner une consistance qu'il n'avoit pas eue jusqu'alors. Mais La Noue, habitué à tout sacrifier à son devoir, n'eut l'air d'écouter les propositions des princes que pour les empêcher de faire éclater leur complot.

Une circonstance vint enfin le tirer de la situation la plus difficile où il se fût jamais trouvé. On reçut la nouvelle que le duc d'Anjou avoit été élu roi de Pologne ; et ce prince, voulant faire la paix à quelque prix que ce fût, offrit aux Rochellois les conditions les plus avantageuses. La Noue les leur fit accepter, et il parvint ainsi, sans s'être écarté un moment de la ligne qu'il s'étoit tracée, au noble but qui lui avoit coûté tant de sacrifices [6 juillet 1573].

Il vécut paisiblement dans ses terres jusqu'au moment où le duc d'Alençon, de concert avec les Montmorency, se mit à la tête des *politiques*, parti formé des mécontens de toutes les opinions, et dans lequel entrèrent un grand nombre de catholiques indignés des excès auxquels on s'étoit livré contre les protestans. La Noue, ayant acquis la certitude que les ministres de Charles ix mourant n'avoient pas l'intention d'observer le dernier traité, crut devoir se joindre à ce parti, qui, depuis, rendit de grands services à Henri iv. Il apprit bientôt que le duc d'Alençon avoit échoué dans une tentative pour s'échapper de la Cour, mais que le jeune prince de Condé étoit libre, et faisoit des levées en Allemagne [mars 1574]. Alors il se rendit à La Rochelle, que les partisans de Catherine de Médicis avoient essayé de surprendre, et on lui vit jouer un rôle absolument différent de celui dont il s'étoit trouvé chargé l'année précédente. Il exhorta les habitans à se prémunir contre les trahisons qu'ils avoient à redouter ; et, sans rallumer la guerre, il se tint sur la défensive. Bientôt il créa une marine armée de vaisseaux en course, et il interrompit les relations des Espagnols avec le nouveau monde, tort que ceux-ci ressentirent vivement, et dont ils ne tardèrent pas à se venger.

Après la mort de Charles ix [30 mai 1574], Catherine de Médicis exerça la régence jusqu'à ce que Henri iii fût revenu de Pologne. Elle essaya de gagner

La Noue, et lui offrit, s'il vouloit se retirer en Angleterre, une somme de vingt mille écus comptant, une gratification annuelle de deux mille écus, et la jouissance de tous ses biens. Il crut devoir rejeter ces propositions, qui n'avoient pour but que de l'éloigner des Rochellois qu'il s'étoit chargé de défendre. Henri III, arrivé en France, tenta en vain de renouer cette négociation, et eut bientôt à redouter des troubles plus sérieux, parce que le duc d'Alençon, gardé depuis long-temps presque à vue, étoit enfin parvenu à s'échapper de la Cour. La Noue alla trouver ce prince, dont il devint le principal conseiller; et ce fut d'après ses avis que les trois partis conclurent une trève de six mois [novembre 1575]. Cette suspension d'armes auroit été probablement suivie d'une paix solide, si le roi de Navarre, qui, comme le duc d'Alençon, avoit été rigoureusement surveillé, n'eût trompé la vigilance de ceux qui le gardoient, et ne se fût réuni aux protestans, entre les mains desquels il abjura la religion catholique que Charles IX l'avoit contraint d'embrasser après la Saint-Barthélemy. Le duc d'Alençon, ne se trouvant plus le chef unique des mécontens, s'empressa de traiter avec le Roi son frère, et il obtint un simulacre de pacification, qui ne contenta aucun des partis [10 mai 1576].

Cependant la Ligue se formoit sous les auspices de la maison de Guise, elle acquéroit chaque jour de nouvelles forces, et ses partisans les plus zélés formèrent la majorité des premiers états de Blois, qui s'assemblèrent le 10 novembre 1576. Ils forcèrent Henri III à déclarer la guerre aux protestans, qui, pour surcroît de détresse, furent abandonnés en même temps par le duc

d'Alençon, sur l'appui duquel ils avoient compté. Alors La Noue, qui s'étoit retiré avec sa famille dans sa terre de Montreuil-Bonin près de Poitiers, leva une troupe de cent cavaliers, et la conduisit au roi de Navarre. Ce prince, voulant attacher pour toujours à son service un si habile capitaine, lui fit la donation de quelques terres, et chargea son chancelier de lui en porter le titre. La Noue alla sur-le-champ trouver le Roi. « Sire, lui dit-il, ce m'est beaucoup d'honneur
« et de contentement de recevoir ce témoignage de la
« bonne volonté de Votre Majesté, et je ne le refuse-
« rois pas si vos affaires estoient en estat de faire de
« telles liberalités. Quand je vous verrai, Sire, au-
« dessus de vos ennemis, et possedant des biens pro-
« portionnés à la grandeur de votre courage et de
« votre naissance, je recevrai de bon cœur vos grati-
« fications. Pour cette heure, si vous vouliez recom-
« penser de la façon tous ceux qui vous serviront,
« Votre Majesté seroit incontinent ruinée. »

L'effroi des protestans augmenta lorsqu'ils apprirent que le duc d'Alençon, leur ancien chef, alloit se mettre à la tête des catholiques. Quelques-uns proposèrent de faire alliance avec les Turcs, et de leur donner un établissement à Aigues-Mortes. La Noue, consulté par le roi de Navarre, répondit : « Si les Turcs ne nous en-
« voyent qu'un foible secours, il sera inutile; si au
« contraire ils arrivent en force, ils voudront profiter
« de nos desordres pour envahir le midi de la France,
« et nous aurons à nous reprocher le crime du comte
« Julien, qui livra autrefois l'Espagne aux Maures. »
Cette considération fit rejeter une proposition désespérée, et les protestans aimèrent mieux conclure avec

Henri III un traité qu'ils crurent solide, parce qu'ils avoient sacrifié une partie de leurs anciennes prétentions [17 septembre 1577].

Les protestans qui entouroient le roi de Navarre, ne montroient tant de foiblesse que parce que la division régnoit parmi eux, et que ce prince, si digne de commander, se trouvoit obligé de ménager des hommes qui le servoient à leurs frais. Souvent il lui falloit plus d'art pour calmer les disputes de ses généraux que pour négocier avec ses ennemis. La Noue, qui, comme on l'a vu, avoit supporté avec une patience admirable les outrages d'un ecclésiastique, ne montroit pas la même humeur avec les militaires; et sa délicatesse sur le point d'honneur donna lieu à un emportement dont il ne tarda pas à se repentir. Un jour il venoit de discuter en présence du Roi un plan d'attaque; et Lavardin, qu'il soupçonnoit de trahison, après lui avoir répondu avec aigreur, ajouta ce mot piquant : « Vous ne sçauriez « m'apprendre mon mestier.—J'y aurois trop de peine, « répliqua vivement La Noue; » et ils mirent l'épée à la main. Le prince se précipita entre eux deux, et ce ne fut pas sans beaucoup de peine qu'il parvint à les séparer.

Cette paix, que les catholiques avoient due à la foiblesse de leurs ennemis, ne fut pas de longue durée : les hostilités recommencèrent, et se terminèrent par la convention de Nérac, beaucoup plus favorable aux protestans [1579]. La Noue, qui avoit été l'un des principaux négociateurs, fut récompensé par la charge de surintendant de la maison du roi de Navarre; mais il eut à peine le temps de profiter de cette faveur. Le duc d'Alençon, avec lequel il n'avoit pas cessé d'entretenir des relations, venoit d'obtenir de Henri III l'autorisation d'aller dans les Pays-Bas, où il étoit appelé par le prince d'Orange, et où la couronne ducale lui étoit promise, s'il parvenoit à soustraire ces provinces à la domination de Philippe II. C'étoit la même entreprise que celle à laquelle Charles IX avoit feint de souscrire peu de temps avant le massacre de la Saint-Barthélemy; et La Noue, qui s'étoit déjà distingué dans cette guerre, obtint du duc d'Alençon qu'il le précéderoit afin de lui préparer les voies.

Les Espagnols se souvenoient que La Noue, disposant des forces de La Rochelle, avoit armé contre eux des vaisseaux en course, et ils conservoient un profond ressentiment. Leur ambassadeur à Paris, n'ayant pu obtenir du Roi qu'il empêchât son départ, résolut de le faire périr au moment où, sortant fort tard du Louvre, il passeroit la Seine pour aller dans son logis au faubourg Saint-Germain. Averti par Brantôme, avec lequel il étoit lié depuis leur voyage en Ecosse, il consentit que cet ami l'accompagnât jusque chez lui; et, pour ne pas l'exposer, il pria en même temps quelques personnes sur lesquelles il croyoit pouvoir compter, de le suivre. « Mais, dit Brantôme, « ils firent les sourds et recreus, et le menay sain et « seur en sondit logis de là l'eau, sans qu'on osast nous « attaquer nullement, encore que nous trouvasmes « quelques gens de rencontre qui n'estoient là pour « bien faire (1). »

Echappé à ce danger, La Noue partit pour la Flandre, où il fut accueilli avec transport par le prince d'Orange et les protestans. Il exerça d'abord les fonctions de grand maréchal de camp; et, peu de temps

---

(1) Œuvres de Brantôme, tome IV, page 186, édition de 1823.

après, le comte de Bossut, général de l'armée des Etats, étant mort, il fut nommé à cette place importante. Plus d'une fois il se trouva en présence du duc de Parme, qui commandoit les troupes de Philippe II, et il eut la gloire de lutter avec avantage contre ce grand capitaine. Les Espagnols, guidés par la haine qu'ils lui portoient, lui tendoient sans cesse des piéges, et il ne tarda pas à y tomber : ayant eu l'imprudence de faire une course assez longue avec une foible escorte, il fut surpris près de Lille par le marquis de Richebourg, et fait prisonnier [juin 1580]. Ce fut alors que commencèrent des vengeances auxquelles se livrent rarement les peuples civilisés.

Richebourg, qui étoit son parent, et qui avoit fait autrefois sous lui l'apprentissage des armes, ne rougit pas de le promener en triomphe de ville en ville, et de tenir sur lui les propos les plus outrageans. Il le conduisit ensuite à Mons, où il le livra au duc de Parme, qui l'envoya dans le château de Limbourg, bâti au milieu du quinzième siècle par Charles-le-Téméraire, dernier duc de Bourgogne. Ce château tomboit en ruine, et la prison dans laquelle on enferma La Noue, lui fit présumer que la résolution étoit prise de lui faire éprouver toutes les espèces de supplices. C'étoit une tour qui n'avoit de jour que par une ouverture pratiquée dans le haut : il y pleuvoit, et le lit du prisonnier, placé dans un coin, étoit à peine à l'abri des injures de l'air. Le gouverneur du château étoit Gaspard de Robles, seigneur de Billy : il auroit été naturellement disposé à traiter avec humanité l'infortuné dont la garde lui étoit confiée ; mais des ordres précis le contraignirent à être sévère.

La Noue n'eut d'abord d'autre consolation que quelques relations qu'on ne lui défendit pas d'entretenir avec sa famille.

Il avoit eu de sa première femme, Madeleine de Téligny, deux fils qui donnoient les plus belles espérances : Odet, l'aîné, étoit attaché au prince d'Orange, et faisoit la guerre dans les Pays-Bas; Théophile, le plus jeune, n'avoit pas encore quitté la maison paternelle. Sa seconde épouse, Marie de Juré, lui étoit tendrement attachée, et elle possédoit une force de caractère qui la mit en état de lui donner les plus sages conseils. Aussitôt qu'elle apprit son malheur, elle quitta Montreuil-Bonin, et vint s'établir au Plessis-les-Tournelles, autre maison qu'elle possédoit près de Paris, et d'où il lui étoit plus facile d'avoir des correspondances avec les Pays-Bas. La première lettre qu'elle reçut lui fit connoître toute l'étendue des souffrances de son mari : La Noue lui marquoit qu'il étoit traité, « non pas comme un gentilhomme pris les armes à la « main, non pas comme un Turc saisi par les chrétiens, « mais comme un criminel destiné au dernier sup- « plice. » Et cependant il ne se permettoit aucune plainte amère, ni aucune récrimination contre ses persécuteurs.

Sa résignation, sa douceur, sa patience, attendrirent le gouverneur, qui prit sur lui de ne plus faire exécuter à la lettre les ordres de Philippe II. Il fit fermer l'ouverture par laquelle la tour recevoit la lumière, et ouvrir une fenêtre sur l'un des côtés, ce qui rendit cette prison beaucoup plus saine. La Noue étant tombé malade par suite de ses souffrances morales et physiques, eut la permission d'appeler un médecin dont l'entretien le soulagea plus que les remèdes. Lorsqu'il fut convalescent, le gouverneur l'admit quelquefois à sa table, et consentit à ce qu'il fît des promenades sur les boulevards de la forteresse.

Sa captivité devenoit moins rigoureuse, lorsque de nouveaux ordres le firent transférer dans la citadelle de Charlemont. Le duc de Parme s'y trouvoit, et voulut connoître plus particulièrement un capitaine qui lui avoit inspiré la plus haute estime : ces deux grands hommes eurent ensemble de longues conversations, tant sur la guerre que sur la politique; et le duc, ne pouvant s'empêcher d'admirer le beau caractère du prisonnier, alloit travailler sérieusement à sa délivrance s'il ne fût pas arrivé un ordre pour le reconduire à Limbourg.

Cette translation inattendue fit évanouir toutes ses espérances et celles de sa famille. Madame de La Noue, désespérant de le voir libre, demanda qu'il lui fût permis de partager sa prison, et elle n'obtint que l'autorisation d'y venir passer vingt jours. Les deux époux réunis pour si peu de temps, concertèrent les moyens d'assurer leur correspondance; ils inventèrent un chiffre : et si leur séparation fut pénible, la résignation qu'ils s'étoient réciproquement inspirée la rendit moins douloureuse. Quelque temps après, La Noue, d'après les conseils de ses amis, crut pouvoir faire près du roi d'Espagne une démarche pour obtenir sa liberté : il offrit d'aller servir en Hongrie la maison d'Autriche, et d'y faire pendant quatre ans la guerre contre les Turcs. Cette offre fut rejetée dans des termes qui lui firent présumer qu'il étoit condamné à une prison perpétuelle; et, ayant insisté pour qu'on s'expliquât plus clairement; on lui répondit qu'il ne pouvoit espérer d'être libre que s'il consentoit, en se laissant crever les yeux, à cesser d'être pour l'Espagne un objet d'effroi. Ainsi la terreur qu'il inspiroit, et la haine aveugle de ses ennemis, faisoient renouveler, dans le seizième siècle, les horribles précautions qu'avoient autrefois employées les princes du Bas-Empire.

La Noue, dont tous les vœux se bornoient à terminer du moins ses jours dans le sein de sa famille, se figura qu'un accident, une maladie, pouvoient le priver de la vue, et que ce n'étoit point acheter à un trop haut prix le bonheur après lequel il soupiroit; il ne fut donc pas éloigné de se soumettre à ce supplice; mais sa femme, qu'il consulta, parvint à le détourner d'une résolution désespérée : elle lui fit sentir que les circonstances pouvoient changer, et elle fut assez heureuse pour lui inspirer un courage qui ne l'abandonna plus. Trouvant des consolations dans la lecture de l'Ecriture sainte, il s'attachoit surtout à l'histoire de David, et au livre de Job : il y puisoit cette pieuse résignation qui fait supporter toutes les infortunes. Madame de La Noue, frappée de ce changement, qui étoit son ouvrage, écrivoit alors à un ami commun : « A voir ses lettres, je le trouve comme tout trans-« formé, et semble qu'il n'ait plus rien de commun « avec le monde, mais qu'estant de cœur et d'affection « transporté au ciel, il ne gouste plus que ce qui est « divin et céleste. »

Il étoit dans cette position lorsqu'un gentilhomme ferrarois, attaché au duc de Guise, passa par Limbourg en allant aux eaux de Spa, et obtint la permission de voir l'illustre prisonnier. Ayant pris un grand

intérêt à ses malheurs, il lui promit d'engager le duc
à employer en sa faveur le crédit dont il jouissoit près
de Philippe II. A son retour il se rendit à Saint-Maur,
où étoit la cour de Henri III, et il s'acquitta de la commission dont il s'étoit chargé. Brantôme, l'un des amis
les plus zélés de La Noue, ne tarda pas à être instruit
de cette démarche; et il aborda le duc dans la chambre de Catherine de Médicis : « Monsieur, lui dit-il,
« vous avez sceu des nouvelles de M. de La Noue par
« un gentilhomme qui l'a veu : vous qui estes si gene-
« reux, brave et vaillant, ne voulez-vous pas faire
« quelque chose pour vos semblables? M. de La Noue
« l'est tel, vous le sçavez, vous l'avez veu aux affaires;
« obligez-le à vous par un tel bienfait. — Je le
« voudrois bien, mon grand amy, reprit le duc, car
« le pauvre homme, qui est un grand capitaine, me
« fait pitié. Mais je m'asseure que le Roy m'en voudroit
« mal, car il ne l'ayme point; et si s'entend avec le roy
« Catholique pour la grande longueur et detention de
« sa prison. — Vous avez raison, monsieur, pour-
« suivit Brantôme, car j'ay esté assez hardy pour en
« parler à Sa Majesté, qui m'a rabroué bien loin. Tou-
« tefois, monsieur, ne laissez pas pour cela à vous
« employer pour cet honneste homme ainsy captif mi-
« sérablement; Dieu et le monde vous en sauront bon
« gré, et si l'obligerez à vous immortellement; et pou-
« vez faire cela sous bourre, si finement et escortement
« que l'on n'en sentira que le vent. — Laissez moy
« faire, dit le duc, nous ferons quelque chose si nous
« vivons(1). » En effet il s'employa pour le prisonnier,
qui cependant n'obtint sa liberté que deux ans après.

(1) OEuvres de Brantôme, tome IV, page 154 et suiv., édition de 1823.

Les lectures et les méditations n'occupèrent pas uniquement La Noue dans sa prison. Ce fut là qu'il composa une grande partie de ses discours politiques et militaires, ouvrage aussi remarquable par le style que par la force des pensées, et dont nous parlerons bientôt plus amplement. Dans cet ouvrage, où l'auteur a principalement pour objet de retracer la situation de la France pendant les guerres de religion, on ne trouve aucune exagération, aucune aigreur, et l'on y rencontre au contraire des hommages fréquemment rendus aux grandes qualités des chefs catholiques. Lorsqu'il se consoloit ainsi par la lecture et le travail, il apprit que son fils aîné, Odet de La Noue, qui avoit continué de servir sous le prince d'Orange, venoit d'être fait prisonnier près d'Anvers, et qu'il étoit conduit dans le château de Tournay pour y subir une longue captivité [décembre 1584]. Ce nouveau malheur, si terrible pour un père, ne l'abattit point : il eut même le courage d'écrire une longue lettre à son fils pour lui donner des leçons de résignation.

Enfin, au mois de juin 1585, les sollicitations des amis de La Noue, et l'intervention du duc de Guise et de la maison de Lorraine, levèrent les obstacles qui s'opposoient à ce que ses fers fussent brisés. Il fut échangé contre le comte d'Egmont, prisonnier du roi de Navarre; mais on lui imposa les conditions les plus rigoureuses. Il fallut qu'il jurât de ne jamais porter les armes contre l'Espagne, ni contre ses alliés, de ne plus mettre les pieds sur le territoire des Pays-Bas, et qu'il se privât de son plus jeune fils, Théophile de La Noue, qui dut être confié pour un an à la garde du duc de Lorraine. Pendant sa prison, qui dura cinq ans, l'entreprise du duc d'Alençon avoit complètement échoué, soit par l'imprudence, soit par la perfidie de ses conseillers. Après avoir été proclamé duc de Brabant en 1582, il avoit été chassé par les Flamands l'année suivante, et il étoit mort à Château-Thierry en 1584.

La Noue, privé de ses deux fils, vint trouver son épouse au château du Plessis-les-Tournelles, où elle s'étoit fixée depuis sa captivité. Il y passa jusqu'à la fin de l'année 1586, époque à laquelle les protestans firent les apprêts d'une nouvelle guerre : ne pouvant y prendre part, il partit avec madame de La Noue pour Genève, dont les magistrats lui firent l'accueil le plus honorable. Le duc de Savoie menaçoit alors cette ville; La Noue aida les Génevois de ses conseils, mais il refusa de se mettre à leur tête. Pendant les momens de loisir dont il jouissoit après tant de souffrances et de travaux, il termina ses discours politiques et militaires, dont il s'étoit occupé dans sa prison; et, secondé par Defresne, qui, proscrit par la Ligue, étoit venu le trouver, il en publia la première édition, qui parut à Bâle en 1587. Il contracta en même temps une liaison intime avec le jeune duc de Bouillon, Guillaume Robert de La Marck, que des affaires avoient appelé à Genève. Ce prince, en mourant au mois de janvier 1588, crut, avant d'expirer, devoir confier à son ami la tutelle de sa sœur Charlotte, son unique héritière, qui épousa depuis le vicomte de Turenne, l'un des généraux de Henri IV. La Noue se rendit aussitôt à Sedan pour remplir les nouveaux devoirs dont il étoit chargé; mais cette fonction étoit difficile, parce que la maison de Lorraine, alors toute puissante, se préparoit à dépouiller la jeune princesse : il prit les armes pour la défendre, sans croire manquer au serment qu'il avoit prêté en sortant de prison.

Il étoit engagé dans cette lutte, lorsque les troubles qui suivirent l'assassinat du duc de Guise [23 décembre 1588] firent changer la face des affaires. Henri III et le roi de Navarre se réconcilièrent près de Tours [30 avril 1589], et La Noue, brûlant de les servir, alla trouver à Saint-Quentin le duc de Longueville, gouverneur de Picardie, fils de celui qui l'avoit rapproché de Charles IX après le massacre de la Saint-Barthélemy. Ils reçurent d'abord l'ordre d'aller à Langres, au devant d'une troupe de Suisses que Sancy amenoit aux deux monarques. Au moment de leur départ, ils apprirent que Montmorency-Thoré s'étoit emparé de Senlis au nom de Henri III, et qu'il n'étoit pas en état de se maintenir contre les forces de la Ligue, commandées par le duc d'Aumale, qui venoit assiéger la ville. Ils prirent sur eux de suspendre l'exécution de l'ordre qu'ils avoient reçu, et volèrent au secours de Montmorency avec une grande partie de la noblesse de Picardie.

Le commandement de cette expédition appartenoit de droit au duc de Longueville, gouverneur de la province; mais ce jeune prince, reconnoissant la supériorité du vieux général, voulut servir sous ses ordres. La Noue s'y refusa long-temps ; et, cédant enfin aux plus vives sollicitations : « Or bien, monsieur, lui dit-il, « puisqu'il vous plaît, je donneray les ordres, à la « charge que vous aurez toute la gloire du bon succès « que Dieu leur accordera. » On manquoit d'argent pour acheter des munitions, et les traitans refusoient d'en

fournir : « Oh bien, s'écria La Noue, ce sera donc
« moy qui feray la dépense; garde son argent quicon-
« que l'estimera plus que son honneur : tandis que
« j'auray une goutte de sang et un arpent de terre, je
« les employeray pour la défense de l'Estat où Dieu
« m'a fait naître. » Et il engagea sur-le-champ sa terre
du Plessis-lés-Tournelles. S'étant mis à la tête de l'armée royale, plein d'ardeur et de confiance, il força le
duc d'Aumale à lever le siége de Senlis.

Le lendemain du combat, il invita les principaux
officiers à un repas en plein air : la table étoit dressée
dans une prairie, et des pierres disposées en cercle servoient de siéges. Tout le monde le complimentoit sur
sa victoire : « Messieurs, dit-il, c'est au général, après
« Dieu, qu'appartient la gloire de ce combat; et vous
« savez bien que c'est M. le duc de Longueville qui
« l'est. Quant aux ordres, il a voulu que je les don-
« nasse avant et durant le combat : je l'ay fait parce
« qu'il l'a voulu. A cette heure, ma charge est passée,
« et c'est de luy que nous les devons tous recevoir. Al-
« lons donc à Senlis, où il est, et je vous accompagne-
« ray pour luy rendre nos devoirs, et sçavoir de luy
« ce que nous avons à faire. » Le résultat de cette action fut que Mayenne, qui harceloit, près de Tours,
Henry III et le roi de Navarre, fut obligé de se rappro-
cher des provinces du nord, ce qui ouvrit aux deux
rois le chemin de la capitale.

La Noue et le duc de Longueville allèrent ensuite
au devant des Suisses : ils les joignirent, et leur firent
passer le pont de Montereau, que Mayenne s'efforça
vainement de défendre. Puis ils se rendirent à l'armée
royale, où Henri III, satisfait de leur conduite, fit ex-

8.

pédier à La Noue le brevet de la première charge de maréchal de France qui viendroit à vaquer.

Le siége de Paris étoit commencé par les deux monarques, et tout leur faisoit espérer les plus heureux succès, lorsque Henri III. fut assassiné à Saint-Cloud par Jacques Clément [2 août 1589]. Henri IV, devenu roi, perdit une grande partie des troupes catholiques, fut obligé de lever le siége, et se dirigea vers la Normandie pour recevoir les secours que lui avoit promis la reine Elisabeth. La Noue le suivit, et se distingua dans les combats d'Arques : il fit aussi des prodiges de valeur à la bataille d'Ivry; et lorsque Paris fut assiégé de nouveau [1590], ayant reçu l'ordre d'attaquer le faubourg Saint-Laurent, il l'emporta, après avoir fait trois charges furieuses contre le chevalier d'Aumale, et avoir reçu une blessure grave.

Lorsqu'il fut guéri, Henri IV l'envoya en Bretagne pour diriger le jeune prince de Dombes, qui luttoit contre le duc de Mercœur, l'un des chefs de la Ligue [1591]. En partant, il sembloit frappé d'un pressentiment sinistre. « Je vais, disoit-il à ses amis, mourir à « mon giste, comme le bon lièvre. » Cependant la délivrance de son fils aîné, Odet de La Noue, qu'il dut à l'intervention de la reine d'Angleterre, fut une heureuse diversion aux idées tristes qui le tourmentoient malgré lui.

Arrivé en Bretagne, il crut devoir conseiller au prince de Dombes d'entreprendre le siége de Lamballe, dont le château étoit très-fort. Toutes les dispositions furent prises pour que la place ne pût compter sur aucun secours, et bientôt la brèche fut faite. La veille du jour où La Noue devoit être blessé mortellement; on le vit se promener dans un jardin, et y cueillir ds branches de laurier pour en orner son casque. « Tenez, mon cousin, dit-il à un de ses parens qui « l'accompagnoit, voilà toute la recompense que vous « et moy esperons, suivant le mestier que nous avons « embrassé. »

Le lendemain, il descendit dans le fossé pour reconnoître la brèche, et il monta sur une échelle dressée contre les ruines de la muraille. Ayant levé la visière de son casque afin de mieux observer, une balle, partie du château, lui effleura la peau du visage, alla donner contre une pierre, et revint lui frapper le front. Le contre-coup fut si violent qu'il tomba, et fut longtemps sans connoissance. On le conduisit à Montcontour, où il fut d'abord résolu de le trépaner; mais malheureusement un chirurgien promit de le guérir sans avoir recours à cette opération. Au bout de quinze jours, le danger devint extrême, et l'on n'eut plus aucun espoir de le sauver. Il se soumit à son sort avec une pieuse résignation; et s'étant fait lire par un ministre plusieurs passages du Nouveau-Testament, il expira dans les bras de son épouse, le 4 août 1591, à l'âge de 60 ans. Henri IV, instruit de sa mort, montra la plus vive douleur : « C'estoit un grand homme de « guerre, dit-il, et encore plus un grand homme de « bien : on ne peut assez regretter qu'un petit chasteau « ait fait périr un capitaine qui valoit mieux que toute « une province. » Il est impossible de rien ajouter à cet éloge, sorti de la bouche du prince qui savoit le mieux apprécier le mérite et les talens.

La Noue, qui, suivant l'expression de Bentivoglio, *manioit aussi bien la plume que l'épée,* a laissé des ouvrages qui ont contribué à former la langue française. En même temps qu'il travailloit dans sa prison à retracer les malheurs de son temps, il composa des notes sur toutes les vies de Plutarque, et un abrégé de ce livre : production qui fut égarée dans ses voyages, et qui n'a jamais paru. Plusieurs années auparavant, il s'étoit occupé d'un commentaire sur l'histoire de Guichardin, qui fut imprimé en marge de la traduction de Chamedey, Paris 1568 et 1577, Genève 1578 et 1583. Mais l'ouvrage qui lui fait le plus d'honneur est celui dont nous avons déjà parlé, et qui a pour titre : *Discours politiques et militaires* : il fut souvent réimprimé, et les éditions les plus remarquables sont celles de Bâle 1587 et 1590, et celle de Paris 1638. C'est la première que nous avons suivie, parce qu'elle fut faite sous les yeux de l'auteur.

Les discours politiques et militaires sont au nombre de vingt-six. Les quatre premiers offrent la peinture de l'état déplorable de la France pendant les premières guerres civiles, et indiquent les moyens de lui rendre son ancienne splendeur. Le cinquième et le sixième traitent de l'éducation de la jeune noblesse et des livres qu'elle doit lire; les septième, huitième, neuvième, dixième, onzième et douzième, ont pour objet la situation de la noblesse, les causes de sa ruine, les abus qui se sont glissés dans les arrière-bans, et les malheurs qui résultent des querelles entre les gentilshommes; les treizième, quatorzième, quinzième, seizième, dix-septième, dix-huitième et dix-neuvième, contiennent des discussions sur les tactiques française et espagnole; les vingtième, vingt et unième et vingt-deuxième, embrassent la politique des souverains chrétiens, et ils ont pour but de prouver que si ces princes étoient unis ils pourroient chasser les Turcs de l'Europe; le vingt-troisième présente les idées du siècle sur la pierre philosophale; le vingt-quatrième et le vingt-cinquième sont une suite de méditations religieuses; le vingt-sixième, qui est le plus étendu, renferme des mémoires très-intéressans sur les guerres de religion, depuis la première prise d'armes en 1562 jusqu'à la paix de 1570.

Ce sont ces mémoires qui font partie de notre collection. Le style en est vif, énergique, précis et pittoresque; et plusieurs morceaux rappellent la manière des anciens, dont l'auteur avoit fait une étude profonde. La Noue excelle surtout à peindre les caractères et les mœurs : au milieu des passions et des erreurs qui égaroient alors presque toutes les classes de la société, il offre aux regards les physionomies prononcées de François de Guise, du prince de Condé et de Coligny, qui auroient été les héros de leur pays, si les malheurs du temps n'avoient pas rendu leurs grandes qualités si funestes. Personne n'eut plus d'horreur que lui pour les guerres civiles, et cependant il y prit part jusqu'à sa mort. Il s'attache à développer leurs terribles résultats, et il n'est jamais plus touchant que lorsqu'il présente l'aspect de deux armées de compatriotes sur le point de combattre l'une contre l'autre, et reconnoissant, dans les rangs opposés, des frères, des parens, des amis. Cette peinture se retrouve deux fois dans son ouvrage, et elle y produit d'autant plus d'effet qu'elle est offerte sous des points de vue entièrement différens. Ces mémoires sont plutôt une suite d'observations sur les trois premières guerres civiles, qu'une narration circonstanciée : cependant on y trouve une multitude de particularités curieuses ; et ce qui en fait le principal mérite, c'est que l'auteur, qui malheureusement ne parle jamais de lui, montre constamment l'impartialité la plus rigoureuse : il ne déguise aucune des fautes de son parti, et il rend pleine justice aux qualités brillantes des grands hommes du parti contraire.

MÉMOIRES

DE

FRANÇOIS DE LA NOUE.

CHAPITRE PREMIER.

PREMIERS TROUBLES.

Que ceux de la religion eussent esté prevenus au commencement de la premiere guerre civile sans l'accident de Vassy.

[1562] Aprés que l'edict de janvier eut esté resolu et accordé en la presence du Roy, par l'advis d'une très-notable compagnie des plus sages politiques de ce royaume, pour donner quelque remede à tant de divers et universels mouvemens, et les reigler sous les loix publiques, la France ne fut pas pourtant du tout remise en tranquillité, tant à cause de l'ardeur qui estoit en ceux de la religion pour s'establir et confermer en la liberté qu'ils avoyent obtenue, que pour la crainte generale des catholiques, qui ne pouvoyent souffrir une telle nouveauté. Une partie des princes et seigneurs tenans ce parti, estans grandement indignez de voir tels accroissemens, firent ligue secrette (1) ensemble en intention de les reprimer. Et comme aucuns d'eux s'acheminoient pour se venir joindre en corps à Paris, survint le desordre de Vassy, où beaucoup de personnes qui estoient au presche furent occises. Et, pource que le fait a esté descrit par les historiens, je n'en feray point davantage de mention. Mon intention est seulement de noter, non tant la tristesse qu'il apporta à ceux de la religion, comme l'instruction qu'ils en prindrent, et le fruict qui en revint. M. le prince de Condé estoit à Paris pour l'establissement de l'exercice public, suivant l'edict du Roy, quand il entendit ceste nouvelle, ce qui le fit entrer en consultation avec les plus sages seigneurs et gentilshommes qui lors l'accompagnoient, lesquels jugerent que ce petit orage estoit un presage certain d'un plus grand, et qu'il convenoit penser plus loing qu'aux choses presentes. Incontinent, il donna advis à quelques grands de la Cour de ce qui estoit advenu, qui en prindrent l'allarme, et luy conseillerent qu'il cherchast des preservatifs et remedes pour luy et pour l'Estat. Il advertit aussi toutes les eglises de France d'estre sur leurs gardes : la pluspart desquelles, imaginans desjà avoir quelque repos asseuré, estoient plus ententives à faire bastir des temples qu'à penser aux provisions militaires pour se defendre. La noblesse de la religion des provinces fut, par ce bruit, merveilleusement resveillée et prompte à se pourvoir d'armes et de chevaux, attendant quel pli

---

(1) *Firent ligue secrette.* Il s'agit du triumvirat formé en 1561 du duc de Guise, du connétable de Montmorency et du maréchal de Saint-André. (Voyez Introduction aux *Mémoires de Montluc*, tom. xx, page 97.)

prendroient les affaires de la Cour et les mouvemens de Paris.

Bientost après arriverent en ladite ville messieurs de Guise, Connestable et mareschal de Sainct André, puis le roy de Navarre, qu'ils avoient attiré à leur ligue, lesquels contraignirent M. le prince de Condé de se retirer en la ville de Meaux, avec une bonne suite de noblesse. Estant là, il envoya en diligence vers messieurs l'Admiral et d'Andelot, et leur manda que faute de courage ne l'avoit contraint d'abandonner Paris, ains faute de forces, et qu'ils marchassent en diligence vers luy; car Cesar n'avoit pas seulement passé le Rubicon, mais desjà avoit saisi Rome, et ses estendards commençoient à bransler par les campagnes. Ce qu'ils firent incontinent avec tous leurs amis et equipage, sans toutefois descouvrir les armes que ceux de la ligue avoient jà descouvertes. Là fallut-il sejourner cinq ou six jours, tant pour deliberer de ce que l'on feroit que pour la Cene, qui se celebroit le jour de Pasques. M. l'Admiral, qui n'estoit pas novice ès affaires d'Estat, prevoyant que le jeu s'alloit eschauffer, remonstra qu'il convenoit se renforcer d'hommes diligemment, ou se preparer à la fuite, et encore craignoit-il qu'on eust beaucoup tardé. Mais comme l'on estoit en tels termes, gentilshommes arrivoient inopinement de tous costez sans avoir esté mandez, de maniere qu'en quatre jours il s'en trouva là plus de cinq cens. Ce renfort les fit resoudre de desloger, et à deux fins: l'une, pour essayer de gaigner la Cour, et s'installer auprès du Roy et de la Royne (1), et, ne le pouvant

---

(1) *S'installer auprès du Roy et de la Royne.* On a vu, dans les *Mémoires de Castelnau*, que Catherine de Médicis, effrayée de la puis-

faire, se saisir d'Orleans, pour là dresser une grosse teste si on venoit aux armes. Ayans donc recueilli en six jours ce qu'ils n'esperoient pas avoir en un mois, ils s'acheminerent vers Sainct-Cloud, où la troupe se renforça de trois cens bons chevaux, et là ils eurent advertissement que M. de Guise et ses associez s'estoient emparez de la Cour; laquelle diligence, bien à propos pour eux, rompit le premier dessein de M. le prince de Condé, qui y vouloit faire le mesme, et s'authoriser de la faveur du Roy, pour la conservation de luy et de ceux de la religion. De Sainct-Cloud ils marcherent vers Chartres et Angerville, et, par le chemin, rencontrerent cinq ou six troupes de noblesse; ce qui apporta de l'esbahissement quand on consideroit le soudain rengrossissement de nostre corps, qui n'estoit moindre de mille gentilshommes, qui faisoient bien quinze cens chevaux de combat, plus armez de courage que de corcelets. Après on tira vers Orleans, qui fut pris de la façon que les historiens l'ont decrit. Il faut entendre que si M. le prince de Condé se fust trouvé alors avec peu de forces, qu'il eust esté accablé ou assiegé. Mais quand on vit qu'il estoit puissant pour tenir la campagne en sujettion, et qu'il parloit un langage aussi brave à ses adversaires que doux au Roy, on ne le pressa pas beaucoup : et, par ce moyen, il eut temps de se prevaloir de plusieurs choses. Voilà le profit qui luy revint de s'estre trouvé fort au commencement.

Aucuns ont pensé qu'on avoit premedité cecy de long-temps, ou qu'il estoit advenu par la diligence des

---

sance des Guise, penchoit alors pour le parti des protestans, et qu'elle entretenoit une correspondance secrete avec le prince de Condé.

chefs; mais je puis affermer que non, pour avoir esté present, et curieux d'en rechercher les causes. Il est certain que la pluspart de la noblesse, ayant entendu l'execution de Vassy, poussée d'une bonne volonté, et partie de crainte, se delibera de venir près Paris, imaginant, comme à l'avanture, que ses protecteurs pourroient avoir besoin d'elle. Et, en ceste maniere, partoient des provinces ceux qui estoient plus renommez, avec dix, vingt, ou trente de leurs amis, portans armes couvertes, et logeans par les hostelleries ou par les champs en bien payant, jusques à ce qu'ils rencontrerent le corps et l'occasion tout ensemble. Plusieurs d'entr'eux m'ont asseüré que rien ne les fit mouvoir que cela; et mesme j'ay ouy confesser plusieurs fois à messieurs les princes et Admiral que, sans ce benefice, ils eussent esté en hasard de prendre mauvais party.

Par cecy, il appert combien de fruit on tire quelquesfois des choses dommageables, lesquelles, de prime face apparoissans ruineuses, font neantmoins conoistre après l'evenement qu'elles ont apporté bonne instruction. On peut encore apprendre d'icy, voire les plus grands chefs, de ne trop attribuer à leur prudence en la conduite des affaires, tant publiques que particulieres; car, encore qu'elle soit un instrument très-necessaire, si est-ce que quelquesfois elle est comme voilée, ne pouvant, parmi plusieurs voyes et procédures, conoistre celle qui est la meilleure pour se soustenir quand ces tempestes inopinées surviennent. Et cela arrive afin qu'elle s'humilie, et aille chercher hors d'elle mesme la cause des bons succez. Sylla, auquel nul de ce siecle ne s'oseroit comparer en science militaire, publioit luy mesme que par le benefice de la fortune il s'estoit garanty et eslevé. Et toutesfois on verra aujourd'hui des gens qui diront que la fortune des anciens payens (qui estoit vaine), et l'ordre que Dieu tient en la conduite des choses inferieures (qui est certain), sont des couvertures qu'on prend pour cacher son ignorance, et que c'est l'homme qui, en se guidant mal ou bien, attire son malheur ou son bonheur, combien que plusieurs experiences y contrarient. On doit repurger son entendement de telles opinions, et se persuader, encore que l'homme pense et delibere, que c'est à Dieu de donner accomplissement à l'œuvre qu'il entreprend.

CHAPITRE II.

A sçavoir si M. le prince de Condé fit un si grand erreur aux premiers troubles, comme plusieurs ont dict, de ne s'estre point saisi de la Cour ou de Paris.

JE ne veux poinct nier que beaucoup d'habiles hommes n'ayent eu ceste opinion, et par avanture l'ont encore, laquelle j'ay aussi tenue quelque temps. Mais, après avoir bien repensé et consideré ce qui avint lors que ceste tragedie se commença, et ce qui est survenu depuis, j'ay esté ramené à la conoissance de choses plus vrayes, qui apparoistront par la suite de mon propos. M. le prince de Condé ayant veu comme son frere, le roy de Navarre, s'estoit laissé peu à peu glisser en une vie delicieuse, et abuser par les vaines et riches promesses et honneurs apparens de ceux qui se mocquoient de luy, si bien qu'il estoit venu à ce poinct de changer de party, dont s'estoit ensuivi un merveilleux refroidissement de plusieurs qui, ouvertement et couvertement, sembloient le favoriser, et davantage d'audace aux liguez de s'y opposer, jugea qu'il ne falloit pas s'appuyer sur un fondement ruiné, et qu'il estoit expedient d'en jetter d'autres ailleurs. Et d'autant que la Cour et Paris sont les deux grands luminaires de la France, l'un représentant le soleil et l'autre la lune (sujets toutesfois à s'eclipser), il estima qu'estant peu esclairé de l'un, la clairté de l'autre devoit estre recherchée; et à ceste fin tascha de planter dans Paris la predication de l'Evangile, afin qu'icelle venant à eschauffer tant de semences cachées, et comme ensevelies dans ceste innumerable multitude de peuple, elles vinssent à produire abondance de fruits : ce qui apparut bientost après; car aux assemblées qui se faisoient, il se trouva telle fois jusques à trente mille personnes. Tels beaux commencemens invitoient ceux de la religion de chercher les moyens de s'y establir, à quoy toutesfois ils furent un peu négligens. Mais quand les effets de la ligue se manifesterent, alors apperceurent-ils clairement qu'il convenoit faire ce qui, pour avoir trop tardé, n'estoit plus faisable; cependant ils ne laisserent de s'y employer avec très-petite esperance.

Sur ce fait icy je viens maintenant à dire, après l'avoir examiné, qu'il n'estoit pas facile du commencement, et très-difficile à la fin, de bien executer ce dessein en telle façon qu'il eust profité. Je parleray premier de Paris, et monstreray les empeschemens qui s'y fussent trouvez. Chacun sçait que là est le siege de la justice, qui a une merveilleuse authorité. Et comme la faveur d'icelle eust beaucoup servi à ceux de la religion, aussi la desfaveur leur apportoit grande nuisance. Cependant tout ce senat et sa suite se monstra tousjours ennemy capital d'iceux, excepté très-peu. Le clergé, qui en ceste cité est très-puissant et reveré, enrageoit de voir en public choses qui le touchoient si au vif, et sous main brassoit mille pratiques à l'encontre. Le corps de la maison de ville, craignant les alterations qu'il estimoit provenir de la diversité de religion, s'efforçoit aussi de la bannir ou reculer. A ceste mesme fin tendoit aussi la pluspart de l'Université, et quasi tout le bas et menu peuple, avec les partisans et serviteurs des princes et seigneurs catholiques. Et en ce que dessus je ne comprens point ceux qui d'ailleurs pouvoient survenir en ladite ville, sinon ceux qui y estoient lors. Quant à la force nerveuse et asseurée dequoy ceux de la religion faisoient estat, elle consistoit en trois cens gentilshommes et autant de soldats experimentez aux armes; plus, en quatre cens escholiers et quelques bourgeois volontaires sans expérience. Et qu'estoit-ce que cela contre un peuple comme infini, sinon une petite mouche contre un grand elephant? Je cuide que si les novices des convens, et les chambrieres des prestres seulement, se fussent presentez à l'impourveue avec des bastons de cotterets ès mains, que cela leur eust fait tenir bride. Neantmoins avec leur foiblesse ils firent bonne mine, jusques à ce que la force descouverte des princes et seigneurs liguez les contraignit de quitter la partie. Et quand bien on fust venu aux armes dans la ville, comme il estoit difficile qu'en brief on y eust esté contrainct, veu les menées secrettes qui se tramoient, ceux de la religion eussent-ils combattu trois jours, ainsi que firent ceux de Thoulouse [1]? certes non pas trois heures, comme je pense, et n'y avoit moyen de les maintenir, que la presence du Roi favorisant son edict. Aucuns ont voulu dire que M. le prince de Condé fit le mesme erreur de Pompée, quand il abandonna Paris. Mais, si on regarde bien, on verra que celuy de Pompée fut sans comparaison plus grand; car à Rome tout estoit quasi à sa devotion, où le prince n'avoit à Paris qu'une poignée de gens. Avant qu'approprier les exemples anciens aux faits modernes, on doit premier juger de la similitude qu'il y a entr'eux. Toutes les difficultez susdictes me font croire que c'estoit un haut et genereux dessein que de voir establir à Paris l'exercice de la religion; mais de luy donner fermeté sans le moyen susdict, il estoit comme impossible; et mesme ce qui s'est passé depuis l'a bien confermé.

A ceste heure voyons la disposition de la Cour : il est notoire qu'au temps du colloque de Poissi la doctrine évangelique y fut proposée en liberté; ce qui causa que plusieurs, tant grands que petits, prindrent goust à icelle. Mais, tout ainsi qu'un feu de paille fait grand flamme, et puis s'esteint incontinent d'autant que la matiere défaut, aussi, après que ce qu'ils avoient receu comme une nouveauté se fut un peu envieilly en leur cœur, les affections s'amortirent, et la pluspart

---

[1] *Ainsi que firent ceux de Thoulouse.* Au mois de mai 1562, les protestans de Toulouse, d'accord avec les capitouls, s'emparèrent de l'Hôtel-de-Ville. Le parlement appela contre eux Bellegarde, Montluc et Teride, dont les troupes étoient dans le voisinage. Il y eut, le 14 et les deux jours suivans, des combats sanglans dans les rues. Les protestans, ayant été vaincus, capitulèrent, et sortirent désarmés de la ville.

retourna à l'ancienne cabale de la Cour, qui est bien plus propre pour faire rire et piaffer, et pour s'enrichir. Mesme il y eut des huguenots qui se deffroquerent pour resuivre ceste trace. Il faut estimer que la Cour en general est la vraie image du prince; car, tel qu'il est, telle aussi est sa suite. S'il est sage, elle le sera; et s'il aime à folatrer, elle l'imitera aussi. Et si un chef de famille, par l'usage, fait que ses enfans et serviteurs forment leurs mœurs au patron des siennes, qu'est-ce donc que fera en sa maison un roy en la main duquel est l'exaltation et la ruine? Voila pourquoy les courtisans, voyans que le Roy, messieurs ses freres, et la Royne leur mere, estoient plus enclinez à la religion catholique, et le roy de Navarre s'estoit revolté, taschoient aussi de se conformer à eux : ce qui tournoit à la desfaveur du prince de Condé et de ceux qu'il maintenoit. Outre plus, quand bien il fust là arrivé premier que les autres, peu de séjour y eust-il fait sans se rendre odieux; car proposez à une cour la reformation, ostez luy ses plaisirs, et l'embrouillez en affaires, elle vous hait à mort. Enfin, ayant beaucoup d'ennemis en icelle, et encores plus dehors, il eust esté mal asseuré; ce qui me fait croire que le fondement de la Cour n'estoit pas plus certain que celuy de Paris.

Mais un autre dessein fut tenté par luy, qui ne fut non plus executé, auquel y avoit, ce me semble, plus d'apparence : c'estoit d'induire la Royne d'aller à Orleans, et y mener le Roy. Et quelques historiens disent que cela luy fut proposé lors qu'elle craignoit les mouvemens de la Ligue, et qu'elle y presta l'oreille (1). Neantmoins

(1) *Qu'elle y presta l'oreille.* Une lettre de Catherine de Médicis au

tout cela s'en alla en fumée; mais si les effets s'en fussent ensuyvis, je cuide que les armes se fussent remises au fourreau; car estant la Cour en un lieu où elle ne pouvoit estre surprise, à cause des forces qu'on y eust fait venir, et où elle ne pouvoit estre forcée, pource que nul n'eust osé alors entreprendre de faire tirer les canons contre les murailles qui environnoient le Roy, on eust là parlé et negocié à cheval, jusques à ce que les affaires eussent esté aucunement restablies selon les edicts de pacification: mais de penser que ce remede eust amorty les guerres, je m'en donneray bien garde. Il suffit s'il les eust dilayées pour quelque peu de temps.

CHAPITRE III.

De trois choses que j'ay remarquées, qui arrivèrent avant que les armées se missent en campagne; dont l'une fut plaisante, l'autre artificieuse, et la tierce lamentable.

CEUX qui descrivent les grosses histoires, ayans à representer tant de faits, qui sont en plus grand nombre que ne sont les feuilles en un chesne toufu, ne peuvent pas tousjours le faire en notant toutes les particularitez qui les accompagnent; car s'ils s'y vouloient assujettir, pour un volume qu'ils mettent en lumiere, ils seroient contraints d'en mettre quatre. Mais ils se contentent

prince de Condé, citée dans l'une des notes des *Mémoires de Castelnau*, ne laisse aucun doute sur les intentions de cette princesse, qui auroit voulu, à tout prix, se soustraire à la domination des triumvirs.

9.

seulement de divulguer ce qui est plus mémorable. Et comme en lisant les choses passées, si j'en rencontre quelqu'une, soit petite ou grande, sur laquelle on pourroit dire quelque mot pour la faire mieux gouster, et en tirer un peu de fruict, je me delecte de le faire, mesmement en celles que j'ay veues : ce qui pourra paravanture aucunement servir à l'intelligence de l'histoire, qui est la très-riche boutique où ceux qui affectent les beaux ornemens doivent avoir recours, n'estant ce que je mets icy en monstre qu'une petite balle de mercier, en laquelle les marchandises sont de basse valeur : neantmoins je me suis trompé moy-mesme, ou elles ne sont point falsifiées.

Le premier poinct de quoy je parleray, sera de la maniere qu'arriva M. le prince de Condé et sa suite à Orleans. Il avoit envoyé le jour precedent M. d'Andelot pour se saisir de la ville, où, estant arrivé comme inconu, il apperceut qu'il y auroit de l'empeschement : ce qui le fit envoyer vers ledit seigneur, luy mandant qu'il s'avançast diligemment pour le soustenir, et qu'il y avoit apparence de venir aux armes. Or, tous ne voulans perdre un si bon morceau qu'estoit celuy-là, demandoient non seulement à trotter, mais à courir; et ce qui fut dit fut aussi-tost fait; car, à six lieues de là l'esbranlement commença, ayant M. le prince alors, tant en maistres qu'en valets, environ deux mille chevaux; et s'estant luy-mesme mis à la teste, et prins le grand galop, tout ce corps fit le semblable, jusques à ce qu'on fut à la porte. Innumerables gens se trouvoient par les chemins, tant estrangers qu'autres, qui alloient à Paris, qui, voyans le mystere de ceste course, sans que nul leur demandast aucune chose, la pluspart jugeoit du commencement que c'estoient tous les fols de France qui s'estoient assemblez, ou que ce fust quelque gageure; car il n'estoit encores nouvelle de guerre. Mais après y avoir davantage pensé, et consideré le nombre et la noblesse qui là estoit, ils entrerent en admiration, mais en telle sorte, qu'ils ne se pouvoient garder de rire d'un mouvement si impétueux, qui n'abattoit pas les arbres comme les vents de Languedoc, mais qui plustost s'abattoit soy-mesme; car, par le chemin, on voyoit ordinairement valets portez par terre, chevaux esboitez et recreuz, malles renversées, ce qui causoit mesmes à ceux qui couroient des risées continuelles. Mais ceux qui furent mis ce jour là hors de la ville plorerent catholiquement, pour avoir esté despossedez de l'estape des plus delicieux vins de la France (1).

Quant au second point, la matière en est plus grave, d'autant qu'elle consiste en accusations generales et privées, defenses, raisons, et autres artifices pour persuader; avec lesquelles armes tant de grands chefs, par l'espace de deux mois, ne cesserent de s'entre-combattre, pareillement de conforter et animer leurs confederez et partisans. Il estoit très-nécessaire alors en ces alterations d'Estat, si nouvelles et extraordinaires, de lever les mauvaises impressions qui se pouvoyent prendre par ceux qui ignoroient les intentions des entrepreneurs; et s'il y eut bien assailli, il y eut aussi bien defendu. Dequoy chacun pourra juger en lisant les actes, tant d'un party que d'autre, qui sont

---

(1) *Des plus delicieux vins de la France.* Les vins d'Orléans et de Beaugency avoient alors autant de réputation que ceux de Bourgogne et de Champagne.

inserez ès annales. Il y en a qui estiment, quand ils ont bonne cause, que d'elle-mesme elle se manifestera à un chacun; ce qui les rend négligens à publier ce qui en est : en quoy ils faillent; car, encore que les choses justes et veritables avecques le temps monstrent tousjours leur lumiere, toutefois, en plusieurs occurrences, il est necessaire de l'anticiper, et que tost on conoisse ce qui ne laisseroit d'estre conu plus tard; mais il n'en arriveroit tant de fruit. Et tout ainsi que les mauvaises herbes suffoquent les bonnes si on ne les arrache, aussi qui ne rembarre les calomnies qu'ordinairement les adversaires objectent à l'encontre de ce qui est bon, sans doute il se verroit souvent supprimé. Outre plus, on acquiert bien davantage de support après avoir au vray declaré, en quelque affaire que ce soit, qu'on y marche de pied droit, et qu'on y besogne de main equitable. Somme, en ce siecle icy les hommes sont si paresseux aux devoirs publics, que, si on ne les excite de parole sur parole, ils demeurent immobiles. Ceux desquels la cause n'est guères bonne plus de besoin ont-ils d'artificieux langage, pour pallier ce qui estant descouvert la rendroit desfavorisée. Je cuide aussi qu'ils n'ont pas la langue engourdie. Par où on peut voir que l'éloquence est comme un cousteau à deux tranchans : mais, quoi qu'on die, si est il bien difficile de desguiser le faux et d'obscurcir le vray.

Le troisiesme point est de l'abouchement qui fut fait auprès de Toury en Beausse, par la Royne, le roy de Navarre et le prince de Condé, pour adviser aux moyens d'apaiser les différens survenus. Plusieurs pensoyent que la presence et communication des grands auroit plus d'efficace que les ambassades si souvent envoyez de part et d'autre. Et encore qu'il y ait quelquefois du peril aux entreveuës, nonobstant elle ne laissa d'estre accordée, veu les instances qu'en faisoit la Royne, avecques les limitations qui s'ensuivent : Que de chacun costé on ne pourroit amener que cent gentilshommes avec armes et lances, que nulles troupes n'approcheroyent plus près du lieu ordonné que de deux lieues, et que trente chevaux legers, de part et d'autre, six heures devant que s'aboucher, descouvriroyent la campagne, laquelle est, en cest endroit, raze comme la mer. A l'heure dicte, la Royne se trouva à cheval en la place assignée avec le roy de Navarre, où M. le prince et M. l'Admiral, aussi à cheval, la furent trouver ; et là traiterent des choses publiques par ensemble. Cependant les deux troupes, qui estoient composées d'une eslite d'hommes, et la pluspart seigneurs, firent alte à huit cens pas les uns des autres. Le mareschal d'Anville commandoit à l'une, et le comte de La Rochefoucault à l'autre. Or, après qu'elles se furent contemplées demy heure, chacun desireux de voir, l'un son frere, l'autre son oncle, son cousin, son amy ou ses anciens compagnons, demandoit licence aux superieurs, ce qu'on obtenoit avec peine, pource qu'il avoit esté defendu qu'on s'accostast, de crainte de venir aux injures et après aux mains. Mais tant s'en faut que querelles s'en ensuivissent, qu'au contraire ce ne furent que salutations et embrassades de ceux qui ne se pouvoient garder de monstrer signes d'amitié à ceux que la parenté ou l'honnesteté avoit auparavant liez ensemble, nonobstant les marques contraires que chacun portoit ; car la troupe qui accompagnoit le roy de Navarre estoit vestue de casaques de velours cramoisi et banderolles rouges, et celle du prince de Condé de casaques et de banderolles blanches. Les catholiques, qui imaginoient que ceux de la religion fussent perdus, les exhortoient de penser à eux, et ne s'obstiner pas à donner entrée à ceste miserable guerre, en laquelle il faudroit que les propres parens s'entretuassent. Eux respondoient l'avoir en detestation, mais qu'ils estoient asseurez, s'ils n'avoient recours à la defense, qu'on les traiteroit de la mesme façon de plusieurs autres de la religion, qui avoient esté cruellement occis en plusieurs endroits de la France. Bref, chacun s'incitoit à paix, et à persuader les grands d'y entendre. Aucuns, qui, un peu à l'escart, consideroient ces choses plus profondement, deploroient le discord public, source des maux futurs; et quand ils venoient encores à repenser en eux-mesmes que toutes les caresses qu'on s'entrefaisoit seroient converties en meurtres sanglans, si les superieurs donnoient un petit signe de combattre, et que, les visieres estans abatues, et la prompte fureur ayant bandé les yeux, le frere quasi ne pardonneroit à son frere, les larmes leur sortoient des yeux. Je me trouvay là du costé de ceux de la religion, et puis dire que j'avois de l'autre part une douzaine d'amis que je tenois chers comme mes propres freres, et qui me portoient une affection semblable. Cependant la conscience et l'honneur obligeoient un chacun de ne manquer ny à l'un ny à l'autre : les amitiez particulieres estoient encores vives alors; mais depuis que les grands maux vindrent à avoir cours, et les conversations à se discontinuer, elles s'allerent amortissant en plusieurs. La Royne et le prince de Condé, après avoir conferé deux heures ensemble (1), ne se pouvans accorder, se retirerent, chacun bien marry que meilleur effect ne s'en estoit ensuivy.

CHAPITRE IV.

De la promesse que fit M. le prince de Condé à la Royne, un peu legerement, de sortir hors du royaume de France, et de ce qui empescha qu'elle ne fust accomplie.

APRÈS que de toutes parts bon nombre de gens de guerre des ordonnances furent arrivez à Paris, et partie de la vieille infanterie, le roy de Navarre, messieurs de Guise et Connestable, qui mesprisoient les forces de ceux de la religion comme tumultuaires, s'estimerent assez puissans pour leur faire peur, et, en corps d'armée, s'acheminerent vers Chasteaudun (2). Ce qu'entendant M. le prince, il demanda advis aux chefs de guerre qui l'accompagnoient de ce qu'on devoit faire; tous unani-

(1) *Après avoir conferé deux heures ensemble.* Cette conférence eut lieu dans les premiers jours de juin. Le prince de Condé avoit particulièrement insisté sur l'éloignement des triumvirs. De retour à Orléans, il écrivit le 11 juin à Catherine de Médicis la lettre suivante :
« Il ne fut jamais veu en tous les conseils du monde, quand il a esté
« question de decider des differends où quelques conseillers ayent eu
« interest, qu'il ne se soyent tout soudain retirés; et maintenant qu'il
« est question, non d'une cause privée, mais en general de la gloire
« de Dieu, de la restitution de nos libertés, de la conservation de
« vostre authorité et du repos public, de quoy ils sont les perturbateurs,
« et non les defenseurs, il me semble qu'il n'est pas raisonnable qu'ils
« se trouvent où telles choses seront mises en avant, et qu'il leur sera
« plus seant qu'ils s'en absentent. »

(2) *S'acheminerent vers Chasteaudun.* Cette marche fut faite à la fin de mai, quelques jours avant les conférences de Toury.

mement dirent, puis qu'on avoit monstré jusques alors une si brave contenance de paroles et de fait, et après, sur le principe de la guerre, qu'on se laissast enclorre et assieger dedans une ville, ce seroit un acte qui porteroit quelque tesmoignage de lascheté, et qui desfavoriseroit grandement les affaires de ceux de la religion, tant envers les nations estrangeres qu'envers ceux de la France qui tenoient le mesme party; veu mesmement que les forces qu'on avoit desjà ramassées approchoient de six mille soldats à pied et deux mille chevaux, et que, par le rapport des espies, les ennemis n'avoient encores que quatre mille hommes de pied et trois mille lances; lesquels, combien qu'ils fussent mieux equippez d'armes, cependant les autres ne leur estoient inferieurs en courage; doncques que rien ne devoit empescher qu'on ne se mist promptement aux champs, et, si l'occasion s'offroit, combattre les ennemis; car on n'en auroit jamais meilleur marché, d'autant que le temps alloit accroissant leurs forces.

Cela arresté, on s'alla camper à une lieue et demie d'Orleans, où nouveaux ambassadeurs vinrent de la part de la Royne pour commencer les parlemens; car, tant d'un costé que d'autre, on redoutoit merveilleusement les desolations universelles qui surviendroient, la guerre s'attachant une fois. Aux deux premiers qui se firent, on disputa assez sans en tirer grande resolution, sinon qu'il fut arresté que les princes et seigneurs catholiques liguez se retireroient en leurs maisons, et puis le prince de Condé obeiroit à ce qui lui seroit commandé de la part du Roy pour le bien du royaume. Tost après, ils s'acheminerent jusques à Chasteaudun seulement, et ne passerent outre, et presumoient ceux de la religion que ce fust une feinte. Aucuns ont voulu dire que ausdicts parlemens le prince de Condé s'exposoit trop au peril; mais il y fut tousjours plus fort que les autres, et les siens très-vigilans pour n'estre trompez. Neantmoins, ils ne se purent exempter de l'estre en un poinct, et trop à la bonne foy, en ce qu'ils consignerent la ville de Boisgency (qui pourtant ne valoit rien) au roy de Navarre pour sa seureté, venant parlementer, laquelle ne leur fut restituée : ce qui les anima merveilleusement, et conurent qu'il falloit negocier de là en avant la bride en la main. Or, comme il venoit chacun jour quelqu'un vers M. le prince de Condé de la part de la Royne pour le disposer à la paix, dequoy elle se monstroit aussi très-desireuse, avint que l'evesque de Valence (1) y fut aussi employé, lequel estoit un personnage excellent en doctrine et eloquence, quand il vouloit faire paroistre l'une et l'autre. Il l'amadoua si bien de beau langage, qu'il luy redoubla le desir d'entrer en un bon accord, et finalement luy dit, d'autant que luy estoit calomnié de plusieurs comme autheur de cette guerre, qu'il devoit faire reluire sa justification par toutes belles offres et beaux effets, afin qu'à luy, ny à la cause qu'il maintenoit, on n'imputast la coulpe des miseres futures, et que s'il offroit à la Royne, au premier pourparler (plustost que de voir ce royaume exposé au feu et au sang), de sortir hors d'iceluy avecques ses amis,

---

(1) *L'evesque de Valence* : Jean de Montluc, frère du fameux maréchal de ce nom. Ce prélat, l'un des plus habiles négociateurs de son siècle, penchoit dès lors vers les idées nouvelles : il ne les avoua jamais ouvertement, mais il y conforma sa conduite en épousant une jeune personne d'une grande beauté, dont il eut un fils qu'il fit légitimer.

qu'elle ne sauroit que respondre, ni moins encor ses ennemis, qui avoient promis de se retirer en leurs maisons, et que de ceste ouverture il se pourroit ensuivre quelque bonne resolution qui feroit cesser les armes; lesquelles posées, toutes choses après se pourroient restablir avec facilité. Ayant parlé il se retira, laissant audit prince (qui se faschoit d'estre contraint d'entrer en guerre contre sa propre nation) quelque impression de suivre ce conseil. Il le communiqua à quelques-uns qui aimoient la pacification, qui ne le reprouverent.

Deux jours après, il fut accordé qu'il iroit trouver la Royne à une lieue et demie de là, pour essayer encores si on pourroit effectuer quelque chose : ce qui fut fait. Et, après plusieurs longs propos, enfin M. le prince luy fit l'offre ci-devant recitée (qui estoit de sortir hors du royaume), pour luy rendre tesmoignage du zele qu'il avoit à le voir tranquille. Mais sa derniere parole ne fut pas si tost achevée, qu'elle le prit incontinent au mot, luy disant que c'estoit le vray moyen pour remedier aux maux qu'on craignoit, dont toute la France luy en seroit redevable, et que la majorité du Roy estant venue, il remettroit toutes choses en bon estat, tellement que chacun auroit occasion de s'en contenter. Et combien que ce prince ne fust pas aisé à estonner, ny sans replique, si fut-il estonné à ce coup, ne pensant pas qu'on le deust *prendre au pied levé,* comme l'on dit. Et d'autant qu'il commençoit à se faire tard, elle lui dit qu'elle renvoyeroit le lendemain vers luy pour sçavoir les conditions qu'il demanderoit. Elle se departit avec bonne esperance, et le prince se retira en son camp, riant, mais entre les dents, avec les principaux de sa noblesse qui avoient entendu le discours. Les uns se grattoient la teste, qui ne leur demangeoit pas, les autres la bransloient; cestuy-cy estoit pensif, et les jeunes gens se mocquoient les uns des autres, s'attribuans chacun un mestier, à quoy ils seroient contraints de vaquer pour avoir moyen de vivre en pays estrange. On arresta au soir que le lendemain on assembleroit les chefs pour prendre advis sur ce fait si important.

Le matin venu, on entre au conseil, où M. l'Admiral dit, pource que le fait touchoit à tous, qu'il luy sembloit qu'on le devoit communiquer à tous : ce qu'on fit. Et envoya-t-on les colonels et capitaines pour tirer les avis, tant de la noblesse que de l'infanterie. Mais incontinent tous respondirent que la terre de France les avoit engendrez, et qu'elle leur serviroit de sepulture, et tant qu'ils auroient une goutte de sang, qu'ils ne l'espargneroient pour la défense de leur religion; au reste, que M. le prince se souvint de la promesse generale qu'il leur avoit faite de ne les abandonner. Cecy estant rapporté au conseil, hasta la conclusion de ceux qui y deliberoient, qui, voyans la disposition publique, furent encore plus fortifiez en leurs opinions, qui se conformerent à icelle. Mesmes il n'y en eut que trois ou quatre qui parlerent, veu que le fait estoit si clair; et me ressouvient encore aucunement de quelques particularitez qui furent dites. M. l'Admiral remonstra à M. le prince, encore qu'il pensast que la Royne, en l'acceptation de son offre, n'y procedoit point de mauvaise intention, ains que le desir qu'elle avoit de tirer l'Estat de misère la faisoit rechercher tous expediens, toutefois qu'il estimoit que ceux qui avoient les armes en la main la circonvenoient pour le circonvenir ; qu'il ne devoit ny ne pouvoit effectuer ce qu'on luy avoit proposé et qu'il avoit promis de faire, car il s'estoit lié auparavant par plus estroites obligations, et que s'il s'absentoit il perdroit entierement sa reputation, et condamneroit la cause qu'il avoit embrassée ; laquelle, outre sa justice, estant auctorisée par edict du Roy, devoit estre maintenue, et n'y falloit espargner la vie. M. d'Andelot parla ainsi : « Monsieur, l'armée des ennemis n'est qu'à cinq petites lieues d'icy. Si elle voit peur, desmembrement, ou autre altération entre nous, elle nous menera jusques dedans la mer Oceane à coups de lance et à coups d'espée. Si vous nous abandonnez maintenant, on dira que c'est par crainte, laquelle (comme je sçay) ne logea jamais dans vostre cœur. Nous sommes vos serviteurs, et vous nostre chef : ne nous séparons donc point, veu que nous combattons pour la religion et pour nos vies. Tant de parlemens qui se sont faits ne sont que piperies, veu les effects qui apparoissent ailleurs. Le meilleur remede pour estre bientost d'accord, est qu'il vous plaise de nous mener à demy lieue de ceux qui desirent que nous sortions hors du royaume, et paraventure qu'une heure après on en verra sortir quelque bonne resolution ; car nous ne serons jamais bons amis que nous n'ayons un peu escrimé ensemble. » Le sieur de Boucard (1) s'avança après, qui estoit un des plus braves gentilshommes de ce royaume, et qui avoit du

---

(1) *Le sieur de Boucard.* François de Boucard étoit d'une famille ancienne de Gascogne, fixée dans le Berri depuis le quatorzième siècle. Il fut grand-maître de l'artillerie dans l'armée protestante, et mourut en 1569.

feu et du plomb en la teste. « Monsieur, dit-il, qui laisse la partie la perd, et qui la remet : laquelle reigle est encores plus vraye au fait que nous manions qu'au jeu de la paume. J'ai desjà cinquante ans sur la teste, qui est pour avoir acquis un peu de prudence : voilà pourquoi il me fascheroit fort de me voir en pays estrange, me proumener avec un curedent en la bouche, et que cependant quelque petit affetté, mien voisin, fist le maistre dans ma maison, et s'engraissast du revenu. Qui voudra s'en aller s'en aille : quant à moy, je mourray en ma patrie pour la défense des autels et des foyers. Parquoy, monsieur, je vous supplie et conseille de n'abandonner tant de gens de bien qui vous ont eslu, et de faire vos excuses à la Royne, et nous employer bientost, cependant que nous avons envie de mordre. » Il y eut après cela peu de langage, sinon une approbation de tous. Mais M. le prince prit la parole, et, pour la justification de son offre, dit qu'il l'avoit faite voyant qu'on le vouloit tacitement taxer d'estre cause de la guerre, et que si son absence pouvoit apporter la paix, qu'il l'estimeroit bien heureuse, car il n'avoit point son particulier en recommandation; toutefois qu'il appercevoit bien, voyant les forces ennemies si prochaines, et la resolution qu'ils avoient prise, que son humilité seroit prise et reputée d'eux à lascheté, et qu'elle n'apporteroit aucun repos, ains plustost ruine à la cause qu'il maintenoit, et qu'il estoit deliberé de suivre leur conseil, et de vivre et mourir avecques eux. Cela dit, chacun se toucha en la main pour confirmation. Au sortir du conseil, Theodore de Beze et quelques uns de ses compagnons luy firent une très-sage et belle remonstrance, pour le conforter en sa resolution, luy alleguans les inconveniens qui s'ensuivroient de se separer, et le supplierent de ne laisser point l'œuvre encommencée, à laquelle Dieu donneroit perfection, puis qu'il y alloit de son honneur. Au mesme temps arriva au camp, de la part de la Royne, M. de Fresne (Robertet), secretaire des commandemens, pour remporter les conditions que ledit sieur prince demanderoit pour son issuë; auquel il respondit que l'affaire estoit de poids, et qu'il n'estoit encores resolu, d'autant que plusieurs murmuroient, et, la conclusion prise, on la feroit sçavoir à la Royne, ou luy-mesme la luy porteroit. Robertet conut, au langage de quelques particuliers, qu'il y avoit du changement, et s'en retourna retrouver la Royne, pour l'advertir qu'il falloit autre chose que du papier pour le mettre dehors; laquelle se retira après.

De ce fait icy les princes et les grands doivent tirer instruction de ne s'obliger de promesse en affaires qui sont de poids, sans avoir premier bien consulté avec les sages; car, encor qu'on soit poussé de bonne intention, cela n'empesche pas qu'on ne choppe en quelque maniere, en ce que la soudaineté fait negliger plusieurs circonstances qui se doivent considerer; et quand bien un observeroit tout ce qui est requis, si est-ce que plusieurs le peuvent encores mieux faire. La dignité de la cause qui s'agit est aussi quelquefois telle, et la quantité des associez si grande, qu'il faut mesmes que les superieurs deferent à l'un et à l'autre. Ils doivent aussi imaginer que ceux à qui on promet, bien que ce soient choses desraisonnables, ne laissent de se tenir offensez et de se plaindre, s'ils voyent qu'on manque à l'accomplissement d'icelles.

CHAPITRE V.

Par quelle action la guerre commença à s'ouvrir manifestement entre les deux armées.

PENDANT que les pourparlers dont il a esté fait mention se continuoient, il y eut quasi toujours des suspensions d'armes d'une part et d'autre : qui causa qu'on n'entreprint rien ès environs de Paris et d'Orleans. Mais ayant, le prince de Condé et les siens, conu que les paroles estoient trop foibles pour remedier aux alterations presentes, il determina d'y adjouster les effets. Parquoy, incontinent après que la résolution fut prise sur l'offre faite à la Royne, il retira à part sept ou huit des principaux capitaines, pour adviser aux moyens plus propres pour venir aux mains avec les ennemis, car les trefves estoient faillies le jour precedent. Tous opinerent qu'il les falloit prevenir par diligence, veu que deux choses favorisoient grandement : l'une, que messieurs de Guise, Connestable et mareschal de Sainct-André estoient alors absens de l'armée, et n'y avoit que le roy de Navarre qui y fust; l'autre que les compagnies des gensdarmes logeoient fort escartées du corps d'icelle; que de marcher le jour vers eux, leurs chevaux legers ou leurs fourrageurs leur donneroient advertissement; mais faire une grande diligence la nuit, et arriver à la diane, indubitablement on les surprendroit; et combien qu'ordinairement on ne vist gueres donner de camisades aux armées, d'autant plus faciles à executer estoient elles pource qu'on s'en gardoit moins; et, quant au chemin, qu'il estoit très-facile, n'y ayant que campagne raze jusques à eux.

Une heure après, le camp partit, et arriva à La Ferté de bonne heure, où les chefs dirent aux capitaines leur intention, afin qu'ils fissent vestir leurs soldats de chemises, et les disposassent à se bien porter en ceste magnanime entreprise (1). Sur les huict heures du soir les troupes estoient jà aux champs, lesquelles, après avoir fait les prieres publiques (selon la coustume d'alors de ceux de la religion), se mirent à marcher avec une ardeur de courage que je puis affermer avec verité n'en avoir jamais veu en gens de guerre de plus grande. Avant le deslogement se commit un acte très-vilain (2) d'un forcement de fille par un gentilhomme, dont la qualité et la brieveté du temps empescherent de faire le chastiment; ce qui fit que beaucoup de gens de bien prindrent de là un mauvais presage de l'entreprise. L'ordre qui fut donné pour combattre estoit tel, car on presumoit surprendre les ennemis dans le logis : Premierement, M. l'Admiral marchoit à la teste avec huict cens lances, et devoit renverser toute la cavallerie qu'il rencontreroit en armes; après suivoient douze cens harquebusiers en quatre troupes, ayant charge d'attaquer les corps de

---

(1) *En ceste magnanime entreprise.* Les catholiques regardèrent cette surprise comme une trahison, parce que la rupture de la trève n'avoit pas été officiellement proclamée. Le prince de Condé, avant de partir, donna un écu à chaque soldat.

(2) *Un acte très vilain.* Le coupable étoit Gabriel de Boulainvilliers de Courtenay. Peu de temps après il tomba entre les mains des Parisiens, et fut puni de mort pour d'autres crimes.

garde de l'infanterie ennemie, puis donner dans leur quartier; après marchoient huict cens harquebusiers pour se saisir de l'artillerie, suivis de deux gros bataillons de picques; puis M. le prince de Condé venoit avec plus de mille chevaux en quatre esquadrons, avec le reste de l'arquebuserie. Il faut entendre que, partant à l'heure qu'on fit par raison, on devoit arriver au logis des ennemis à trois heures du matin; car il n'y avoit que belle campagne, et nulz passages estroitz, et en une heure et demie les gens de pied pouvoient faire une lieue : mais après en avoir marché deux, les guides reconurent qu'ils s'estoient escartez du chemin, et, en pensant se redresser, ils se fourvoyerent davantage, demeurans comme esperduz, sans sçavoir où ilz estoient, au grand desplaisir des chefs. Somme, qu'ayans cheminé jusques à une grande heure du jour, on trouva qu'on estoit encor à une lieue du camp des ennemis, duquel les batteurs d'estrade, ayans apperceu la teste de l'armée du prince, retournerent en toute diligence y donner une chaude allarme. On prit conseil de ce qu'il convenoit faire; mais en ces entrefaites on entendit les canonnades redoublées qui se tiroient dudict camp pour signal à leur cavallerie de s'y venir joindre : ce qui fit rompre le dessein de passer outre, veu qu'on estoit descouvert et qu'il y avoit encores loin à marcher; mais s'il n'y eust eu que demie lieue, on avoit deliberé de passer outre et combattre. Voilà comment une entreprise, qui en apparence estoit bien certaine, fut toute rompue.

Je me suis enquis à quelques suffisans capitaines qui estoient en l'armée contraire, ce qu'ils pensoient qui eust deu succeder si ceux de la religion fussent arrivez à temps. Ilz m'ont confessé qu'ils eussent combattu, cependant qu'ilz estoient prevenuz, estant separez de leurs chefs plus affectionnez, et de la pluspart de leur cavallerie. M. le mareschal d'Anville estoit logé à la teste de l'armée catholique avec la cavallerie legere, qui est un très-vigilant et entendu chef de guerre, lequel m'a dit aussi avoir esté en armes et en cervelle bonne partie de la nuict; neantmoins si tout le gros eust donné à temps, que leur armée estoit en hasard; dequoy il ne faut faire aucune doute, car, encore que les evenemens militaires soient fort incertains, si est ce que le desavantage d'estre surpris monstroit une apparente perte de celuy qui se laissoit surprendre. Toute la coulpe fut jettée sur les guides, lesquels, pour s'excuser, disoient que M. d'Andelot, ayant dès le partir du logis mis son infanterie en bataillons, cela l'avoit rendue plus tardive à marcher. Mais j'estime que telle excuse estoit plus subtile que veritable, veu qu'il n'y avoit ny haye ny buisson qui donnast empeschement. Toutefois elle auroit eu poids si le pays eust esté plus serré. Les deux armées demeurerent en ordre, combien qu'elles fussent un peu esloignées l'une de l'autre, jusques à deux heures après midi. Après, M. le prince de Condé s'alla loger à Lorges, distant d'une petite lieue d'eux; et le roy de Navarre manda en toute diligence à messieurs de Guise et Connestable, qui estoient à Chasteaudun, ce qui estoit survenu; lesquels le vindrent trouver incontinent. Or, eux craignans d'estre assaillis de nuict, à cause que l'armée du prince de Condé estoit forte de gens de pied; et que leur logis estoit mal propre pour la cavallerie, ilz firent mettre à la teste de leur place de bataille, sur l'avenue, cinq ou six gros monceaux de fagots avec force paille dessous, pour y faire mettre le feu si on les alloit attaquer, afin qu'à la clarté de ceste lumiere l'on peust tirer trois ou quatre volées d'artillerie, ce qui eust grandement endommagé les assaillans. Aucuns y a qui desdaignent telles inventions; neantmoins elles peuvent servir quelquefois. Le lendemain, ils se mirent encor en bataille sans se voir, et n'y eut que les chevaux legers qui escarmoucherent. Mais les chefs des deux costez, voyans qu'il estoit bien malaisé de s'entresurprendre, et leurs logis estre fort incommodes, attirez aussi par une espece de necessité de prendre quelques villes qui leur servoient grandement pour la continuation de la guerre, comme Blois et Boisgency, chacun envoya son bagage et artillerie vers icelles dès le matin, et après le midi les armées s'y acheminerent, se separant en ceste sorte sans combat ni perte.

Je veux raconter un accident qui survint deux heures après ce depart, que, s'il fust advenu lorsqu'elles estoient plus voisines, paravanture le prince de Condé eust esté en danger d'estre desfait : ce fut une pluye et un orage, qui dura près d'une heure, si horrible, que je sçay entre quatre mille harquebusiers qu'il y avoit, dix n'eussent peu tirer; et si la pluspart se retirerent pour chercher le couvert, qui estoit une occasion à souhait qui presentoit la victoire aux catholiques, tant pource qu'ils estoient puissans en cavallerie, que pource que le vent et la pluye donnoient si vivement au visage de leurs contraires, que les plus mordans d'eux estoient bien empeschez de resister à ceste fureur du temps. C'est ici au vray ce qui se passa du costé de ceux de la religion en ceste expedition. Mais les particularitez qui survindrent en l'armée du roy de Navarre, il appartient proprement à ceux qui estoient en icelle, et peuvent les avoir sceues, de les descrire.

CHAPITRE VI.

De la bonne discipline qui fut observée parmy les bandes, tant de cheval que de pied, de M. le prince de Condé, seulement l'espace de deux mois; puis de la naissance de la picorée.

ALORS que cette guerre commença, les chefs et capitaines se ressouvenoient encores du bel ordre militaire qui avoit esté practiqué en celles qui s'estoient faites sous le roy François et Henry son fils, et plusieurs soldats en estoient aussi memoratifs; pour laquelle occasion il semble que ceux qui prindrent les armes se contenoient aucunement en leur devoir. Mais ce qui eut plus de force à cest effect, furent les continuelles remonstrances ès predications où ils estoient admonnestez de ne les employer à l'oppression du pauvre peuple; et puis le zele de religion, dont la plus grande part estoit menée, avoit alors beaucoup de vigueur. De maniere que, sans aucune contrainte, chacun se bridoit volontairement, pour ne commettre poinct ce que souventes fois l'horreur des supplices ne peut empescher; et principalement la noblesse se monstra, à ce commencement, très-digne du nom qu'elle portoit; car, marchant par la campagne, où la licence de vivre est sans comparaison plus grande que dans les villes, elle ne pilloit poinct, ny ne battoit ses hostes, et se contentoit de fort peu ; et les chefs et la pluspart d'icelle, qui de leurs maisons avoient apporté quelques moyens, payoient honnestement. On ne voyoit point fuir personne des villages, ny n'oyoit-on ne cris ne plaintes. Somme, *c'estoit un desordre très-bien ordonné.* Quand il se commettoit un crime en quelque troupe, on bannissoit celuy qui l'avoit commis, ou on le livroit ès mains de la justice, et les propres compagnons n'osoient pas mesmes ouvrir la bouche pour excuser le criminel, tant on avoit en detestation les meschancetez et estoit-on amateur de vertu. Au camp de Vaussoudun, près Orleans, où le prince de Condé sejourna près de quinze jours, l'infanterie fit voir qu'elle estoit touchée du mesme sentiment. Elle estoit logée en campagne, et le nombre des enseignes ne passoit trente-six.

Je remarquay alors quatre ou cinq choses notables : la premiere est qu'entre ceste grande troupe on n'eust pas ouy un blaspheme du nom de Dieu ; car lorsque quelqu'un, plus encore par coustume que par malice, s'y abandonnoit, on se courrouçoit asprement contre luy, ce qui en reprimoit beaucoup ; la seconde, on n'eust pas trouvé une paire de dez ny un jeu de cartes en tous les quartiers, qui sont des sources de tant de querelles et de larcins ; tiercement, les femmes en estoient bannies, lesquelles ordinairement ne hantent en tels lieux, sinon pour servir à la dissolution ; en quatrieme lieu, nul ne s'escartoit des enseignes pour aller fourrager, ains tous estoient satisfaits des vivres qui leur estoient distribuez, ou du peu de solde qu'ils avoient receu. Finalement, au soir et au matin, à l'assiette et levement des gardes, les prieres publiques se faisoient, et le chant des psalmes retentissoit en l'air : èsquelles actions on remarquoit de la pieté en ceux qui n'ont pas accoustumé d'en avoir beaucoup ès guerres. Et combien que la justice fust alors severement exécutée, si est-ce que peu en sentirent la rigueur, pource que peu de desbordemens parurent. Certainement plusieurs s'esbahissoient de voir une si belle disposition, et mesmement une fois feu mon frere le sieur de Teligny (1) et moy, en discourant avec M. l'Admiral, la prisions beaucoup. Sur cela il nous dit : « C'est voirement une belle chose moyennant qu'elle dure; mais je crains que ces gens icy ne jettent toute leur bonté à la fois, et que d'icy à deux mois il ne leur sera demeuré que la malice. J'ay commandé à l'infanterie longtemps (2), et la conois; elle accomplit souvent le proverbe qui dit *de jeune hermite vieux diable*. Si celle-cy y faut, nous ferons la croix à la cheminée. » Nous nous mismes à rire, sans y prendre garde davantage, jusques à ce que l'experience nous fit conoistre qu'il avoit esté prophete en cecy.

Le premier desordre qui arriva fut à la prise de Boisgency, qui fut emportée des Provençaux par deux trous qu'ils firent à la muraille, à la sappe ; là où ils exercerent plus de cruauté et de pillerie sur ceux de la religion habitans d'icelle, qui n'avoient peu sortir, que contre les soldats catholiques qui la defendoient : mesmement il y eut des forcemens de femmes. Cest exemple servit de planche aux Gascons, qui monstrerent, quel-

---

(1) *Mon frere le sieur de Teligny*. La Noue avoit épousé la sœur de ce seigneur. — (2) *J'ay commandé à l'infanterie long-temps.* Coligny avoit été en 1552 colonel général de l'infanterie, et cette place avoit passé à son frere d'Andelot.

que temps après, qu'ils ne vouloient pas estre surmontez à jouer des mains. Mais le regiment de M. d'Yvoy, qui estoit tout de François, s'escrima encore mieux que les deux autres, comme s'il y eust eu prix proposé à celuy qui pis feroit. Ainsi perdit nostre infanterie *son pucelage*, et de ceste conjonction illegitime s'ensuivit la procreation de *madamoiselle La Picorée,* qui depuis est si bien accreuë en dignité qu'on l'appelle maintenant *madame.* Et si la guerre civile continue encore, je ne doute point qu'elle ne devienne *princesse.* Ceste perverse coustume s'alla incontinent jetter au milieu de la noblesse, une partie de laquelle, ayant gousté des premieres friandises qu'elle administre, ne voulut plus se repaistre d'autre viande. Et en ceste maniere le mal, de particulier, devint general, et alla toujours de plus en plus infectant le corps universel. J'ay souventefois veu adjouster des remedes pour penser corriger la malignité de ceste humeur ; mais combien qu'ils profitassent aucunement, si n'avoient-ils la force de la forcer. Entre autres, M. l'Admiral ne s'y est point espargné, qui estoit un fort propre medecin pour guerir ceste maladie, car il estoit impiteux ; et ne falloit point par excuses frivoles penser eschapper estant coupable, car elles n'estoient point valables devant luy. Au voyage qu'il fit en Normandie, il fut adverty qu'un capitaine d'argoulets avoit saccagé un village, où il envoya incontinent, et ne peut-on attrapper que le chef et quatre ou cinq soldats, qui receurent leur condamnation incontinent, et les fit attacher bottez et esperonnez, et la casaque sur le dos, avec le drapeau pour enseigne. Et puis, pour enrichir le trophée, il leur fit mettre aux pieds les despouilles conquises, comme robes de femmes, linceux, nappes, entremeslez de poules et jambons ; ce qui servit d'advertissement et d'escrit en grosse lettre à tous ceux qui se mesleroient de mesme mestier, de ne se gouverner comme ceux-là. On ne vit jamais gens plus sages qu'on fut après, tant qu'un mois dura. Mais on retourna depuis à l'exercice des bonnes coustumes, que sans severité on ne sçauroit faire oublier. Je diray aussi en faveur des bandes catholiques, qu'elles estoient aussi à ce commencement bien policées et peu mal-faisantes au peuple, entre lesquelles la noblesse reluisoit. Mais de dire combien de temps elles persevererent, je ne sçay pas bonnement : toutefois j'ay entendu qu'elles mirent tout incontinent les voiles au vent, et prindrent la mesme route des autres. Encores que quelquefois nos desordres nous aprestent à rire, si est-ce qu'il y a bien plus d'occasion d'en plorer, voyant un si grand nombre de ceux qui manient les armes mériter, par leurs mauvais comportemens, de porter plustost le nom de brigands que de soldats.

CHAPITRE VII.

Pour quelles raisons l'armée de M. le prince de Condé se dissipa après la prise de Boisgency ; et comme il tourna ceste necessité en utilité ; et du dessein de celle du roy de Navarre.

Les principaux capitaines du party de ceux de la religion, qui avoient conoissance des affaires du monde, prevoyoient bien que leur armée ne demeureroit pas longtemps en corps, pource qu'une partie des fondemens necessaires defailloit, et craignoient ceste dissipation comme on craint qu'un grand chesne qui est esbranlé des vents ne fasse sa cheute sur quelque muraille pour la briser, ou accabler sous soy quantité d'autres petits arbrisseaux portant fruict. Pour ceste occasion avoient-ils tousjours conseillé qu'on tentast le combat lors qu'on estoit en vigueur, à quoy on faillit. Or, après la prise de Boisgency, qu'on vit que l'armée contraire s'estoit placée à Blois, qui est située sur le beau fleuve de Loire, et que la guerre s'en alloit tirer à la longue, l'ardeur premiere commença à s'atiedir. Aussi vindrent lors à faillir les moyens pour soudoyer les gens de guerre, lesquels avoient desjà consumé tous ceux qu'on avoit peu ramasser, tant à Orleans qu'autres endroits. Ceste necessité ouvrit la porte à plusieurs mescontentemens, la pluspart desquels avoient des fondemens fort legers, combien que le principal mouvement procedast de l'impatience naturelle de la nation françoise, laquelle, ne voyant promptement les effects qu'elle a imaginés, se desgouste et murmure. Je ne veux point celer qu'aucuns mesmes des principaux de la noblesse, trop amateurs de leurs biens, ou ayans des esperances un peu ambitieuses, ou pour estre trop delicats, voulans cacher ces defauts, mirent en doute la justice de la guerre. Ce qu'ayant esté conu, on les pria de se retirer, de peur que leurs propos n'alterassent la volonté des autres. Et quant au gros de la noblesse, qu'on ne pouvoit entretenir ny placer ès garnisons voisines, et qui pouvoient servir ailleurs, on avisa de les employer en leurs provinces, où les affaires balançoient entre ceux de la religion et les catholiques, et principalement en Poictou, Xaintonge et Angoumois. Là envoya-t-on le comte de La Rochefoucaut, à Lyon le sieur de Soubize, et à Bourges le sieur d'Yvoy avec son regiment. Et d'autant que c'estoit une chose notoire que les Allemans, Suisses et Espagnols entroient jà en France pour le secours des catholiques, M. d'Andelot fut aussi envoyé en Allemagne, et le sieur de Briquemaut en Angleterre, pour tirer de là ce qu'on pourroit de faveur et d'aide. Par ce moyen, la ville d'Orleans demeura asseurée et deschargée de ce qui l'eust trop grevée; et les negociations estrangeres furent bien establies, et remedia-t-on à la conservation des provinces desquelles on recevoit faveur. Ainsi furent desmeslées les difficultez qui survindrent lors du costé du prince; de façon que l'esperance du succez de la guerre n'en diminua pas beaucoup. Dequoy je ne m'estonne pas; car, puis qu'ès affaires extresmes les hommes prudens et magnanimes trouvent des remedes, pourquoy desespereroit-on en celles qui ne sont encore parvenues à ce degré là? Cependant, en matiere de guerre, faute d'argent est un inconvenient qui n'est pas petit. Celui-là n'est pas moindre, d'avoir à manier gens volontaires; car c'est un fardeau sur soy très-mal aisé à porter, et par lequel on est aucunes fois accablé : et nul le sçait qui ne l'a esprouvé.

Le roy de Navarre et les chefs joints avec luy, considerans qu'il ne falloit perdre le temps, qui doit estre cher à ceux qui ont les forces en la main, rengrossirent leur camp, tant de François que d'estrangers, et supplierent la Royne de faire venir le Roy en l'armée, afin que les huguenots, qui disoient que c'estoit celle du roy de Navarre, ou de M. de Guise, fussent contraints de l'appeler celle du Roy, aussi pour authoriser la guerre davantage, qui se faisoit sous son nom, ce qu'elle fit. Et se trouverent à Chartres, où fut prise resolution d'aller attaquer Bourges avant qu'on l'eust fortifiée; car une si puissante cité, qui n'est qu'à vingt lieues d'Orleans, accommodoit trop, comme ils disoient, les affaires du prince de Condé. Ils s'y acheminerent, et, l'ayant attaquée, elle ne fit tant de resistance qu'on esperoit, dont elle tomba entre leurs mains. Après, estans enflez et joyeux de ceste soudaine victoire, qui estoit, disoient-ils, un bras coupé à ceux de la religion, ils entrerent en deliberation de ce qu'ils devoient faire; car plusieurs pressoient fort d'aller attaquer Orleans. Et voicy quelles estoient leurs raisons: que les deux chefs qui faisoient mouvoir tout le corps contraire, à sçavoir le prince de Condé et l'Admiral, estoient dedans, et que, les prenant, il seroit après facile de le rendre immobile; que les estrangers qui ouvroient les yeux, et fretilloient pour entrer en France, oyans seulement dire qu'elle seroit assiegée, perdroient la volonté d'y venir; qu'ils avoient assez de gens pour commencer le siege, car, mettans deux mille hommes bien fortifiez dedans le Portereau pour brider la ville de ce costé-là, il leur restoit encore dix mille hommes de pied et trois mille chevaux, qui suffisoient attendant les autres forces qu'on faisoit acheminer; finalement, que la ville n'estoit forte, d'autant qu'il n'y avoit nuls flancs qui valussent, ny bon fossé, ny aucune contr'escarpe; seulement y avoit un rempar, dans lequel, avec trente canons, en six jours on pourroit faire deux cens pas de bresche. « Mais si vous donnez temps, disoient-ils, à ces huguenots de parachever leurs fortifications, où jà ils travaillent, il nous sera impossible de l'emporter. » Qu'on se souvint que ladite ville n'estoit pas seulement une petite espine dedans le pied de la France, ains plustost une très-grosse sagette (1) qui luy perçoit les entrailles, et l'empeschoit de respirer.

Les autres, qui estoient d'opinion contraire, repliquoient en ceste sorte : que, par les intelligences qu'ils avoient à Orleans, ils sçavoient de certain que les deux regimens gascons et provençaux estoient demourez dedans, qui passoient trois mille soldats ; plus cinq ou six cens autres soldats qui s'y estoient retirez de ceux qui estoient dans Bourges. Et, outre cela, il y avoit quatre cens gentilshommes, puis les gens de la ville qui portoient les armes, qui n'estoient pas moins de trois mille ; tout lequel nombre faisoit plus de sept mille hommes, sans y comprendre encore, disoient-ils, ceux qui se viendroient jetter dedans, s'ils oyoient quelque bruit qu'on la vint assieger. Qu'une ville n'estoit pas prenable, où il y avoit tel nombre de gens et grosses provisions de vivres. Doncques qu'il n'y avoit nul propos, avec douze mille soldats, de s'aller planter devant, veu le grand nombre des camps separez qu'il convenoit avoir pour la bien fermer. Davantage, que ce seroit s'embarquer sans biscuit, d'entreprendre tel ouvrage sans estre accompagné de deux cens milliers de poudre, douze mille balles et deux mille pionniers, et que toute la puissance du Roy ne pourroit ramasser cela d'un mois ; mais qu'il y avoit d'autre besongne ailleurs plus facile à tailler, à quoy il estoit besoin de

(1) *Sagette* : flèche.

pourveoir, qui estoit d'oster la ville de Rouen aux ennemis pendant qu'elle estoit encore foible, en laquelle les Anglois, attirez par eux, pourroient faire une grosse masse d'armée pour se jetter après où ils voudroient, et qu'il falloit promptement aller coupper cest autre bras. Et quant aux forces que pouvoit amener le sieur d'Andelot, qu'envoyant à l'encontre d'eux quinze cens chevaux et quatre mille harquebusiers, qui seroient favorisez des pays, villes et rivieres, ils suffiroient pour les repousser ou tailler en pieces. Et, avenant qu'on en fust venu à bout, alors ce seroit le vray temps d'aller, et, sans crainte d'estre molestez, planter un memorable siege devant Orleans, pour l'avoir promptement par vive force, ou plus tard par la mine et la sappe, ou à la longue en faisant des forts à l'entour. Ce dernier advis le gaigna et fut suivy; et, pour dire ce qu'il m'en semble, je trouve qu'il estoit le meilleur; car dans la ville il y avoit pour la defense plus de cinq mille estrangers, sans les habitans, et abondance de munitions et les ravelins commencez, et les fortifications des isles estoient quasi parfaites. Vray est que M. le Connestable, qui estoit un grand capitaine, disoit qu'il ne vouloit que *des pommes cuites* pour les abbatre; mais quand on l'eust amené là pour les voir (1), il confessa qu'il avoit esté mal informé. Souventefois nos chefs devisoient entre eux du siege; mais M. l'Admiral s'en mocquoit, disant que, d'une ville qui peut jetter trois mille soldats dans une sortie, l'on ne s'en peut acoster près qu'avec peril, ny moins en appro-

(1) *Mais quand on l'eust amené là pour les voir.* Il les vit en effet, après avoir été fait prisonnier par les protestans à la bataille de Dreux (19 décembre 1562).

cher l'artillerie, et que l'exemple de Mets et de Padoue, où deux grands empereurs (1) receurent honte pour avoir attaqué des corps trop puissans, estoit un beau miroir pour ceux qui veulent assaillir places qui sont bien pourveuës.

CHAPITRE VIII.

Que, sans le secours estranger qu'amena M. d'Andelot, les affaires de ceux de la religion estoient en très mauvais estat, et les courages de plusieurs fort abatus, tant pour la prise de Bourges et Rouen que pour la defaite de M. de Duras.

IL desplaisoit merveilleusement au prince de Condé, entendant d'heure à autre le progrez de l'armée devant Rouen, dequoy il n'avoit moyen de secourir une cité si principale, et dont il voyoit une perdition apparente : ce qu'il estimoit lui devoir diminuer de sa reputation; et tout son recours estoit de mander souvent à M. d'Andelot qu'il diligentast son retour et gardast de se laisser surprendre aux forces qui l'attendoient. Mais comme toutes negociations en Allemagne sont longues, beaucoup de temps s'escoula, ce qui donna moyen à ses adversaires de s'avantager sur luy, mesmement par la prise de ladicte ville, laquelle fut assaillie courageusement, et deffendue avec grande obstination. Ces

(1) *Où deux grands empereurs.* Charles-Quint avoit été obligé de lever le siége de Metz; et Maximilien, son aïeul, n'avoit pas été plus heureux devant Padoue. (Voyez les *Mémoires de Fénélon* et *de Bayard.*)

grands chefs de guerre, qui avoient par le passé pris des villes si fortes, comme Danvilliers, Mariembourg, Calais et Thionville, jugeoient qu'une si mauvaise place, si fort dominée et sans aucune fortification qui valust, au premier bruit de canon s'estonneroit. Mais, par la resistance que fit le fort de Saincte-Catherine, qui deffendoit la montagne, ils coneurent qu'il y auroit de l'affaire à chasser les pigeons de ce colombier. Il y avoit dedans, avec le comte de Montgommery, sept ou huict cens soldats des vieilles bandes, et deux enseignes angloises commandées par le seigneur Kilgré (1), qui firent tous merveilleux devoir, combien que l'artillerie qui battoit en courtine les endommageast fort; car le jour du grand assaut ceux de dedans perdirent par icelle plus de quatre cens soldats, qui est un très-grand nombre. Il fut donné encore un autre faux assaut sans ordre; mais au troisiesme elle fut emportée. J'ay entendu que M. de Guise commanda à ceux qui avoient la teste, s'ils forçoient le rempart, qu'après ils ne courussent pas desbandez par ci et par là, comme le butin d'une si riche ville y attiroit chacun, mais qu'ils marchassent, par plusieurs corps de deux et de trois cens hommes, droit à la place, et que, s'ils la trouvoient abandonnée, alors le soldat pouvoit chercher son avanture; car il craignoit que gens qui avoient si courageusement combattu, fissent là encore quelque dernier effort : ce qui toutesfois n'avint pas. Neantmoins si fut-ce une sage prevoyance; car on a vu en d'autres villes que les assaillans, ayans penetré jusques à la place, avoient esté repoussés par-delà le rempart, avec un grand meurtre de ceux qui s'estoient

---

(1) *Le seigneur Kilgré* : le capitaine Gray.

escartez pour piller. On dit aussi que le sac ne dura que trois jours; ordre qu'on doit tenir aux villes qu'on veut conserver, à sçavoir : un jour entier pour butiner, un autre pour emporter, et l'autre pour composer. Mais en ces affaires-là les superieurs abbregent ou allongent le terme, selon qu'ils veulent et qu'ils conoissent qu'ils se pourront faire obeir; laquelle obéissance se monstre bien plustost ès petites places pauvres qu'ès grandes villes opulentes. Ce fut là l'un des principaux actes de nos premieres tragedies, d'autant plus remarquable qu'un roy y fut tué [1], quatre mille hommes; tant d'une part que d'autre, morts ou blessez, et la seconde ville de France en richesse toute saccagée. La nouvelle en fut bien triste au prince de Condé, mesmement pour son frere. Il luy desplut beaucoup aussi de ce qu'on fit pendre trois personnages excellens en armes, en loix et en theologie, à sçavoir, Decroze, Mandreville et Marlorat. Aussi ceux de la religion, estans irritez d'une telle ignominie, tascherent de s'en revancher sur d'autres prisonniers qui avoient esté pris, dont l'un estoit conseiller de la cour de parlement de Paris, et l'autre abbé [2]. Les catholiques disoient que le Roy pouvoit faire pendre ses sujets rebelles. Les huguenots respondoient que les haines d'autrui estoient couvertes de son nom, et qu'ils feroient de *tel pain souppé,* comme dit le proverbe. On doit cependant avoir desplaisir, voire honte, d'user de si rigoureuses

[1] *Qu'un roy y fut tué.* Antoine de Bourbon, roi de Navarre, père de Henri IV. Il mourut à Andely, le 17 novembre 1562, d'une blessure qu'il avoit reçue au siége de Rouen.

[2] *Dont l'un estoit un conseiller, et l'autre abbé.* Jean-Baptiste Sapin, conseiller-clerc, et Jean de Troyes, moine augustin, abbé de Gastines.

revanches; mais plus honteux est-il beaucoup, pour vouloir rassasier son courroux, donner commencement à une nouvelle cruauté. Ce ne seroient pas guerres civiles que les nostres si elles ne produisoient de tels fruicts.

Peu de temps après, M. le prince de Condé entendit la route d'une petite armée de Gascons que le sieur de Duras luy amenoit, où il n'y avoit pas moins de cinq mille hommes, qui fut deffaite par le sieur de Montluc, ce qui redoubla encores son ennui. Mais il ne perdoit ny le courage ny la contenance ès adversités. Le malheur avint au sieur de Duras pour deux raisons principales, à ce que j'ay oui dire : l'une, que, pour vouloir traisner deux canons quant et ses troupes, il marcha pesamment; l'autre, que, pour la commodité de ceste artillerie, il s'amusa à battre par le chemin quelques chasteaux où il y avoit grand butin, ce qui donna temps à ses ennemis de le ratteindre; lesquels, estans puissans en cavallerie et luy foible, le renverserent incontinent. Ceux qui ont à mener un secours se doivent delivrer de gros bagage, et rendre leur expedition couronnée avec la diligence.

En ces entrefaites, j'ai souvenance, oyant deviser de ces choses, que M. l'Admiral dit à M. le prince de Condé qu'un malheur estoit tousjours suivi d'un autre, mais qu'il falloit attendre la troisiesme avanture (entendant du passage de son frere), et qu'elle les releveroit ou abbatroit du tout. Aussi, eux s'attendoient, si mal luy fust avenu, d'avoir le siege; et en tel cas ils avoient pris une resolution fort secrette, que l'un d'eux s'en iroit en Allemagne pour s'efforcer d'y relever encore quelques secours, et aviserent que M. le prince de Condé, pour la grandeur de sa maison, auroit beaucoup plus d'efficace pour persuader les princes protestans de la Germanie de luy assister en une cause où eux-mesmes avoient quelque participation. La difficulté estoit du moyen de l'y conduire seurement; mais aucuns gentilshommes se trouverent, qui monstrerent evidemment qu'allant de maison en maison de ceux qui favorisoient son parti, et marchant la nuict et reposant le jour, il estoit facile de passer ayant vingt chevaux, et non plus. Mais il ne fut besoin de tenter ce hazard, pource qu'à dix ou douze jours de là ils eurent nouvelles que M. d'Andelot, ayant passé les principales difficultez de son voyage, estoit à trente lieues d'Orleans. Elle fut secondée d'une autre, à sçavoir, que le comte de La Rochefoucaut, suivi de trois cens gentilshommes et des reliques de l'armée du sieur de Duras, seroit bientost joint à luy. Le prince de Condé dit alors : « Nos ennemis nous ont donné deux mauvais eschecs, ayant pris nos rocs (1) (entendant Rouen et Bourges); j'espere qu'à ce coup nous aurons leurs chevaliers s'ils sortent en campagne. » Il ne faut point demander si chacun sautoit et rioit à Orleans; car c'est la coustume des gens de guerre de se resjouir plus ils ont de moyen de faire du ravage et du mal à ceux qui leur en font; tant l'ire est puissante en leur endroict. Et comment n'auroient-ils quelquefois les affections tachetées de sang, veu que plusieurs gens d'eglise les ont si rouges de la teinture de vengeance, au cœur desquels ne devroit resider que charité?

(1) *Nos rocs.* On donnoit alors ce nom aux pièces du jeu d'échecs qui s'appellent *tours.*

CHAPITRE IX.

Du dessein que prit M. le prince de Condé, voyant les forces estrangeres approcher, et comme il s'alla presenter devant Paris, où ayant sejourné onze jours sans faire nul effet, il s'achemina vers la Normandie.

Pource que les bons conseils sont les sources d'où derivent les belles executions, et les accroissemens des forces sont les instrumens qui servent pour y parvenir, cela fit que messieurs le prince et Admiral, sentans les leurs estre proches, penserent en eux-mesmes à eslire quelque bon dessein. Enfin, avec leurs plus confidens, ils delibererent de marcher diligemment vers Paris, non en intention de la forcer (car ils se doutoient bien que les ennemis jetteroient incontinent leur armée dedans), ains pour faire crier les Parisiens, qu'ils estimoient les soufflets de la guerre, et la cuisine dont elle se nourrissoit; car eux, voyans leurs maisons champestres fourragées et bruslées, et dans leur propre ville logez tant de milliers de soldats insolens, ou ils presseroient le Roy et la Royne d'entendre à la paix, ou diroient tant d'injures à ceux qui seroient renclos dans leurs murailles, qu'ils les forceroient de sortir en campagne, où ils auroient moyen de les combattre et regaigner l'avantage qu'ils avoient perdu à la camisade de Talsy; que cependant ils envoyeroient en Normandie, pour preparer les cent cinquante mille escus qu'on avoit empruntés de quelques marchands d'Angleterre, ce disoit-on, et sur bons gages, d'autant que c'estoit toute l'esperance de soudoyer l'armée estrangere; joinct aussi que la necessité contraignoit de la faire vivre hors de son pays, et sur celuy de son ennemy, où le soldat trouve tousjours quelque chose à butiner. Deux ou trois jours après, le prince de Condé partit d'Orleans avec toutes ses forces françoises, et huict pieces d'artillerie, tant grosses que petites, et alla rencontrer ses reitres à Pluviers, où il y avoit garnison ennemie, qui fut forcée bientost. Les ayans gracieusement recueillis, on leur donna un mois de gages, qu'on avoit amassé par ci et par là, de quoy il fallut qu'ils se contentassent; car c'est un mal necessaire aux armées huguenotes d'estre tousjours sans argent. On les pria après de ne temporiser afin de gaigner la ville d'Estampes. A quoy ceste diligence servit, pource que jà les catholiques s'y vouloient accommoder, encore que ce soit la pire ville du monde; mais en France on combat tout. Ceste prise estant sceuë à Paris, il y eut bien du remuement de mesnage des fauxbourg en la ville; et qui se fust avancé sur cest estonnement, on les eust forcez, ce disoient beaucoup de gens, lesquels crioient qu'on les allast attaquer. Au contraire, les plus braves chefs respondirent que, quand bien on forceroit les fauxbourgs, on ne gaigneroit pour cela la ville, qui estoit pleine de gens de guerre, et qu'il y auroit danger qu'en les pillant nostre infanterie, qui estoit en petit nombre, ne fust en ce desordre taillée en pieces, et qu'il estoit plus profitable d'aller prendre Corbeil, qui estoit très-foible, pour brider la riviere de ce costé là. Les plus grands inclinerent à ceste opinion. Mais comme les catholiques virent qu'on prenoit ceste route, ils y envoyerent toute la nuict le maistre de camp Cosseins avec son vieil regiment, et après le mareschal de Sainct-André, qui firent bien conoistre aux huguenots que la meilleure deffence des places sont les bons hommes en nombre suffisant; car ce n'estoient que grosses escarmouches tous les jours. Ce qu'ayans bien consideré messieurs le prince et Admiral, dirent : « N'avanturons point nos deux canons et deux coulevrines devant une si mauvaise beste qui mord si fort, car elles seroient en danger de s'aller pourmener à Paris. » Alors il me souvient que quelqu'un dit à M. l'Admiral que c'estoit une grande vergongne de n'oser attaquer une telle bicoque. Auquel il respondit qu'il aimoit mieux que les siens se moquassent de luy sans raison, que ses ennemis avec raison.

On descampa après pour s'acheminer vers Paris; et, le jour qu'on arriva devant, on voulut taster les ennemis, pour sonder ce qu'ils avoient dans le ventre, et pour essayer aussi de les attirer. Ils mirent hors de leurs tranchées douze cens harquebusiers et cinq ou six cens lances; et là s'attaqua une très-grosse escarmouche. Enfin M. le prince commanda de faire une charge generale, ce qui fut fait, où les catholiques furent menez, partie au trot, partie au galop, jusques dedans leurs tranchées, et non sans effroy, lequel passa aussi jusques parmi le peuple parisien. Le sieur Strosse alors, avec cinq cens harquebusiers choisis, demeura engagé assez loin dans les murailles qui servoient d'enclos à un moulin à vent, où il fit une si brave contenance, qu'encores qu'il fust outrepassé et assailly des nostres, neantmoins on ne le peut forcer. La retraite faite, on s'alla camper aux trois villages fort prochains les uns des autres, à sçavoir : Gentilly, Arcueil et Montrouge. L'espace de sept ou huit jours ce ne furent que parlemens ; mais enfin on conut que ce n'estoit qu'amusemens, car les chefs catholiques, ayans desjà obtenu de si grands avantages, tendoient plustost à la victoire qu'à la paix. Je diray une chose qui arriva pendant que nous estions en ces termes, par où on conoistra encore mieux le naturel de nostre nation : c'est que le jour que la trefve duroit, on eust veu dans la campagne, entre les corps de garde, sept ou huit cens gentilshommes de costé et d'autre deviser ensemble, aucuns s'entre-saluer, autres s'entr'embrasser, de telle façon que les reitres du prince de Condé, qui ignoroient nos coustumes, entroient en soupçon d'estre trompez et trahis par ceux qui s'entrefaisoient tant de belles demonstrations, et s'en plaignirent aux superieurs. Depuis ayant veu, les trefves rompues, que ceux mesmes qui plus s'entrecaressoient estoient les plus aspres à s'entredonner des coups de lances et de pistolets, qui rapportoient quelquefois de ceste tragedie de griefves blessures, ils s'asseurerent un peu, et disoient entre eux : « Quels fols sont ceux-cy, qui s'entr'aiment aujourd'huy et s'entretuent demain ? » Certes il est mal-aisé de voir ses parens et amis, et ne s'esmouvoir point. Mais quand on avoit remis les armes sur le dos, et ouy le sifflement des harquebusades, toutes courtoisies estoient rompues. Encores les catholiques se mocquoient de nous, disant : « Messieurs les huguenots, ne prenez pas Paris pour Corbeil. » Ces parlemens d'entre la noblessse devinrent à la fin fort suspects aux chefs catholiques, comme ceux de la paix, qui n'estoient qu'apparences, le furent encore plus aux chefs de la religion, lesquels, se faschans d'avoir si peu effectué au sejour qu'ils avoient fait devant Paris, delibererent de donner une camisade aux fauxbourgs, pour tailler en pieces la pluspart de l'armée ennemie qui estoit là logée, et toute dispersée à la garde des tranchées, qui avoient bien deux lieues de longueur.

En ceste maniere, le despit et la honte leur fit prendre une resolution pour attenter une chose difficile, qu'auparavant, par un meur jugement, lors qu'elle eust esté plus facile, ils avoient estimé n'y avoir nul profit de l'entreprendre. Et souvent j'ay veu arriver le semblable à plusieurs bons hommes de guerre. Quand doncques la nuict fut venue, l'ordre estant jà donné, chacun s'arma, et puis marcha-t-on par les chemins un peu escartez vers le costé du fauxbourg Sainct-Germain, où l'on avoit advis que les retranchemens estoyent petits et la garde foible, ce qui estoit vray. M. de Guise eut quelque advis de ceste entreprise, et qu'à minuict on devoit donner. Pour ceste occasion fit-il tenir, dès le soir, sa cavallerie et infanterie en armes tout le long de la tranchée, selon le quartier assigné à un chacun; mais quand les quatre heures du matin furent sonnées, et que les catholiques virent qu'il n'y avoit nulle rumeur du costé de nostre camp, quasi tous dirent que c'estoit un faux advertissement, et que les huguenots n'avoient pas le courage de les venir attaquer, et qu'il n'y avoit nul propos, veu que le froid estoit si extresme, de les faire geler tous l'espace d'une longue nuict, à l'appetit d'un soupçon peut-estre mal fondé. Bref, les uns après les autres se retirerent chacun à son logis, et ne demeura que la garde ordinaire. Ceux de la religion cependant, en faisant leur grand circuit pour n'estre descouverts, se perdirent, et ne peurent arriver que le jour ne fust desjà tout clair près du lieu par où ils devoient assaillir; et, se voyans descouverts et l'alarme grande, ils se retirerent. Mais s'ils fussent arrivez trois quarts d'heure plustost, il y a apparence qu'ils eussent en cest endroit forcé la tranchée. En ceste entreprise, on voit comme l'impatience des uns cuida estre cause de leur faire recevoir une grand honte; et le peu de prevoyance des autres à la conduite de leurs gens de guerre, leur fit faillir l'occasion qu'ils avoient embrassée, et estre en mocquerie à leurs ennemis. J'ay entendu que M. de Guise et M. le Connestable craignoient plus que le fauxbourg fust forcé pour la vergogne que pour le dommage, et qu'ils affermoient que ce seroit une ruyne de ceux de la religion s'ils y entroyent; car, estans escartez dedans au pillage, ils faisoient estat de jetter, par diverses portes et autres endroits, quatre ou cinq mille harquebusiers et deux mille corcelets sur eux, lesquels, les surprenans, en eussent tué une bonne partie et mis l'autre en fuite. Nous fusmes si mal advisez que de vouloir trois jours après retenter le mesme dessein, et croy que nous eussions esté bien batus; mais, au changement de nos gardes, avint qu'un de nos principaux capitaines (1) se retira vers les catholiques, ce

---

(1) *Un de nos principaux capitaines.* Ce capitaine étoit Genlis, qui avoit de grandes liaisons avec la maison de Guise. Le prince de Condé, ayant conçu contre lui quelques soupçons, ne lui avoit pas confié d'abord le secret de cette attaque; mais bientôt, rassuré par ses protestations de fidélité, il le chargea d'un commandement. Genlis, après avoir long-temps sollicité d'Avaret, l'un de ses amis, d'abandonner l'armée protestante, partit seul pour Paris avec ce qu'il avoit de plus précieux,

qui rompit l'execution. Le premier jour on luy fit de très-grandes caresses; le second on se mocquoit de luy; le troisiesme il se repentit d'avoir abandonné ses amis. M. le prince de Condé, craignant qu'il ne donnast advis des defauts de son armée, deslogea le lendemain; qui fut un conseil qui luy profita, pource que M. de Guise avoit resolu, d'autant que les Espagnols et Gascons estoient arrivez, d'attaquer son camp avec toutes ses forces à la diane, s'ils eust encores sejourné un jour. Et veu la façon dont il vouloit proceder, qu'on m'a racontée, je cuide qu'il nous eust mis en mauvais termes, à cause que nous estions logez trop escartez, pour estre si prochains d'eux, qui est une mauvaise coustume que la guerre civile a engendrée. Ainsi donc M. le prince, estant deslogé, dressa sa teste vers la Normandie, pour l'effect cy-devant dict, et, deux jours après, le camp du Roy se mit à le suivre, le costoyant tousjours, jusqu'à ce qu'ès plaines de Dreux les deux armées se rencontrerent.

CHAPITRE X.

De six choses remarquables advenues à la bataille de Dreux.

ENTRE toutes les batailles qui se sont données en France pendant les guerres civiles, il n'y en a aucune

et porta au duc de Guise le mot d'ordre qui avoit été donné par le prince de Condé. Après la mort du duc de Guise, il se réconcilia avec les protestans, qui, paraissant oublier sa défection, l'employèrent dans des affaires importantes.

plus memorable que la bataille de Dreux, tant pour les chefs experimentez qui s'y trouverent, que pour l'obstination qu'il y eût au combat. Toutesfois, pour en parler à la verité, ce fut un accident digne de lamentation, à cause du sang que verserent dans le sein de leur mere plus de cinq cens gentilshommes françois, tant d'une part que d'autre, et pour la perte qui se fit de princes, seigneurs et suffisans capitaines ; mais, puisque les choses sont advenues, il n'est pas deffendu d'en tirer instruction, combien que la meilleure seroit de ne retourner jamais à une telle folie, qui couste si cher. Or plusieurs choses y arriverent, que par avanture tous n'ont pas bien notées, et c'est ce qui m'a donné envie de les representer, afin que ceux qui passent trop legerement par dessus les hauts faits d'armes, sans considerer ce qui peut profiter, soient plus diligens de le faire; car cela est apprendre à estre capitaine.

La premiere chose qui arriva, encore qu'elle ne soit de fort grand poids, si la peut-on noter comme non ordinaire : c'est qu'encore que les deux armées fussent plus de deux grosses heures à une canonnade l'une de l'autre, tant pour se ranger que pour se contempler, si est-ce qu'il ne s'attaqua aucune escarmouche, petite ny grande, sinon le gros combat. Et toutesfois, à plusieurs autres batailles qui se sont données, elles ont tousjours precedé, comme à celles de Cerisoles, Sienne et Gravelines. Ce n'est pas pourtant à dire qu'il faille commencer les batailles par telle action; mais le plus souvent on y est induit par la qualité des lieux, ou quand on se sent fort d'harquebuserie, ou pour taster les ennemis, ou pour autre consideration.

Chacun alors se tenoit ferme, repensant en soy-mesme que les hommes qu'il voyoit venir vers soy n'estoient Espagnols, Anglois ny Italiens, ains François, voire des plus braves, entre lesquels il y en avoit qui estoient ses propres compagnons, parens et amis, et que dans une heure il faudroit se tuer les uns les autres; ce qui donnoit quelque horreur du fait, neantmoins sans diminuer de courage. On fut en ceste maniere retenu jusques à ce que les armées s'esbranlerent pour s'entreheurter.

La seconde chose très-remarquable, fut la generosité des Suisses, qu'on peut dire qu'ils firent une digne preuve de leur hardiesse; car, ayant esté le gros corps de bataille où ils estoient, renversé à la premiere charge, et leur bataillon mesme fort endommagé par l'esquadron de M. le prince de Condé, pour cela ils ne laisserent de demeurer fermes en la place où ils avoient esté rangez, bien qu'ils fussent seuls, abandonnez de leur cavallerie. Et assez loin de l'avant-garde, trois ou quatre cens harquebusiers huguenots les attaquerent, les voyans si à propos, et en tuerent beaucoup, mais ils ne les firent desplacer. Puis un bataillon de lansquenets les alla attaquer, qu'ils renverserent tout aussitost, et le menerent batant plus de deux cens pas. On leur fit après une recharge de deux cornettes de reitres qu'ils soustindrent bravement; puis une autre de reitres et François ensemble, qui les fit retirer, et avec peu de desordre, vers leurs gens qui avoient esté spectateurs de leur valeur. Et combien que leur colonel et quasi tous leurs capitaines demeurassent morts sur la place, si rapporterent-ils une grande gloire d'une telle resistance.

Le troisième acte fut la longue patience de M. de

Guise, par le moyen de laquelle il parvint à la victoire ; car, après que le corps de la bataille que M. le Connestable conduisoit eut esté mis à vau de route, fors les Suisses, luy ayant esté pris en combattant, ledict sieur demeura ferme, attendant si on iroit l'attaquer ; car les gens de pied de M. le prince de Condé n'avoient point encore combattu, auprès desquels partie de sa cavallerie se venoit tousjours rallier, outre celle qui faisoit encore alte. Mais comme ceste avant-gárde faisoit bonne mine, ceux de la religion ne l'osoient aller mordre. Cependant les uns s'amusoient à charger les Suisses, comme il a esté dit, les autres à poursuivre les fuyards, et beaucoup à piller le bagage ; lesquelles actions durerent plus d'une heure et demie. Plusieurs du party mesme de M. de Guise, le voyans si longtemps se tenir coy, pendant qu'on executoit ceux qui avoient esté rompus, ne sçavoient que penser de luy, comme s'il eust perdu le jugement : et croy qu'aucuns l'accusoient jà de timidité, ainsi que Fabius Maximus le fut des Romains quasi en pareil fait : mesmement entre ceux qui luy estoient contraires, il y en avoit qui desjà crioient que la victoire estoit acquise pour eux. Mais il me souvient que j'ouys feu M. l'Admiral, qui respondit : « Nous nous trompons, car bientost nous verrons ceste grosse nuée fondre sur nous. » Ce qui avint quelque peu après, dont s'ensuivit le changement de fortune. Par là ledict sieur de Guise fit bien conoistre qu'il attendoit le point de l'occasion ; car il eut patience de voir desordonner par les petites actions que j'ay recitées, le gros des forces de M. le prince, qui l'eussent mis en peine si du commencement toutes rejointes elles le fussent allé attaquer. Mais après qu'il

veit qu'elles estoient fort esparses, il s'esbranla avec si
belle audace et contenance, qu'il trouva peu de resistance. On ne doit pas estre soudain à juger les intentions de ces grands chefs, car ils ont des considérations
que l'effect descouvre par après estre autres que beaucoup n'eussent cuidé.

La quatrième chose digne d'estre notée, est la longue
durée du combat, pource qu'on voit ordinairement ès
batailles qu'en une heure tout est gaigné ou perdu; et
celle de Montcontour dura encores moins. Mais cestecy commença environ une heure après midi, et l'issuë
fut après cinq heures. Il ne faut pas pourtant imaginer
que, pendant ledict temps, on fust tousjours combattant, car il y eut plusieurs intervalles, et puis on se
rattaquoit par petites charges, et tantost par grosses,
qui emportoient les meilleurs hommes : ce qui continua
jusques à la noire nuict. Certes, il y eut une merveilleuse animosité des deux costez, dont le nombre des
morts en rend suffisant tesmoignage, qui passoit sept
mille hommes, à ce que beaucoup disent, la pluspart
desquels furent tuez au combat plustost qu'à la fuite.
Or, ce qui me sembla avoir esté principalement cause
de ceste longueur, fut que l'armée du Roy estoit forte
d'infanterie, et celle de M. le prince de Condé puissante de cavallerie; car les uns ne pouvoient forcer les gros bataillons, ny les autres chasser loin
les chevaux. Si on veut bien regarder à toutes les
batailles qui se sont données depuis celle des Suisses (1), en laquelle on combattit encores le lendemain, nulle ne se pourra aparier à ceste-cy; mesme la

---

(1) *Celle des Suisses*. La bataille de Marignan, gagnée par François I.

journée de Sainct Laurent (1) s'acheva en moins de demie heure.

Le cinquieme accident fut la prise des deux chefs des armées, chose qui avient rarement, parce qu'ordinairement ils ne combattent qu'au dernier et à l'extremité; et souvent une bataille est quasi gaignée avant qu'ils soient venus à ce poinct. Mais ceux-cy n'attendirent pas si tard; car à l'abordée chacun voulut monstrer aux siens l'exemple de ne s'espargner. M. le Connestable fut pris le premier et fort blessé, ayant tousjours reçu blessures en sept batailles où il s'est trouvé (qui fait foy de la hardiesse qui estoit en luy); et M. le prince fut pris sur la fin, et blessé aussi. D'icy peut naistre une question, à sçavoir si un chef se doit tant avanturer : à quoy on peut respondre qu'on n'appelle pas se hazarder, quand le corps de l'armée où il est s'esbranle pour combattre, et qu'il ne sort de son rang. Et puis ceux-cy ayans de bons seconds, cela leur faisoit moins craindre le danger de leurs personnes; car l'un avoit M. de Guise, et l'autre M. l'Admiral, qui se trouverent aussi bien avant en la meslée.

La sixieme fut la maniere comment les deux armées se desattaquerent : ce qui arrive souvent d'une autre façon qu'il n'avint lors. On voit, quand une bataille se donne, que l'issue est communément telle, que le vaincu est mis en fuite, et est avec cela chassé deux ou trois lieues, et quelquefois davantage. Icy on peut dire qu'il n'y eut nulle chasse, ains que la retraite de ceux de la religion fut faite au pas et avec ordre, ayans deux

---

(1) *La journée de Sainct Laurent.* Les Espagnols lui donnèrent ce nom, parce qu'ils furent vainqueurs le jour de la fête de Saint-Laurent. Les historiens français la nomment *la bataille de Saint-Quentin.*

corps de reitres et un de cavallerie françoise, le tout d'environ douze cens chevaux. Mais M. de Guise, qui estoit foible de chevaux, ne voulant esloigner ses bataillons d'infanterie, ayant marché cinq ou six cens pas après se contenta; et les uns et les autres estans lassez et plusieurs blessez, la nuict survint, qui en fit la separation. Il logea sur le champ de bataille, et M. l'Admiral alla loger en un village à une grosse lieue de là, où le reste de son infanterie et son bagage s'estoient retirés. Aucuns ont eu ceste opinion, qu'il n'y avoit eu perte de bataille alors, parce que les perdans n'avoient esté mis à vau de route; mais c'est se tromper, car celuy qui gaigne le champ du combat, qui prend l'artillerie et les enseignes d'infanterie, a assez de marques de la victoire. Toutesfois, on peut bien dire qu'elle n'est pas pleniere comme quand la fuite s'ensuit. Si on replique qu'on a veu assez de fois deux armées se retirer l'une devant l'autre en bel ordre, comme à La Roche-la-Belle, et le vendredy de devant la bataille de Montcontour, cela est vray; mais elles n'avoient pas combattu en gros comme icy; seulement s'estoient faites de grosses escarmouches, chacune gardant son avantage du lieu où elle estoit. Il y a encore aujourd'hui beaucoup de gentilshommes et capitaines vivans, qui peuvent se ressouvenir de ce qui s'y passa, et faire encore sur ce fait d'autres observations.

Finalement, j'ay bien encore voulu representer une autre chose qui sera supernumeraire, pource qu'aussi elle arriva après la bataille: c'est la courtoisie et honnesteté dont usa M. de Guise, victorieux, envers M. le prince de Condé, prisonnier; ce que la pluspart des hommes, tant d'un costé que d'autre, n'estimoit nullement qu'il eust voulu faire; car on sçait comme aux guerres civiles les chefs de part sont odieux, et quelles imputations on leur met sus; en sorte que quand ils tombent au pouvoir de leurs ennemis, souvent après plusieurs vergongnes, qu'on leur fait souffrir, leur vie est en danger de se perdre. Neantmoins tout le contraire arriva; car, estant amené vers luy, il luy parla avec reverence et grande douceur de propos, où il ne pouvoit pretendre qu'on le voulust picquer ny blasmer. Et pendant qu'il sejourna dans le camp, il mangea souvent avec ledict prince; et d'autant que ceste journée de la bataille il y avoit peu de licts arrivez, parce que le bagage fut demy saccagé et escarté, il luy offrit son lict, ce que M. le prince ne voulut accepter que pour le regard de la moitié. Et ainsi ces deux grands princes, qui estoient comme ennemis capitaux, se voyoient en un mesme lict, l'un triomphant et l'autre captif, prenant leur repos ensemble. On pourra dire que M. le mareschal d'Anville, le tenant entre ses mains, car ce fut à luy qu'il se rendit, n'eust permis qu'on luy eust fait tort, veu que son pere estoit prisonnier. Je confesse qu'il eust fait ce qu'il eust peu; mais il est certain que si M. de Guise luy eust voulu nuire, sa reputation et sa creance estoit jà lors si grande, que nul ne l'en eust peu empescher. Il m'a semblé que si beaux actes ne devoient estre ensevelis en oubliance, afin que ceux qui font profession des armes s'estudient de les imiter, et s'esloignent des cruautez et choses indignes où tant se laissent aller en ces guerres civiles, pour ne sçavoir ou ne vouloir donner un frein à leurs haines. A l'ennemy qui resiste faut se monstrer superbe, et après qu'il est vaincu il est honn'este d'user d'humanité. Quelqu'un pourra encore venir à la traverse, disant qu'il pouvoit bien user de ceste courtoisie, veu ce qu'auparavant il avoit procuré à Orleans contre ledict sieur prince (1). Je respondray à cestuy-là que mon intention est icy de loüer les beaux actes de vertu quand je les rencontre en mon chemin, et ne parler des autres qui ne viennent pas à propos; et quand je la verray reluire en quelque personne que ce soit, là je l'honnoreray.

CHAPITRE XI.

Du siège mis par M. de Guise devant Orleans, et du voyage que fit M. l'Admiral en Normandie.

[1563] L'ESPERANCE fut grande que M. de Guise conceut de mener bien tost à fin ceste guerre, voyant la belle victoire qu'il avoit obtenue, bien qu'elle luy eust cousté cher, le chef du party contraire pris, et luy demouré seul sans compagnon, avecques tout le commandement. Il ne fut pas paresseux de la faire publier par tout; et se voyant contraint de raffraichir son armée, il y donna bon ordre. Cependant, ses pensemens estoient tournez à preparer toutes sortes d'instrumens et

---

(1) *Contre ledict sieur prince.* La Noue fait ici allusion aux mesures qui furent prises contre le prince de Condé à la fin du règne de François II. Ce prince fut arrêté pendant les états d'Orléans, et livré à une commission qui l'auroit probablement condamné à mort, si le Roi eût vécu quelques jours de plus. Il paroît que le cardinal de Lorraine eût plus de part à cette violence que son frère le duc de Guise.

provisions pour assaillir la ville d'Orleans; et disoit *que le terrier estant pris où les renards se retiroient, après on les courroit à force par toute la France.* M. l'Admiral aussi n'avoit pas moins besoin de repos pour ses gens, qui, se faschant d'avoir esté batus, prenoient souvent des occasions de murmurer. Il passa la riviere de Loire, tant pour les faire reposer que les raccommoder aux despens de plusieurs petites villes ennemies mal gardées, et d'un bon quartier de pays, où la bride fut un peu laschée au soldat pour se refaire de ses pertes. Cela leur redonna courage et esperance, voyans leur liberté accrue. A quoy il s'estoit laissé aller, partie par conseil, partie par necessité, pour eviter une mutination, mesmement des reitres, qui sous main estoient sollicitez de la part des catholiques de se retirer avec grandes promesses. Il craignoit aussi la retraite de quelques soldats françois, qui aux adversitez sont assez prompts de retourner leur robbe.

Après il se vint planter à Jargeau, ville sur la riviere de Loire, où il y a un pont, pour avoir ce passage libre; et là resolut de s'acheminer en Normandie, pour recueillir l'argent d'Angleterre qui jà y estoit, d'autant que les reitres le menaçoient de le faire prendre prisonnier. Leurs chariots furent mis dans Orleans, afin que la diligence fust plus grande, où M. d'Andelot son frere demoura pour y commander. M. de Guise, appercevant ce deslogement, se vint camper devant la ville; et son premier dessein fut de vouloir gaigner le fauxbourg qui est au bout du pont, qui s'appelle Le Portereau, pour empescher les issues de ceste part. Il avoit esté retranché par le sieur de Feuquieres, en intention d'y loger à seureté les Allemans et François à pied reschappez de la bataille de Dreux, jusques à ce qu'ils fussent pressez, et se pouvoit garder quatre ou cinq jours contre les combats de main, moyennant qu'on n'y amenast l'artillerie. Il arriva cependant un tel accident, quand il fut attaqué, que la ville en cuida estre prise (tant les evenemens de la guerre sont pleins de merveilles), et principalement par la lascheté des lansquenets. L'opinion de M. de Guise n'estoit pas de le forcer ce jour-là, ains plustost faire reconoistre quelle contenance tiendroient ceux qui estoient dedans. Neantmoins, comme chef avisé, il alla *garny de fil et d'esguilles,* comme on dit, non seulement pour estre preparé pour l'occasion, mais pour former l'occasion, et puis s'en prévaloir. Parquoy il donna à M. de Sipierre, excellent capitaine, douze cens harquebusiers françois, deux legeres coulevrines, et six cornettes de chevaux, et luy marcha après avec autre petite troupe. A l'abordée, qui fut du costé des Gascons, ils les trouverent hors à l'escarmouche, et leurs tranchées et barriquades bien garnies. Mais cependant qu'on s'entretenoit là, quelques soldats escartez rapporterent que vers le quartier des lansquenets on n'y faisoit pas trop bonne mine : ce qui fut cause qu'on envoya quatre ou cinq cens harquebusiers, suyvis de quelque cavalerie, pour sonder ce costé là. Et au mesme temps, M. de Sipierre fit tirer l'artillerie dans les barriquades des François. Les lansquenets à ce bruit et mouvement s'estonnerent, et abandonnans leurs gardes se mirent en fuite. A l'instant entrerent les soldats catholiques dans le fauxbourg; puis ils allerent donner par le derriere des François, qui combattoient bravement à leurs defences, et par ce moyen tout s'en alla à vau de route. On ne sçauroit imaginer un plus grand desordre qu'il y eut là ; car le pont estant embarrassé du bagage, qu'on faisoit retirer dans la ville, les fuyans ne se pouvoient sauver. Mesmes on ne pouvoit fermer la porte des tourelles, ny hausser le pont levis. Cela fut cause que la pluspart se jetterent dans la riviere à nage ; et, en ceste façon, par le fer, le feu et l'eau, plus de huit cens hommes perirent. Mais l'effroy qui fut porté dans la ville fut encore plus grand que le dommage, et se disoit tout haut que les isles qu'on avoit fortifiées estoient jà gaignées, mesme qu'on combattoit à la porte principale, ce qui estonna les plus asseurez. Alors M. d'Andelot, qui estoit un chevalier *sans peur,* voyant tant de confusion et d'effroy, dit : « Que la noblesse me suive, car il faut rechasser les ennemis, ou mourir. Ils ne peuvent venir à nous que par une voye, et non plus que dix hommes de front. Avec cent des nostres, nous en combattrons mille des leurs. Courage, et allons. » Comme il s'acheminoit, il voyoit la crainte, la fuite et le desordre ; il oyoit mille voix lamentables, et quasi autant d'avis qu'on luy donnoit. Luy cependant, sans aucunement s'estonner, passa tous les ponts, et parvint jusques aux tourelles, bien aise dequoy il n'avoit trouvé les ennemis plus avancés. Mais aussi estoit-il temps qu'il y arrivast ; car desjà ils estoient près du pont levis pour donner en gros : lequel neantmoins fut haussé, et la porte serrée, avec peu de perte. Or, il faut noter que depuis l'entiere prise du fauxbourg, jusques à l'arrivée de M. d'Andelot, audit lieu, il se passa plus d'une grosse demie heure, que ceste porte demeura tousjours ouverte, sans qu'il y eust aucun qui y fist teste. Cependant les catholiques n'enfoncerent point, soit qu'ils s'amusassent à piller ou à tuer, ou qu'ils se trouvassent là trop peu, ou qu'il n'y eust capitaine d'importance pour guider et commander. Mais c'est chose asseurée que si à l'abordée ils eussent en gros dressé leur teste vers la ville, qu'ils l'eussent emportée, tant l'effroy estoit grand, et les remedes petits; pour le moins se fussent-ils faits maistres des isles, qui estoit avoir la ville quinze jours après. Je me suis enquis à de bons capitaines catholiques pourquoy ils ne s'avisoient plustost de nostre estonnement; ils m'ont dit qu'eux mesmes estoient estonnez de se voir si soudain victorieux de tant de gens; mais qu'ils pensoient que ce qui les avoit retenus, estoit un bruit qui couroit parmi eux, qu'on avoit quitté les tourelles exprès, les ayant rempli de poudre pour les faire sauter lors que beaucoup de gens les auroient outrepassées. Ainsi perdirent les catholiques une belle occasion, et ceux de la religion eschapperent un grand peril. Ces faits extraordinaires doivent resveiller la prevoyance de ceux qui defendent, et inciter à diligence ceux qui assaillent, afin que les premiers n'attendent pas à faire demain ce qui se doit faire aujourd'huy, et que les autres se souviennent d'accompagner les troupes qui affrontent, de capitaines qui sçachent promptement conoistre et prendre le parti quand il s'offre. Une très-grande esperance prindrent d'un si bon succez, non seulement M. de Guise, mais aussi tous ceux de son armée, qui passoit en nombre vingt mille hommes. Au contraire, plusieurs de ceux de dedans furent esbranlez d'une si dure atteinte, et eussent bien desiré que M. l'Admiral fust revolé vers eux; mais peu à peu

M. d'Andelot remedia à la foiblesse de telles apprehensions par paroles puissantes et persuasives.

Beaucoup de temps se passa après, qu'on employa à attaquer les tourelles, qui furent surprises par la negligence d'aucuns de ceux de dedans, et à tirer aux defenses des isles. M. de Guise avoit deliberé de les battre deux jours avecques vingt canons, puis y donner un furieux assaut. Et comme elles n'estoient guères fortes, à mon avis il les eust emportées. Mais en ces entrefaites survint un accident inopiné, non moins estrange et plus rare que le premier, *qui troubla toute la feste*, qui fut la blesseure dudit sieur de Guise par un gentilhomme nommé Poltrot, et sa mort peu de jours après. Cela rabatit toute la gaillardise et l'espoir des gens de guerre de l'armée, se voyans privé d'un si grand chef; en sorte que la Royne, lassée de tant de miseres et de morts signalées, embrassa la negociation de la paix. Et ne fit-on depuis que parlementer d'un costé et d'autre, jusques à ce qu'elle fut conclue, estans M. le prince de Condé et M. le Connestable les principaux instrumens qui la traiterent. Parlons maintenant de l'expedition de M. l'Admiral, lequel, craignant qu'Orleans ne fust forcé, se proposa pour but la diligence. Aussi en six jours fit-il plus de cinquante lieuës avecques son armée de cavalerie. Elle estoit de deux mille reitres, cinq cens chevaux françois et mille harquebusiers à cheval; et pour porter le bagage n'y avoit aucune charrette, sinon douze cens chevaux. En cest equipage nous faisions telle diligence, que souvent nous prevenions la renommée de nous-mesmes en plusieurs lieux où nous arrivions. Estant ledit sieur Admiral parvenu à Caen, il attaqua, par le moyen de l'artillerie, et de deux mille Anglois qui luy furent envoyez du Havre de Grace par messieurs le comte de Warvich et Beauvais La Nocle, qui estoient dedans. Ayant furieusement batu le chasteau, il se rendit par composition, où M. le marquis d'Elbœuf estoit, à qui on ne fit que toute courtoisie. Nos reitres receurent aussi argent, qu'ils trouverent beaucoup meilleur que les cidres de Normandie. Et comme nous nous preparions pour retourner secourir Orleans, M. le prince de Condé escrivit que la paix estoit arrestée : ce qui convertit le desir de combattre en un desir de revoir sa maison. Ainsi print fin ceste premiere guere civile, après avoir duré un an entier : terme qui sembloit plus long que bref à l'impatience naturelle de nostre nation, laquelle en aucuns endroits se desborda en des cruautez plus propres à des barbares qu'à des François. Ceux de la religion en souffroient tousjours la plus grande partie. Et c'est ce qui fit trouver à beaucoup de gens de bien ceste paix meilleure, d'autant qu'elle mettoit fin à toutes ces inhumanitez.

CHAPITRE XII.

SECONDS TROUBLES.

Des causes de la prise des armes aux seconds troubles; et comme les desseins sur quoy ceux de la religion s'estoient appuyez se trouverent vains.

[1567] PLUSIEURS escrits ont esté publiez pour justifier le levement des armes de l'an 1567, et autres au contraire pour le condamner : dont les historiens qui traitent des choses passées ont amplement discouru; à quoy doivent avoir recours ceux qui veulent exactement faire recherche de toutes les particularitez des actions publiques. Je me contenteray d'en dire succinctement quelques unes sur ce point, qui sont autant vrayes que celles qui ont esté manifestées, les ayant apprises de ceux qui d'un costé ont aydé à conduire les affaires. L'edict de pacification fait devant Orleans avoit donné quasi à l'universel de la France beaucoup de contentement, tant en apparence qu'en effect, en ce que, toutes miseres cessantes, chacun vivoit en repos, seureté du corps et liberté d'esprit. Toutefois, les haines et envies aux uns, et les desfiances aux autres, ne furent pas du tout amorties, ains demeurerent cachées sans se monstrer. Mais comme le temps a accoustumé de meurir toutes choses, aussi ces semences ici, et beaucoup d'autres encores pires, vindrent à produire des fruits qui nous remirent en nos premieres discordes. Les principaux de la religion, qui ouvroient les yeux pour la conservation, tant d'eux que d'autruy, ayans fait un gros amas de ce qui s'estoit fait contr'eux, et de ce qui se brassoit encore, disoient qu'indubitablement on les vouloit miner peu à peu, et puis tout à un coup leur donner le coup de la mort. Des causes que ils alleguoient, les unes estoient manifestes et les autres secrettes. Quant aux premieres, elles consistoient ès desmantelemens d'aucunes villes, et constructions de citadelles és lieux où ils avoient l'exercice public, plus és massacres qui en plusieurs endroits se commettoient, et en assassinats de gentilshommes signalez (dequoy on n'avoit peu obtenir aucune justice); aux menaces ordinaires qu'en bref ils ne leveroient pas la teste si haut; et singulierement en la venue des Suisses (combien que le duc d'Albe fust desjà passé en Flandres) lesquels n'avoient esté levez que pour la crainte simulée de son passage. Quant aux secrettes, ils mettoient en avant aucunes lettres interceptées, venantes de Rome et d'Espagne, où les desseins qu'on vouloit executer se descouvrirent fort à plain; la resolution prise à Bayonne (1) avec le duc d'Albe d'exterminer *les huguenots* de France et *les gueux* de Flandres : dequoy on avoit esté averty par ceux de qui on ne se doutoit pas. Toutes ces choses, et plusieurs autres dont je me tais, resveilloient fort ceux qui n'avoient pas envie qu'on les prist endormis. Et me recorde que les chefs de la religion firent en peu de temps trois assemblées, tant à Valeri qu'à Chastillon, où se trouverent dix ou douze des plus signalés gentilshommes, pour deliberer sur les occurrences présentes, et chercher des expediens legitimes et honnestes, pour s'asseurer entre tant de frayeur, sans venir aux derniers remedes. Aux deux premieres, les opinions furent diverses. Neantmoins, plus par le conseil de M. l'Admiral que de nul autre, chacun fut prié d'avoir encore patience, et qu'en affaires si graves comme celle-cy, qui amenoit beaucoup de maux, on devoit plustost s'y laisser entrainer par la necessité qu'y courir par la promptitude de la volonté, et qu'en bref on verroit plus clair. Mais à la troisième, qui s'y fit

(1) *La resolution prise à Bayonne.* Il paroit que, dans cette conférence de Catherine de Médicis et du duc d'Albe, il fut décidé, en général que les deux puissances feroient la guerre aux protestans de France et des Pays-Bas; mais il n'existe pas de preuves, et il est contre toute vraisemblance que le massacre de la Saint-Barthélemy, qui eut lieu cinq ans après, ait été dès lors concerté.

avant qu'un mois fust escoulé, les cerveaux s'echaufferent davantage, tant pour les considerations passées que pour nouveaux avis qu'on eut, et nommément pour une que messieurs le prince et l'Admiral affirmerent venir d'un personnage de la Cour très-affectionné à ceux de la religion, lequel asseuroit qu'il s'estoit là tenu un conseil secret, où deliberation avoit esté faite de se saisir d'eux, puis faire mourir l'un, et garder l'autre prisonnier; mettre au mesme temps deux mille Suisses à Paris, deux mille à Orleans, et le reste l'envoyer à Poictiers; puis casser l'edict de pacification, et en refaire un autre du tout contraire, et qu'on n'en doutast point. Or cela ne fut pas mal-aisé à croire, veu qu'on voyoit desjà les Suisses s'acheminer vers Paris, qu'on avoit tant de fois promis de renvoyer. Et y eut quelques uns qui estoient là, plus sensitifs et impatiens que les autres, qui tindrent ce langage. « Comment! veut-on attendre qu'on nous vienne lier les pieds et les mains, et puis qu'on nous traine sur les eschaffaux de Paris, pour assouvir, par nos morts honteuses, la cruauté d'autruy? Quels avis faut-il plus attendre? Voyons-nous pas desjà l'ennemy estranger, qui marche armé vers nous, et nous menace de vengeance, tant pour les offenses qu'ils receurent de nous à Dreux, que pour les injures que nous avons faites aux catholiques, en nous defendant? Avons nous mis en oubli que plus de trois mille personnes de nostre religion sont peries par morts violentes depuis la paix, pour lesquelles toutes nos plaintes n'ont jamais peu obtenir autre raison que des responses frivoles, ou des dilations trompeuses? Si c'estoit le vouloir de nostre Roy que nous fussions ainsi outragez et vilipendez, paravanture le supporterions-nous plus doucement. Mais puis que nous sçavons que cela se fait par ceux qui se couvrent de son nom, et qui nous veulent oster l'accez envers luy et sa bien vueillance, afin qu'estans destituez de tout support et aide nous demeurions leurs esclaves ou leur proye, supporterons nous telles insolences? Nos peres ont eu patience plus de quarante ans, qu'on leur a fait esprouver toutes sortes de supplices pour la confession du nom de Jesus Christ, laquelle cause nous maintenons aussi. Et à ceste heure que, non seulement les familles et bourgades, mais les villes toutes entieres, sous l'authorité et benefice de deux edicts royaux, ont fait une declaration de foy si notoire, nous serions indignes de porter ces deux beaux titres de chrestien et de gentil homme, que nous estimons estre l'honneur de nos ornemens, si, par nostre negligence ou lascheté, en nous perdant nous laissions perir une si grande multitude de gens. Pourquoy nous vous supplions, messieurs, qui avez embrassé la defense commune, de prendre promptement une bonne resolution, car l'affaire ne requiert plus qu'on temporise. » Les autres qui estoient en ce conseil furent esmeus, non tant pour la vehemence des paroles que pour la verité d'icelles. Mais comme il y en a tousjours qui sont fort consideratifs, ceux-là repliquerent qu'ils appercevoient bien le danger apparent, neantmoins que la salvation leur estoit cachée. « Car si nous voulons, disoient ils, avoir refuge aux plaintes et doleances, il est tout clair qu'elles servent plus à irriter ceux à qui on les fait que de remedes. Si aussi nous levons les armes, de combien de vituperes, calomnies et maledictions serons-nous couverts par ceux qui, nous imputans la couple des miseres qui s'ensuivront, ne pouvant descharger leur colere sur nous, la deschargeroient sur nos pauvres familles demeurées esparses en divers lieux? Mais puis que de plusieurs maux on doit tousjours choisir les moindres, il semble qu'il y ait encore moins de mal d'endurer les premieres violences de nos ennemis que les commencer sur eux, et nous rendre coupables d'une agression publique et générale. » M. d'Andelot prit la parole après, et dit : « Vostre opinion, messieurs, qui venez de parler, est fondée sur quelque prudence et equité apparente; mais les principales drogues medicinales propres pour purger l'humeur peccante qui abonde aujourd'huy au corps universel de la France luy defaillent, qui est la fortitude et la magnanimité. Je vous demande : si vous attendez que soyons bannis ès pays estrangers, liez dans les prisons, fugitifs par les forests, courus à force du peuple, mesprisez des gens de guerre, et condamnez par l'authorité des grands, comme nous n'en sommes pas loin, que nous aura servy nostre patience et humilité passée? que nous profitera alors nostre innocence? à qui nous plaindrons-nous? Mais qui est-ce qui nous voudra seulement ouir? Il est temps de nous desabuser, et de recourir à la défense, qui n'est pas moins juste que nécessaire, et ne nous soucier point si on dit que nous avons esté autheurs de la guerre ; car ce sont ceux-là qui par tant de manières ont rompu les conventions et pactions publiques, et qui ont jetté jusques dans nos entrailles six mille soldats estrangers, qui par effect nous l'ont desjà déclarée. Que si nous leur donnons encore cest advantage de frapper les premiers coups, nostre mal sera sans remede. »

Peu de discours y eut-il après, sinon une approbation de tous d'embrasser la force pour se garantir d'une ruine prochaine. Mais s'il y eut des difficultez à se resoudre sur cecy, il n'y en eut pas moins pour sçavoir comme on devoit proceder en ceste nouvelle entreprise. Aucuns vouloient que les chefs et principaux de la religion se saisissent doucement d'Orleans, ville confederée, et après envoyassent remonstrer à Leurs Majestez que, sentans approcher les Suisses, ils s'estoient là retirez avec leurs amis pour leur seureté, et qu'en les licentiant chacun retourneroit à sa maison. A ceux-là fut respondu qu'ils avoient oublié qu'à Orleans y avoit un grand portail fortifié, gardé par suffisante garnison de catholiques, par lequel ils pourroient tousjours faire entrer gens en la ville, et que le temps n'estoit plus de plaider, ny se deffendre avecque les paroles et le papier, ains avec le fer. Autres trouvoient bon de prendre par toutes les provinces tant de villes qu'on pourroit, puis se mettre sur la defensive; lequel advis ne fut non plus receu, pource, dit-on, qu'aux premiers troubles, de cent que ceux de la religion tenoient, au bout de huit mois il ne leur en demoura pas douze entre les mains, d'autant qu'ils n'avoient armées suffisantes pour les secourir. Enfin, on conclud de prendre les armes, et à ce commencement de guerre observer quatre choses : la premiere, de s'emparer de peu de villes, mais d'importance; la seconde, de composer une armée gaillarde; la tierce, de tailler en pieces les Suisses, par la faveur desquels les catholiques seroient tousjours maistres de la campagne; la quatriesme, d'essayer de chasser M. le cardinal de Lorraine de la Cour, que plusieurs imaginoient solliciter continuellement le Roy à ruiner tous ceux de la religion. De grandes difficultez furent encore proposées sur les deux derniers poincts; car on dit que le cardinal et les Suisses marchoient tousjours avec le Roy, et qu'attaquant les uns, et voulant intimider l'autre, on diroit que l'entreprise auroit esté faite contre la majesté royale, et non contre autruy. Toutefois, elles furent vuidées par ceste replique: c'est que l'evenement descouvriroit quelles seroient leurs intentions, comme ils rendirent tesmoignage de celles du roy Charles VII (1), estant encores dauphin; qu'il n'avoit levé les armes ny contre son pere, ny contre le royaume; davantage, qu'on sçavoit bien que les François en corps n'avoient jamais attenté contre la personne de leur prince; finalement, si ce premier succès estoit favorable, qu'il pourroit retrancher le cours d'une longue et ruineuse guerre, en tant qu'on auroit le moyen de faire entendre au Roy la verité des affaires qu'on luy desguisoit; dont se pourroit ensuivre la reconfirmation des edicts, mesmement quand ceux qui vouloient prévenir se sentiroient prévenus. Voilà quelle fut la resolution que prindrent lors tous ces personnages qui se trouverent ensemble; lesquels, combien qu'ils fussent douez de grande experience, sçavoir, valeur et prudence, si est-ce que ce qu'ils avoient si diligemment examiné, et tant bien projetté, se trouva, quand on vint aux effets, merveilleusement esloigné de leur attente : et d'autres choses, à quoy ils n'avoient quasi point pensé pour les tenir trop seures ou difficiles, se tournerent en leur

---

(1) *Du roy Charles VII.* Ce rapprochement est inexact. Charles VII ne prit les armes que pour soutenir le droit légitime qu'il avoit à la couronne.

benefice; dont bien leur print. Par cecy se peut conoistre que les bonnes deliberations ne sont pas tousjours suivies de bon succès. Ce que j'ay dit n'est pas pour taxer ceux de qui j'ay parlé, la vertu desquels j'ay tousjours grandement admirée, ny pour faire negliger la prudence et la diligence aux affaires, ains seulement pour advertir que l'accomplissement de nos œuvres ne gist pas tant en l'humaine proposition qu'en la divine disposition.

Voyons quel fut le succès de l'entreprise. Quant au premier point, qui concernoit les villes, on delibera d'en surprendre seulement trois, à sçavoir Lyon, Toulouse et Troyes, pour l'utilité qu'elles eussent apporté pour divers respects. Mais les desseins que firent sur icelles ceux qui prirent la charge de s'en saisir ne reussirent pas. Pour le regard d'estre forts en campagne, ceux de la religion le furent au commencement plus que les catholiques; mais un mois et demy après la prise des armes, ils se trouverent plus puissans qu'eux, tellement qu'ils les contraignirent d'aller à refuge aux estrangers qu'ils avoient appellez pour les venir secourir. L'execution des Suisses succeda aussi très-mal, pource que le dessein fut descouvert, et que les forces qui y devoient estre manquerent; et n'y eut que le quatriesme point, de moindre importance que les autres, qui s'effectua : qui estoit de separer M. le cardinal de Lorraine de la Cour. Il ne laissa pourtant d'y avoir autant d'authorité et de credit qu'auparavant. Mais voicy un inconvenient qui ne fut pas petit, où tomberent ceux de la religion : c'est qu'ils exciterent l'indignation et haine du Roy contr'eux, pource qu'à leur occasion il fut contraint de se retirer à Paris avec frayeur et vistesse, si bien que depuis il leur garda tousjours une arriere pensée. Ceste entrée de guerre eust esté peu heureuse pour eux, si d'autres effects n'eussent recompensé les premiers defauts; lesquels cependant avinrent plus par les mouvemens de quelques gentilshommes particuliers, et disposition d'aucuns habitans de villes, que par grandes deliberations precedentes : dont s'ensuivit qu'on s'empara de plusieurs, tant bonnes que mauvaises; et des plus prochaines furent Orleans, Auxerre et Soissons. Bien est vray qu'on fut secretement averty de se remuer à mesme jour; mais on ne fit point grand estat, sinon sur les choses que j'ay recitées.

CHAPITRE XIII.

Que trois choses que le prince de Condé attenta rendirent le commencement de son entreprise fort superbe; dont les catholiques furent d'abord estonnez.

QUAND les hommes sont picquez de la necessité leurs courages se redoublent, et leurs apprehensions precedentes n'estans plus si vives, ils craignent moins de se hazarder à choses difficiles et perilleuses : ce qui avint à ceux de la religion alors ; car, appercevant le glaive jà desgainé les menacer, ils resolurent de se sauver plustost avec les bras qu'avec les jambes; et, fermans les yeux à beaucoup de respects, estimerent qu'il convenoit magnanimement commencer. Leur premier et principal acte fut l'universelle prise des armes par toute la France en un mesme jour : ce qui apporta esbahissement, mesme à plusieurs de leur party qui ne sçavoient l'affaire, et beaucoup de frayeur aux catholiques, qui se fussent paraventure portez avec plus de rigueur qu'eux, s'ils eussent commencé les premiers la feste. Cependant ils receurent un grand desplaisir de voir tant de villes saisies, ce qu'ils dissimulerent; et aucuns d'eux dirent : « Les freres nous ont pris sans verd à ce coup, mais nous aurons quelque jour nostre revanche. » En quoy ils se monstrerent gens de parole; car, avant qu'un an fust passé, ils leur firent conoistre qu'ils avoient dit vray. Quelques-uns avoient opinion que tant d'advertissemens qui se donnerent aux provinces descouvriroient l'entreprise. Toutesfois cela arriva en peu d'endroits, combien que ce fussent les importans. Beaucoup moins à ceste heure pourroit-on proceder de mesme, à cause de l'indiscretion des hommes, qui est telle qu'ils ne peuvent rien celer. Au temps ancien on remarquoit des exemples semblables en quelque maniere à cestuy-cy, excepté que les uns furent pour offendre et l'autre pour se deffendre, comme quand Mithridates fit en un pareil jour tuer dans tous ses pays plus de quarante mille Romains, aussi quand soixante villes de Grece furent saisies et saccagées en un jour que le consul romain avoit assigné à ses legions, sans que les unes ny les autres en pressentissent rien qu'au temps de l'execution. Tels faits n'arrivent pas souvent, parce que ceux qui ont une fois esté pris à la pippée, et qui sont reschappez, deviennent après si vigilans et soupçonneux, que le seul branslement des feuilles les resveille, et l'ombre les fait tressaillir.

Le second acte renommé fut d'oser assaillir six mille

Suisses, et les faire retirer avecques moins de cinq cens chevaux. Vray est que, selon le dessein qui avoit esté fait, il y en devoit avoir davantage, nommement quelque nombre d'harquebusiers à cheval: toutesfois on manqua, non d'estre en campagne, mais de se trouver à poinct nommé au rendez-vous; et à cause du peu de forces, les chefs de la religion se retindrent, et n'oserent s'aventurer à une charge generale dans ce gros corps qui sembloit une forest, et outre cela, les chevaux estoient demy recreuz de la grande courvée qu'ils avoient faite. Je leur ay pourtant ouy affirmer que si la troupe de Picardie fust arrivée, qui estoit de cent cinquante chevaux, ils eussent essayé le combat, faisant mettre pied à terre à leurs harquebusiers, et chargeant avecques les esquadrons par trois costez. Mais quand ils eussent ainsi fait, tousjours l'evenement estoit fort douteux. Tout se passa en escarmouches, où il y en eut de morts et de blessez de part et d'autre.

J'ay entendu dire que ce gros bataillon fit une contenance digne des Suisses; car, sans jamais s'estonner, ils demeurerent fermes pour un temps, puis après se retirerent serrez, tournans tousjours la teste, comme a accoustumé de faire un furieux sanglier que les abbayeurs poursuivent, jusques à ce qu'on les abandonna, voyant qu'il n'y avoit apparence de les forcer.

Le troisiesme acte fut l'occupation de la ville de Sainct-Denis, où le prince de Condé s'alla placer avec toutes ses forces, et en deux villages prochains qu'il fit retrancher, pour assieger Paris de ce costé là. Tous ces effects venans à estre considerez, voire des meilleurs chefs catholiques, ils en estoient esbahis, et cuidoient que ledict prince attendoit encore promptement de grandes forces, et avoit de bonnes intelligences et dans Paris et dans la Cour; car autrement, disoient-ils, n'eust-il osé, estant si foible, venir si audacieusement se loger si près de nous. Et l'Admiral, qui est très-avisé et bon guerrier, n'auroit jamais conseillé cela, sans autres fondemens cachez. C'est ce qui les fit temporiser jusques à ce qu'ils eussent ramassé leurs forces. Plusieurs autres trouvoient merveilleusement dur, veu que desjà ils en avoient de bonnes, qui approchoient de dix mille hommes, qu'on souffrist ceste petite poignée de gens les braver chacun jour par continuelles escarmouches jusques dedans leurs portes, et que c'estoit grand'vergongne de voir *une fourmy assieger un elephant*. Mais j'estime que les considerations des autres estoient plus sages, lesquels maintenoyent que c'estoit une imprudence toute notoire de vouloir par un combat, qui est incertain, contre des fols, disoient-ils, qui n'ont maintenant pour conseil que le desespoir, et pour richesses que leurs armes et chevaux, hazarder tout le corps de l'Estat, qui est comme enclos dans les murailles de Paris, et qu'ayans chose si sacrée entre mains que la personne du Roy, il convenoit faire toutes choses seurement, et qu'en brief ils verroient sortir de cest avis d'honorables fruits. En ceste maniere y eut-il, entre la sagesse des uns et la temerité des autres, comme un discordant accord par quelques jours, jusques à ce que le gros jeu se joua, qui fut si rude que les huguenots furent contraints de quitter leur giste. Sur cest exemple icy si quelqu'un vouloit bastir de grands et avantureux desseins, il feroit paraventure un erreur irremediable; car les choses qu'on veut comparer ne se ressemblent pas tousjours en toutes leurs parties, et puis ces accidens sont tels, que c'est beaucoup quand un siecle en produit deux ou trois.

CHAPITRE XIV.

De ce qui avint au deslogement de Sainct Denis, qui est plus digne d'etre remarqué.

ENCORE qu'un grand chef de guerre ne puisse atteindre aux fins qu'il s'est proposées, si est-ce qu'aucunes fois il advient qu'en ses procedures il demonstre tant de valeur, qu'on ne laisse de luy donner de la louange, comme plusieurs firent à M. le prince de Condé, pour les beaux exploits qui apparurent pendant qu'il sejourna à Sainct Denis. Une de ses intentions estoit de mettre les Parisiens en telle necessité de vivres, et les molester tant par autres voyes, qu'eux, et ceux qui y estoient retirez, seroient contraints d'entendre à une paix; et c'est ce qui fit faire les entreprises du pont Charenton, Sainct Cloud et Poissy, pour brider la riviere, lesquelles toutefois ne servirent de gueres, et cuiderent causer la ruine de ceux de la religion. Quelqu'un se pourra esmerveiller comme de si excellens capitaines embrassoient un tel dessein, lesquels ne devoient pas ignorer combien de grandes armées avoient par le passé perdu leur peine en le pensant effectuer, ainsi que fit celle du duc Charles de Bourgogne, et cuide aussi qu'ils en estoient memoratifs aucunement. Mais se voyans portez sur les lieux, l'occasion les convioit de tenter ce que la commune voix croit qu'on fist. Davantage, s'ils fussent demeurez sans rien entreprendre, il leur sembloit qu'ils diminueroyent beaucoup de leur reputation, et puis ils voyoient leurs gens si bien disposez, que les choses difficiles leur apparoissoient faisables.

La seconde intention qu'avoit le prince de Condé, estoit d'attirer l'armée enclose dans Paris à la bataille, ayant grand espoir que s'ils la gaignoient la guerre prendroit fin, laquelle intention ne reussit non plus que l'autre. Quant à la tierce, il faisoit estat qu'encore qu'on luy fist abandonner Sainct Denis, les villes qu'il esperoit qui seroient saisies, tant sur la riviere de Marne que sur celle de Seine, luy serviroient de faveur et d'espaule pour y placer toutes ses forces, attendant la venue des Allemans qu'il avoit mandez pour le secourir; mais pource qu'on n'en put surprendre que deux, à sçavoir Lagny et Montereau, ce dessein s'en alla aussi en fumée comme les autres. Ceux de M. le Connestable furent mieux effectuez : son premier but estoit, après s'estre renforcé, de contraindre les huguenots à combattre, et estimoit les devoir deffaire, pour les avantages qu'il avoit sur eux; à quoy il approcha de bien près. Il faisoit aussi estat de les desloger d'où ils estoient, et les esloigner des Parisiens, qui ne prenoient pas plaisir d'avoir de tels mesnagers en leurs censes, qui estoyent fort diligens à les rendre vuides; mais il ne peut jouir de ce benefice à cause de sa mort. Et pour n'en mentir point, s'il eust esté vivant et en santé, il les eust bien fait haster le pas d'autre sorte qu'ils ne firent. Certes, les uns et les autres se gouvernerent en grands capitaines; mais ayans differentes fins, comme de conserver et d'assaillir, aussi leurs actions furent en quelques parties differentes. Il estoit bien séant aux huguenots d'estre souvent à cheval, d'entreprendre tantost à propos et quelquefois audacieusement, et prescher tous jours *le combattre;* mais les catholiques faisoient bien aussi de ne sortir en gros qu'aux occasions apparentes, de ne rien hazarder, et se preparer pour un coup. Je ne reciteray point les petits combats et entreprises qui là se firent, pource qu'aux histoires ils se verront.

Je diray seulement quelque mot de la bataille Sainct Denis, qui fut à la verité memorable, en ce que si peu d'hommes oserent se presenter devant une armée si puissante qu'estoit celle qui sortit de Paris, et la soustenir; car elle n'avoit pas moins de quinze ou seize mille hommes de pied, et plus de deux mille lances, là où en celle du prince de Condé, ainsi separée comme lors elle se trouva, toute sa cavallerie n'arrivoit à mille chevaux, et quasi autant d'harquebusiers. L'occasion de ce grand combat vint d'un erreur que les huguenots firent, dont M. le Connestable se sceut dextrement prevaloir. L'erreur fut en ce que M. d'Andelot, qui estoit actif, alla pour surprendre Poissy, et tira de l'armée cinq cens chevaux et huit cens harquebusiers, qui n'estoient pas des pires. J'ay ouy dire que quand on proposa ceste entreprise au conseil, aucuns remonstroyent qu'il ne la falloit faire, car grandes forces estoyent arrivées à Paris; et puis on avoit observé qu'aux escarmouches dernieres les gentils hommes catholiques n'avoient fait que crier : « Huguenots, attendez encore trois ou quatre jours, et nous verrons si vous estes si mauvais qu'en faites la mine; »

et que c'estoient advertissemens de bataille par ceux qui estoyent exhortez par leurs chefs de s'y preparer, et qu'on ne devoit negliger cela; mais comme on est quelquefois remply de trop de confiance, on ne laissa de passer outre. M. le Connestable, estant adverty de ceci par ses espies, jugea qu'il ne falloit laisser passer ceste feste sans danser; et comme c'estoit un vieux routier de guerre, il ne se contenta pas d'estre asseuré par les oreilles, il voulut l'estre aussi par les yeux. Parquoy il fit sortir le jour mesme sept ou huit cens lances, favorisées ès retraites d'un nombre d'harquebusiers, pour se presenter en ordonnance à la veuë des logis de ceux de la religion, pour sçavoir leurs forces à la verité, et de ce corps se desbanderent deux cens lances, qui leur allerent donner une très-chaude alarme. Eux ne faillirent de la prendre; et, pensans qu'on les venoit attaquer à bon escient, tous sortirent avec leurs chefs en bonne deliberation. Mais les catholiques ayans reconu ce qu'ils vouloient se retirerent, et les capitaines en allerent faire le rapport à M. le Connestable, l'asseurant que toute leur force de pied et de cheval ne passoit pas deux mille hommes, mais, comme on dit, prompte à l'esperon. « C'est, respondit-il, le temps de les attrapper, et qu'un chacun se prepare à la bataille qui se donnera demain. » A l'aube du jour il fit sortir toute son armée aux champs, sa deliberation estant, s'ils ne vouloient venir au combat, de leur faire quitter à coups de canon Aubervilliers et Sainct Ouyn, où M. l'Admiral et le sieur de Genlis estoient logez, esperant après gaigner les batteaux de passage, pour trancher chemin à M. d'Andelot. Et, à ce que j'ay entendu, ledict sieur Connestable estimoit qu'ils ne se hazarderoyent pas de combattre, n'ayans toutes leurs forces entieres, et qu'ils se retireroyent tous dans la ville de Sainct Denis : ce qui arriva autrement, car il n'y eut pas moins d'ardeur de venir aux mains d'un costé que d'autre, nonobstant la grande inegalité. Les catholiques avoient quatre avantages sur leurs ennemis, à sçavoir : l'artillerie, le nombre d'hommes, les bataillons de picques et la place haute et relevée. Tout cela n'empescha point que ceux de la religion ne les allassent assaillir, lesquels se rangerent en trois corps de cavallerie, mais tous simples, c'est-à-dire en haye, qui est un ordre très-mauvais, encore que nostre gendarmerie l'ait long-temps pratiqué; mais l'experience nous a enseignez de venir à l'usage des esquadrons. Le combat s'ensuivit après, qui fut fort furieux, et dura près de trois quarts d'heure; et ceux qui y ont ensanglanté leur espée, soit d'un costé ou d'autre, se peuvent vanter de n'avoir pas faute de courage, l'ayant esprouvé en un lieu si perilleux. M. l'Admiral m'a quelquefois dit que l'harquebuserie à pied, qu'il avoit rangée à ses flancs, luy servit grandement; car, tirant de cinquante pas, elle fit beaucoup d'offense en la cavallerie des catholiques, qu'il chargea. Voilà où nos discordes nous ont conduitz, de nous baigner dans le sang les uns des autres. L'issue fut telle, que ceux de la religion furent chassez de dessus la place, et suivis plus d'un demy quart de lieuë; et par aventure que pis leur fust arrivé sans la nuit, laquelle les favorisa à leur retraite, qui ne fut sans quelque desordre. Il y eut aussi de l'autre costé des gens qui se retirerent non moins diligemment que de bonne heure, et specialement l'infanterie parisienne (1). En somme, les catholiques eurent l'honneur de la bataille, en ce que le champ et la possession des morts leur demoura. M. le prince de Condé avoit jà mandé à M. d'Andelot de retourner en diligence. Il luy redepescha encore pour le haster, craignant que le lendemain on ne le vinst r'attaquer. Mais à minuit il retourna, très-marri de n'avoir esté à la feste. Et après que chacun se fut reposé, les chefs dirent qu'il estoit necessaire de rabattre un peu de la gloire que leurs ennemis pensoient avoir acquise, en leur monstrant qu'on n'avoit pas perdu le cœur ny l'esperance; et, mettant leur petite armée aux champs, bien deliberés, ils s'allerent presenter devant les fauxbourgs de Paris, bruslant un village et des moulins à vent, à la veuë de la ville, pour les acertener que tous les huguenots n'estoient pas morts, et qu'il y avoit encore de l'exercice preparé. Mais personne ne sortit, à cause (comme il est bien à presumer) de la perte de M. le Connestable. Ceste demonstration que firent les huguenots conserva leur reputation. Toutefois, voyans que le sejourner là estoit leur ruyne, ils descamperent le lendemain, et s'acheminerent vers Montereau, où ils manderent le reste de leurs forces, qui estoient tant à Estampes qu'à Orleans, les venir trouver; ce qui rengrossit fort leur armée.

(1) *Specialement l'infanterie parisienne.* C'étoit un corps de six mille hommes, formé de la garde bourgeoise. « Ils prirent la fuite, dit Ma-
« thieu, à la premiere vapeur de la poudre. »

CHAPITRE XV.

Du voyage qui se fit vers la Lorraine par les deux armées à diverses fins.

Toutes les forces françoises qu'attendoit M. le prince de Condé ne furent pas plustost jointes à luy, que l'armée contraire ne se mist à sa queuë, qui s'alloit de de jour en jour renforçant ; en laquelle monseigneur le duc d'Anjou, qui est aujourd'huy roy (1), commandoit. Aucuns miens amis catholiques m'ont asseuré que son intention estoit de combattre, s'il en rencontroit une belle occasion ; car les vieux capitaines qui le conseilloient, prevoyans bien que si ceux de la religion joignoient leurs reitres (qui jà bransloient), c'estoit pour faire durer la guerre long temps, ou rendre une bataille incertaine, estoient par ceste consideration vivement piquez. Mais quand ils regardoient après l'importance de la personne de leur chef, qui reposoit sous leurs armes, et le desespoir de leurs contraires, cela les retenoit un peu. Ils userent de deux gentilles ruses, tant pour les arrester que pour les surprendre ; car en guerres telles finesses sont approuvées, au moins on les pratique. La premiere, fut la negociation de la paix, où les plus signalez personnages de ceux de la religion, comme le cardinal de Chastillon, furent employez : ce qui attiedissoit tousjours leur premiere ardeur de com-

---

(1) *Qui est aujourd'huy roy.* La Noue écrivoit ses Mémoires sous le règne de Henri III.

battre. L'autre, furent deux suspensions d'armes faites pour deux ou trois jours chacune, afin de mieux conferer, disoit-on, des poincts mis en avant. L'une fut près de Montereau, et l'autre près de Chaalons; mais la derniere leur cuida estre très-dommageable, d'autant que le prince de Condé s'arresta en un très-mauvais logis fort escarté, pendant que l'armée des catholiques s'approchoit. Et sans l'entreprise que fit le comte de Brissac sur quelques cornettes d'harquebusiers à cheval qu'il deffit, ledit prince eust séjourné encores deux jours où il estoit, où sans doute il eust esté combatu et paravanture surpris par ses contraires, qui estoient lors très-puissans, à cause de quinze cens lances bourguignonnes (1) qui s'estoient jointes à eux, que conduisoit le comte d'Arembergue, l'un des plus renommez capitaines des Pays-Bas. Mais quand il vit une telle execution s'estre faite pendant la suspension, il pensa qu'il n'estoit pas seur de croire en paroles. Parquoy en trois jours il chemina plus de vingt grandes lieues, par pluyes et si mauvais passages, que c'est merveille comme le bagage et l'artillerie peûrent suivre : et ne se perdit rien de l'un ny de l'autre, tant l'ordre fut bon, et la diligence grande. L'armée de monseigneur, voyant cest esloignement, se desista de la poursuite ; et aucuns se glorifioient de ce qu'on avoit chassé les huguenots hors du royaume. Autres plus clair-voyans, s'appercevans bien qu'on ne les pouvoit plus empescher de joindre leurs forces alleman-

---

(1) *Quinze cens lances bourguignonnes.* Ces troupes, commandées par le comte d'Aremberg, étoient tirées de la Flandre. On leur donnoit le nom de *bourguignonnes* parce que ce pays avoit appartenu autrefois aux ducs de Bourgogne.

des, furent d'avis de les laisser courre, et aviser aux moyens de les garder de rentrer. Mais il y en eut aussi, et non petite quantité, qui jetterent un grand blasme sur aucuns conseillers de monseigneur, dequoy on les avoit laissé eschapper sans les combatre, et disoient que l'Admiral s'entendoit secrettement avec eux : ce qui estoit une imagination du tout fausse, et dequoy luy-mesme se rioit, m'ayant dit plusieurs fois n'en avoir nulle, mais qu'il tascheroit cependant à les entretenir en ce soupçon.

Je veux raconter quelques mouvemens et legeretez de ceux de la religion, pendant le petit sejour qu'ils firent en Lorraine, aussi la liberalité volontaire qu'ils monstrerent au milieu de tant de pauvreté qui les environnoit : action que j'estime impraticable au temps où nous sommes. Plusieurs s'estoient persuadez, et le bruict en couroit aussi, qu'on n'auroit pas mis le pied dans la Lorraine, *que les coqs des reitres ne s'entendissent chanter;* mais après y avoir séjourné quatre et cinq jours, on n'en sçavoit non plus de nouvelles que lors qu'on estoit devant Paris : ce qui engendra du murmure parmy aucuns mesme de la noblesse, qui donnoient des attaques assez rudes à leurs chefs en leurs devis ordinaires, tant l'impatience est grande parmy nostre nation. Eux l'ayans entendu, s'efforçoient d'y remedier. Et comme les hommes difficilement s'esloignent de leurs inclinations, aussi les dissuasions dont userent ces chefs furent differentes; car le prince de Condé, qui estoit d'une nature joyeuse, se mocquoit si à propos de ces gens si coleres et apprehensifs, qu'il faisoit rire ceux mesmes qui excedoient le plus en l'un et en l'autre. De l'autre costé, M. l'Admiral avec ses paroles graves leur faisoit tant de honte, qu'enfin ils furent contraints de se radoucir et rapaiser. Je luy demanday lors, si l'armée de monseigneur nous suivoit, quel conseil il prendroit. « Nous acheminer, dit-il, vers Bacchara, où les reitres doivent avoir fait leur assemblée, » et qu'il ne falloit combattre sans eux, et que l'ardeur premiere ne fust un peu reschauffée. « Mais s'ils ne s'y fussent trouvez, repliquera quelqu'un, qu'eussent fait les huguenots? » Je pense qu'ils eussent soufflé en leurs doigts, car il faisoit grand froid. Or toute ceste fascherie fust bien tost convertie en resjouissance, quand ils entendirent au vray que le duc Cazimir, prince doué de vertus chrestiennes, et auquel ceux de la religion sont fort obligez, marchoit, et qu'il estoit prochain. Ce n'estoient que chansons et gambades, et ceux qui avoient le plus crié sautoient le plus haut. Ces comportemens verifierent très-bien le dire de Tite Live : « Que les Gaulois sont prompts à entrer en colere, et par consequent prompts à se resjouir; » lesquelles passions excedent aisement, si, à l'imitation des sages, on ne les modere par l'usage de la raison.

M. le prince de Condé ayant sceu par ses negociateurs d'Allemagne que les reitres s'attendoient de toucher pour le moins cent mille escus estans joints avec luy, il fut bien en plus grand'peine qu'il n'avoit esté auparavant pour les mouvemens des siens, d'autant qu'il n'en avoit pas deux mille. Là convint-il faire de necessité vertu, et, tant luy que M. l'Admiral, qui avoient une merveilleuse creance entre ceux de la religion, desployerent tout leur art, credit et eloquence, pour persuader un chascun de departir des moyens qu'il avoit pour ceste contribution si necessaire, dont dependoit le contentement de ceux qu'on avoit si devotieusement attendus. Eux-mesmes moustrerent exemple les premiers, donnans leur propre vaisselle d'argent. Les ministres en leurs predications exhorterent à cest effect, et les plus affectionnez capitaines y preparerent aussi leurs gens; car, en une affaire si extraordinaire, il estoit besoing de s'aider de toutes sortes d'instrumens. On vit une disposition très-grande en plusieurs de la noblesse de s'en acquitter loyaument; mais quand il fut question de presser *les disciples de la Picorée,* qui ont ceste propriété de sçavoir vaillamment prendre, et laschement donner, là fut l'effort du combat. Toutesfois, moitié par amour, moitié par crainte, ils s'en acquitterent beaucoup mieux qu'on ne cuidoit : et ceste liberalité fut si generale, que, jusques aux goujats des soldats, chascun bailla, de maniere qu'à la fin on reputoit à deshonneur d'avoir peu contribué. Il y en eut de ceux-ci qui firent honte à des gentilshommes, en offrant plus volontairement de l'or qu'eux n'avoient fait de l'argent. Somme, que le tout ramassé on trouva, tant en ce qui estoit monnoyé qu'en vaisselle et chaines d'or, plus de quatre vingts mille livres ; qui vindrent si à poinct, que sans cela difficilement eust-on appaisé les reitres. Je sçay bien qu'il y en eut beaucoup qui furent aiguillonnez à donner, y estans pressez par l'exemple, la honte et les persuasions : toutesfois c'est chose certaine, que bonne partie furent poussez de zele et d'affection, qui se monstra en ce qu'ils offrirent plus qu'on ne leur avoit demandé. N'est-ce pas là un acte digne d'esbahissement, de voir une armée point payée, et despourveue de moyens, qui estoit comme un prodige, de se dessaisir des petites commoditez qu'elle avoit pour subvenir à ses necessitez, ne les espargner pour en accommoder d'autres qui, paravanture, ne leur en sçavoient gueres de gré? Il seroit impossible maintenant de faire le semblable, parce que les choses genereuses sont quasi hors d'usage.

CHAPITRE XVI.

Du retour des deux armées vers Orleans et Paris, et la maniere que tenoit le prince de Condé pour faire vivre, marcher et loger la sienne.

Il ne fallut point de longue consultation, après que les reitres furent joints, pour sçavoir ce qu'il convenoit faire; car la voix universelle estoit qu'on allast porter la guerre auprès de Paris : ce qu'aucuns paravanture desiroient, pour l'envie de revoir leurs maisons; mais la pluspart sçavoient bien qu'il n'y avoit point de meilleur chemin que celuy-là pour r'avoir la paix. Les chefs aussi n'ignoroient pas que, pour continuer la guerre, les armées ne se pouvoient passer d'artillerie, poudre, argent et autres commoditez qui se tirent des marchans et artisans, et que s'ils ne s'approchoient d'Orleans (qui estoit leur mere nourrice) ils en seroient privez; ce qui les fit aisement consentir au desir commun. Ainsi, avec ceste bonne volonté, ceux de la religion rebrousserent chemin, ayans opinion que l'armée ennemie les costoyeroit, tant pour les empescher de bransquetter (1) plusieurs petites villes

(1) *Bransquetter* : piller.

foibles, que pour espier une occasion d'attrapper quelqu'une de leurs troupes. Alors la France regorgeoit de toutes sortes de vivres : ce neantmoins, tousjours falloit-il grand art et diligence pour nourrir une armée de plus de vingt mille hommes, point payée, qui n'estoit favorisée du pays comme l'autre, et qui n'avoit qu'un très-petit equipage pour les munitions. M. l'Admiral estoit sur toutes choses soigneux d'avoir de très-habiles commissaires, et de leur faire avoir voicture, selon la necessité huguenotte ; et souloit dire, quand il estoit question de dresser corps d'armée : « Commençons à former ce moustre par le ventre. » Or, pource que nostre coustume estoit que la cavalerie logeoit escartée dans les bons villages, lesdits commissaires, outre les chariots qu'ils avoient avec eux, tenoient encore en chacune cornette un boulanger et deux chevaux de charge, qui n'estoient plustost arrivez au quartier qu'ils se mettoient à faire du pain, et après l'envoyoient au corps de l'infanterie. Et quand ces petites commoditez estoient toutes rassemblées, qui sortoient de quarante cornettes que pouvions avoir alors, cela se montoit beaucoup : et de là aussi souvent s'envoyoient chairs et vins, estans les gentilshommes si affectionnez, qu'ils n'espargnoient au sejour leurs charrois pour conduire ce qu'il convenoit. Les petites villettes prises, on les reservoit pour les munitionnaires, et menaçoit-on les autres où il n'y avoit point de garnison, de brusler une lieuë à la ronde d'elles si elles n'envoyoient quelques munitions ; de maniere que nostre infanterie, qui logeoit serrée, estoit ordinairement accommodée. Je ne mets point icy en conte les butins qui se faisoient, tant par les gens de pied que de cheval, sur ceux de contraire party; et ne faut point douter que ce grand animal devoratif, passant parmy tant de provinces, n'y trouvast tousjours de la pasture; et souvent la robbe (1) du pauvre peuple y estoit meslée, et quelquefois des amis, tant la necessité et cupidité de prendre incitoit ceux qui ne manquoient jamais d'excuses pour coulourer leurs proyes. De ces fruits icy plusieurs s'entretenoient, en ce qu'il faut que le soldat achette outre la nourriture, comme pour l'habillement et les armes, qui sont choses necessaires.

Maintenant je parleray du logement de l'armée, laquelle on estoit contraint d'espandre en divers lieux, pour deux raisons principales: l'une, pour la commodité du vivre; l'autre, afin qu'elle fust à couvert pour la garantir de l'injure de l'hyver; et sans ce soulagement elle n'eust peu consister (2). Je sçay bien que c'est une mauvaise façon de loger, et qu'aux guerres imperiales et royales on n'eust eu garde de commettre ces erreurs, pource qu'on eust esté incontinent surpris; mais ès civiles les deux partis contraires ont esté contraints, et ont accoustumé d'en user ainsi, au moins en nostre France. L'infanterie, on la logeoit en deux corps, à sçavoir en celuy de la bataille et de l'avant-garde; et les gens de cheval, aux villages plus prochains. Quand il survenoit alarme à bon escient, ladite cavalerie s'alloit rendre où les deux chefs estoient; et si un logis escarté estoit attaqué, on l'alloit secourir incontinent. Parmy les cornettes y avoit bon nombre d'harquebusiers à cheval; et quand on estoit arrivé au

---

(1) *La robbe*: mot italien qui signifie propriétés, biens, marchandises.
— (2) *Consister*: subsister.

quartier, on fortifioit très-bien les avenues, et s'accommodoit-on souvent dans les temples et chasteaux, afin de pouvoir tenir deux heures attendant le secours. J'ay quelquefois veu l'un des chefs marcher avec cinq ou six mille hommes, et rechasser les ennemis qui avoient assailly un logis. Mais quelque vigilance qu'il y ait eue de toutes parts, si s'est-il fait beaucoup de surprises, quoiqu'on battist les chemins le jour et la nuict. Les meilleurs avis que souvent on avoit estoient par les picoreurs; lesquels, s'espandans par tout comme mouches, rencontroient ordinairement les ennemis, et quelqu'un en venoit dire des nouvelles; car ces gens-là courent comme lievres quand il faut fuir, mais quand ils vont croquer quelque proye ils volent. La teste qui se faisoit vers les ennemis, qu'avoient les chevaux legers, estoit de cinq ou six cens bons chevaux et autant d'harquebusiers à cheval, avec peu de bagage, sinon chevaux de charge; et c'estoit pour faire estre lesdits ennemis en cervelle, les garder d'entreprendre, et tenir l'armée advertie.

Quant à la maniere de marcher, on donnoit le rendez-vous à toutes les troupes à une telle heure, au lieu le plus commode pour la distribution des logis, et de là on s'acheminoit ès quartiers; et allant ainsi par divers chemins, la diligence estoit grande quand on vouloit la faire. Un mal y avoit-il marchant escartez en ceste sorte, c'est que souvent se donnoient de fausses alarmes. Si est-ce qu'on ne remarque point qu'il soit advenu de notable surprinse au prince de Condé. Je ne serois pas d'avis qu'on bastit des reigles sur ces exemples icy que la necessité a produits, sinon qu'il y eust la mesme raison qui regnoit lors. On s'en peut servir en les accommodant aux temps, aux lieux et aux personnes. Le plus certain est de redresser nos coustumes par les anciennes reigles militaires, où il y a plus de perfection qu'en ce que nous pratiquons. Ce n'est pas à dire pourtant que ces magnanimes chefs eussent deu faire autrement qu'ils ne firent; car à tout ce qui se devoit et pouvoit alors ils n'y ont manqué. Aussi la pluspart des grandes et signalées actions se sont esvanouies depuis leur mort.

CHAPITRE XVII.

Des nouvelles forces de diverses provinces qui se trouverent à Orleans, ce qui convia M. le prince de Condé d'entreprendre le voyage de Chartres.

Aux premieres guerres civiles, la pluspart de ceux de la religion tenoient pour maxime, et nommement leurs chefs, qu'il estoit très-difficile de faire la guerre avec reputation, et la paix avec dignité, si l'on n'avoit tousjours une armée en campagne. Et pour ceste occasion, ils exhortoient leurs partisans d'aider à en composer une qui fust gaillarde, d'autant que tout le corps en sentoit le benefice. Et c'est ce qui rendoit tant de gens prompts à s'y venir ranger. Mais quand pour cest effect on a abandonné les bonnes places qu'on tenoit aux provinces, on s'en est mal trouvé, parce qu'après on demeuroit sans retraites; quand aussi on a voulu en garder trop, on a manqué à l'autre poinct : ce qui nous doit enseigner à eviter les extremitez. La guerre n'a pourtant laissé de se faire èsdites provinces, tant aux premiers troubles qu'en ceux-cy. Et qui voudra bien considerer les mouvemens du baron des Adretz, et les autres beaux exploits de plusieurs capitaines, tant catholiques que huguenots, lesquels sont notez aux histoires, il verra des choses miserables avoir esté valeureusement et prudemment exécutées. Mais pource que je me suis voulu assujettir de ne parler que de ce que j'ay veu ou entendu de bon lieu, j'ay differé de me donner la carriere par pays inconus, craignant de broncher. Estant doncques M. le prince de Condé informé que forces de Gascongne et Dauphiné luy estoient arrivées à Orleans, qui approchoient de six mille hommes, il voulut les employer, et leur manda qu'elles se tinssent prestes, et qu'on preparast aussi poudres et balles, et trois ou quatre chetives pieces d'artillerie qui restoient; car, encore que les catholiques estiment les huguenots estre gens à feu, si sont-ils tousjours mal pourveus de tels instrumens : aussi n'ont-ils point, comme eux, *de sainct Antoine*, lequel ils disent presider sur cest element. Son intention estoit, avant que donner à conoistre son dessein à ses ennemis, d'avoir environné la ville qu'il pretendoit d'assieger, et nulle ne luy sembla plus commode pour ses affaires que Chartres : laquelle ayant prise, il vouloit faire fortifier pour tenir tousjours une espine au pied des Parisiens, et, à sa faveur, conserver en quelque maniere son pays qu'il avoit derriere. Il envoya pour cest effet, de plus de vingt lieues loin, trois mille chevaux pour la fermer. Laquelle diligence ne profita pas de beaucoup, pource qu'un regiment d'infanterie qui estoit logé à quatre lieues de là ne laissa d'y entrer, qui fut la salvation de la ville. Le seigneur de Linieres y commandoit, qui avoit en tout vingt-deux compagnies; et nul ne s'espargna à user de tous les remedes de fortification dequoy l'on se sert aux mauvaises places qui sont prevenues. Les assaillans regarderent aussi de leur part aux endroits qui leur sembloyent les plus attaquables; et de tous costez il y en avoit de si mauvais, qu'on ne pouvoit quasi discerner le pire. Et ayant reconu une montagne qui dominoit par le flanc d'une courtine, sans entrer en autre consideration, ils choisirent cest endroit là, qui d'arrivée promettoit beaucoup; cependant les remedes s'y pouvoient aisement trouver, car n'ayant M. le prince que cinq pieces de batterie et quatre legeres coulevrines, que pouvoit faire cela contre tant de gens de defense et de travail qui là estoient? Aussi en deux jours et deux nuicts ils bastirent des traverses et des retranchemens, tels qu'on n'osa les enfoncer. Le François est si soudain, qu'il veut incontinent avoir descouvert ce qui ne se peut trouver qu'après avoir long temps cherché. Et par ceste promptitude, j'ay tant veu faire d'erreurs aux reconoissances des places, que je tiens pour reigle très-utile de voir et revoir deux fois, voire trois, une chose avant que de prendre resolution de s'y arrester. On conut, après que la bresche fut faite, que c'estoit perdre des hommes à credit que d'attaquer par-là. Et comme on estoit après, pour preparer une nouvelle baterie par un plus foible endroit, la paix fut conclue (1); ce qui renversa toutes actions militaires. Le proverbe qui dit *qu'il n'est muraille que de bons hommes,* est bien véri-

---

(1) *La paix fut conclue.* Elle fut signée à Longjumeau le 27 mars 1568. Elle ne dura que six mois.

table; car il faut qu'une place soit bien mauvaise s'ils ne trouvent moyen de s'y accommoder. En tels lieux ne se doit-on pas obstiner à long siege; mais pour arrester une armée trois semaines ou un mois, cela se peut entreprendre, pendant qu'une autre se prepare pour favoriser les assiegez.

Au sejour que nous fismes devant ceste place, M. l'Admiral fit une belle contre-entreprise, qui se demesla en la maniere que je dirai. L'armée contraire estoit au-delà de la riviere de Seine, qui n'osoit approcher en corps de celle du prince, et ne sçay les causes pourquoy. Elle ne voulut pourtant perdre l'occasion de porter quelque faveur à ceux de dedans; et pour cest effect fut envoyé M. de La Vallette, qui estoit un capitaine renommé, avec dix-huit cornettes de cavallerie, pour tascher de surprendre quelqu'une de nos troupes au logis, endommager nos fourrageurs, rompre nos vivres, et nous tenir souvent en alarmes. Il s'approcha à quatre lieues près du camp, logeant assez serré, d'où il commençoit à nous molester grandement. Dequoy M. l'Admiral estant adverti, il prit la charge d'y pourvoir. Et comme il avoit accoustumé d'aller en gros, *de peur,* disoit-il, *de faillir le gibier,* aussi prit-il trois mille cinq cens chevaux, et partit de si bonne heure, qu'à soleil levé il se trouva dans le milieu des quartiers de ceste cavallerie, qui, nonobstant les bonnes gardes qu'elle tenoit en campagne, ne se peut garantir que plusieurs ne fussent enveloppez, et y eut quatre drapeaux pris, mais peu de gens tuez. M. de La Vallette, qui estoit logé dans Oudan, rallia quatre ou cinq cens chevaux; et, estant suivi de plus de mille des nostres, il se retira neantmoins avec une belle façon, tournant souvent teste; aussi avoit-il art et experience. On voit par ceci qu'il ne fait pas seur sejourner gueres, si on n'est en lieu fort, devant une grosse puissance de cavallerie; car, sans qu'on y pense, on se trouve surpris comme d'un orage qui arrive à l'impourvue; et quasi aussi-tost que vos sentinelles, vedetes, ou batteurs d'estrade, elle vous est sur les bras; car elle marche en asseurance, ne craignant rien, et dit tousjours aux premiers: *Attaque, charge, et suy tout ce que tu trouveras.* En tels affaires les plus fins, et qui ouvrent bien les yeux, ne laissent quelquefois d'y estre attrappez.

CHAPITRE XVIII.

De la seconde paix qui fut faite à Lonjumeau.

En tous les troubles de la France on a tousjours veu ceci advenir, c'est qu'en faisant la guerre on n'a pas laissé de traiter de la paix, tant chacun a voulu demonstrer avoir agreable chose si salutaire : aussi s'en est-il fait beaucoup, entre lesquelles ceste-ci a esté la pire pour ceux de la religion. La negociation s'en remmancha, estant là le prince de Condé devant Chartres; et fut envoyé le cardinal de Chastillon de sa part avec autres gentilshommes, pour s'assembler avec les deputez du Roy à Lonjumeau, où ils besognerent si bien, que tous les articles furent accordez, les uns envoyans à Paris, les autres à Chartres, pour vuider les difficultez qui survenoient. Or, comme une bonne paix estoit fort désirée, et n'estoit aussi pas moins necessaire, cependant il y en eut peu qui s'amusassent à bien considerer quelle pouvoit estre ceste-ci; ains, comme si le nom eust apporté avec soy le vray effet, la pluspart de ceux de la religion demeuroyent là attachez qu'il la falloit embrasser. Et pour parler rondement, c'est ce qui força messieurs le prince de Condé et Admiral à y condescendre, voyant une si grande disposition (et mesmement en la noblesse) de l'accepter. Ce fut un tourbillon qui les emporta, à quoy ils ne purent resister. Vray est que M. le prince y avoit quelque inclination : mais M. l'Admiral se douta tousjours de l'inobservation d'icelle, pource qu'il appercevoit à peu près qu'on vouloit prendre une revanche sur les huguenots de l'injure receue à la journée de Meaux. Mesmes dès lors aucuns catholiques, qui estoyent de ceux qui ne peuvent rien celer, disoient tout haut qu'ils s'en vengeroient bientost. Et un de nos negociateurs de paix manda avoir ouy plusieurs fois tels langages, et apperceu une grande indignation cachée ès poictrines d'aucuns de ceux avec lesquels ils conferoyent, et qu'on y prist garde, pource que cela denotoit quelque sinistre evenement. Davantage, il y en eut de la Cour propre, tant hommes que femmes, qui quelquefois desrobent des paroles du cabinet, qui manderent à leurs parens et amis qu'indubitablement ils seroient trompez s'ils ne besongnoient seurement, qui estoit bien pour resveiller ceux qui se vouloyent endormir sur ce doux oreiller de paix. Mais, quelque avis que l'on eust, on ne peut retenir le torrent qui jà estoit desbordé. On se pourra esmerveiller dequoy ces grands chefs, qui avoient tant de credit sur leurs partisans, n'ayent sceu leur persuader ce qui leur estoit utile. Mais si on considere bien quelles gens ce sont que les volontaires, et la vehemence du desir de voir sa maison, l'on verra que quand l'ancre de la necessité apparente est rompue, le navire poussé de vents si violens ne se peut arrester.

Desjà avant le levement du siege de Chartres, il s'en estoit allé des cornettes entieres et plusieurs particuliers (sans demander congé aux superieurs) vers les quartiers de Saintonge et Poictou. Et ceste humeur passa parmy l'infanterie, mesmement en celle qui estoit des pays esloignez; et plusieurs disoient, puisque le Roy offroit l'edict de pacification derniere, qu'on ne le pouvoit refuser; autres de la noblesse, qu'ils vouloient aller prendre des retraictes en leurs provinces, pour la conservation de leurs familles, qui estoient souvent meurtries par la cruauté de leurs ennemis: les gens de pied se plaignoient aussi de n'estre payez, et qu'ordinairement ils manquoient de vivres. Ainsi donc les chefs de la religion ne peurent adherer aux advertissemens qu'ils eurent, et rejetter cette paix, pource qu'ils fussent demourez trop foibles. Sur cecy ils discouroyent quelquefois en ceste matiere: que le gros de leurs forces françoises les abandonnans, ils seroient contraints de se mettre sur la defensive; mais que cela les desfavoriseroit grandement, veu qu'on estoit en la saison en laquelle les armées se mettent en campagne; que de separer les reitres pour les distribuer dans les villes, ils ne le vouloient faire, pource que c'estoit se devorer soy-mesme; de les placer aussi en camp fortifié, le remede n'estoit que pour peu de temps; somme, qu'il falloit esprouver le hazard de la paix. Alors on eust bien desiré d'avoir des villes pour seuretez d'icelle; mais quand on demandoit d'autres seuretez que les edicts, les sermens et les promesses, on estoit renvoyé bien loin, comme si on eust vilipendé et mesprisé l'authorité royale, qui fut occasion qu'on receut ce qui estoit accoustumé d'estre offert. Ainsi ceux de la religion licencierent leurs estrangers, se retirerent en leurs maisons, puis poserent les armes chacun en particulier, ayans opinion (au moins le vulgaire) que les catholiques feroient le semblable. Ils se contenterent seulement de le promettre, mais en effet ils n'en firent du tout rien; et, demourans tousjours armés, garderent les villes et les passages des rivières, si bien qu'à deux mois de là les huguenots se trouverent comme à leur discretion. Aucuns mesmes de ceux qui avoient insisté pour la paix furent contraints de dire : « Nous avons fait la folie, ne trouvons donc estrange si nous la beuvons. Toutesfois il y a apparence que le breuvage sera bien amer. »

CHAPITRE XIX.

TROISIÈMES TROUBLES.

De la diligente retraite de ceux de la religion aux troisiesmes troubles, et de la belle resolution de M. de Martigues quand il vint à Saumur.

Les affaires humaines sont sujettes à beaucoup de mutations; et pour en representer l'inconstance, les ethniques (1) ont figuré une rouë tournante, où tantost une chose est en haut et tantost en bas : aussi qui voudra

Les ethniques : les païens, les gentils.

bien noter la dissimilitude du principe de ceste guerre d'avec la precedente, il y appercevra la mesme; car en la passée les huguenots previndrent et assaillirent superbement, et en ceste-cy ils furent prevenus, et se retirerent par une necessité honteuse, abandonnans les provinces et villes qui auparavant avoient servy pour leur conservation. Quand ils virent qu'on avoit mis dix compagnies d'infanterie dans Orleans, ils conurent bien que leurs affaires alloient mal; mais ce qui les esmeut de desloger des provinces voisines de Paris, fut que M. le prince cuida estre enveloppé en sa maison par des compagnies de gensd'armes et de gens de pied, qui tout doucement s'en approchoient. Luy ayant adverty M. l'Admiral et ses plus proches voisins, tous ensemble avec leurs familles se retirerent à La Rochelle, passans à gué la riviere de Loire en un lieu inaccoustumé. Il donna aussi advertissement à ceux de la religion les plus esloignez, de prendre les armes, et se sauver le mieux qu'ils pourroient vers luy, cherchant de passer la mesme riviere à gué ou par batteaux. Les catholiques en se mocquant disoient qu'il avoit tort de prendre l'alarme si chaude, et qu'on n'avoit fait aucune entreprise sur luy. Il respondoit qu'il aimoit beaucoup mieux leur avoir laissé les nids que s'ils eussent attrappé les oyseaux, et que s'il se fust bien ressouvenu de la promesse qu'ils avoient faite de prendre leur revanche de Meaux, et de faire courir les freres à leur tour, qu'il fust party de meilleure heure, afin de n'aller que le pas. Ce sont icy les propos communs que je recite; car les causes graves, de part et d'autre, sont escrites ès histoires. Je sçay bien qu'une guerre est miserable, et qu'elle apporte avec soy beaucoup de maux; mais ceste meschante petite paix, qui ne dura que six mois, fut beaucoup pire pour ceux de la religion, qu'on assassinoit en leurs maisons, et ne s'osoient encores defendre. Cela et autres choses les animerent et disposerent de chercher seureté en se ralliant ensemble.

M. d'Andelot estant en Bretaigne, receut avis de ramasser tout ce qu'il pourroit, et s'acheminer en Poictou. Il manda qu'on le vint trouver vers l'Anjou, ce qu'on fit : et quand tout fut joint, la troupe n'estoit moindre de mille bons chevaux et de deux mille harquebusiers, avec laquelle il dressa la teste vers la riviere de Loire pour y chercher un passage commode. Mais le propre jour qu'il arriva au long d'icelle, une inopinée avanture succeda, dont les catholiques se desmeslerent avec grand honneur. Il s'estoit logé fort escarté, à cause qu'il n'avoit grande alarme d'ennemis, ayant donné charge aux chefs des troupes, estans arrivez en leurs quartiers, de sonder s'il y avoit point quelque endroict gueable. Mais deux heures après s'estre logez, M. de Martigues, qui vouloit aller à Saumur trouver le duc de Montpensier, fut averty que force huguenots, sans nommer qui, s'estoient venus loger sur son chemin. Luy, qui avoit passé une petite riviere par barques, qui s'appelle Sorgue, jugea qu'il n'y avoit plus d'ordre de se retirer, et qu'il convenoit se faire passage avec le fer, quoy qu'on rencontrast. Il n'avoit aucun bagage, l'ayant envoyé de l'autre part de la Loire, estant sa troupe de trois cens lances et cinq cens braves harquebusiers. Et d'autant qu'il estoit contraint de marcher tousjours par une levée de terre qui borde la riviere, où l'on ne peut aller que dix hommes de front, ou six chevaux, il mit à sa teste cent harquebusiers gascons de sa garde avec deux cens autres, et sa cavallerie au milieu, puis le reste de l'infanterie derriere, et cinquante lances pour coureurs. Cela fait, il leur dit : « Mes compagnons, les huguenots sont sur nostre chemin. Il nous faut leur passer sur le ventre, ou estre perdus, car nous ne pouvons nous retirer : que donc chacun se prepare de bien combattre avec les bras, et marcher gaillardement avec les jambes, pour gaigner Saumur. Il n'y a que huit petites lieues, et ne pouvons trouver seureté que n'y soyons arrivez. » Tous luy promirent de ne manquer à leur devoir, et en ceste resolution s'acheminerent. Les deux premieres troupes qu'il rencontra, furent deux compagnies de cavallerie qui se logeoient, qu'il escarta aisément; et en combattant fut tué le capitaine Boisvert. Là sceut-il que M. d'Andelot estoit prochain ; ce qui luy fit haster le pas afin de le prevenir : mais, quelque diligence qu'il fist, si le trouva-t-il à cheval avec peu de gens, ayant eu l'alarme par quelques fuyards. Il se fit une brave charge, où le lieutenant de M. de Martigues fut tué, et M. d'Andelot contraint de luy laisser le passage libre. Il ne permit à ses soldats de saccager le bagage qui estoit dans les rues, ains les fit tirer outre. A une lieue de là il rencontra la compagnie des gens de cheval du capitaine Coignée, qui marchoit, et la fit retourner bien viste avec bonnes harquebusades ; puis à un quart de lieue du village des Rosiers se presenterent devant luy deux cens harquebusiers que le seigneur de La Noüe envoyoit vers l'alarme pour le secours des autres: mais comme l'infanterie de M. de Martigues estoit de soldats vieux, et l'autre de nouveaux, ceux-ci furent mis en route, et fallut abandonner le village, et luy laisser le passage. Enfin à deux lieues de Saumur il trouva encore une compagnie d'infanterie accommodée dans un temple, laquelle il força, et prit le drapeau, et arriva à nuict fermante à seureté, luy et ses gens, fort travaillez de marcher et de combattre, ayant fait perte de vingt hommes, et en ayant tué quatre fois autant, mais mis en effroy près de mille. J'ay bien voulu raconter cest exploit, pource qu'il m'a semblé plein d'une brave détermination : toutefois on ne se doit estonner si les troupes de M. d'Andelot ne l'enfoncerent, car elles furent surprises estans toutes escartées, mesmement la cavalerie estoit dans un lieu trop estroit pour bien combattre ; et quand elles se furent reconues et rassemblées, les ennemis estoient desjà à sauveté. Ainsi voit-on combien il sert d'estre en corps, cheminer en ordre et avoir pris une bonne determination : et c'est ce qui ordinairement fait vaincre les petites troupes, en ce qu'elles veulent suppléer à leur foiblesse par valeur.

Pour ceste escorne M. d'Andelot ne perdit esperance de passer la riviere ; et, ayant fait resserrer ses gens en deux corps, il la fit taster par tout. Enfin fut trouvé un gué, comme miraculeusement, où il n'y avoit memoire d'homme que jamais aucun eust là passé : et le lendemain, joyeux au possible, et tous les siens, d'avoir rencontré ce qu'ils n'esperoient, il passa de l'autre part. Lors que nous estions en ces incertitudes, je luy dis qu'il estoit besoin d'adviser à ce que nous ferions si le passage nous estoit fermé. Il me respondit : « Que pouvons nous faire, sinon prendre un party extresme, pour mourir comme soldats, ou nous sauver comme soldats ? Mon advis est, dit-il, de nous joindre tous, et nous retirer à sept ou huict lieues d'icy vers le pays large, et faire donner des advertissemens à messieurs de Montpensier et de Martigues que nous nous en allons comme fuyans et tous dissipez, chacun taschant à eschapper le peril, ce qu'ils croiront fort aisément. Cependant animons et preparons nos gens à vaincre; et s'ils s'approchent de nous, comme il n'y a doute qu'ils n'y viennent incontinent, plus pour butiner que pour combattre, alors donnons valeureusement sur eux, car nous les romprons, et après n'y aura-t-il troupe qui d'un mois nous ose affronter, et nous sera aisé de gaigner l'Allemagne ou le haut des rivieres. » Il m'a semblé que le prompt et brave conseil de ce gentil chevalier, ne devoit non plus estre celé que la belle determination du seigneur de Martigues, deux personnages, certes, dignes de grandes charges militaires. Le dernier acquit beaucoup d'honneur en son passage, et le premier plus de profit au sien, ayant mis luy et toute sa troupe à seureté, laquelle au bout de huit jours se joignit à M. le prince de Condé, ce qui le renforça beaucoup. Ceste entrée de guerre, si mal commencée de ceux de la religion par des retraites precipitées, estoit un presage qu'ils s'aideroient de ces remedes en la continuation d'icelle, ce qui advint aussi, combien qu'il leur fust peu advenu aux precedentes; et si on veut sçavoir les causes, je les diray: ce fut pour le mespris de la discipline et pour la multiplication des vices, qui amenerent le desordre et engendrerent audace en plusieurs, non en tous, lesquels sous l'ombre de la necessité prenoient trop de licence.

CHAPITRE XX.

Que le temps qu'on donna à M. le prince de Condé, après s'estre retiré à La Rochelle, sans luy jetter aucune armée sur les bras, luy servit de moyen de se prévaloir d'une grande province, sans le soustien de laquelle il n'eust peu continuer la guerre.

Tout le refuge qu'eurent ceux de la religion pour se sauver en ces dernieres tempestes, fut de se retirer à La Rochelle, qui jà leur estoit devotieuse, ayant embrassé l'Evangile et rejetté la doctrine du Pape. La ville est assez grande et bien située, sur le bord de la mer, en un pays abondant en vivres, et pleine d'assez riches marchans et bons artisans : ce qui profita beaucoup pour la conservation de plusieurs familles, et pour en tirer les commoditez qui estoient necessaires, tant pour les gens de guerre qu'aux armées de mer et de terre. Or, après l'arrivée de M. d'Andelot, les chefs adviserent qu'il ne falloit pas perdre temps ; et, ayant fait sortir de l'artillerie de La Rochelle, ils attaquerent les villes de Poictou et Xaintonge, qui alors estoient foibles et assez mal pourveües de garnisons, se faisans maistres de celles qu'ils peurent, comme de Niort, Fontenay, Saint-Maixant ; Saintes, Saint-Jean, Ponts et Coignac. Depuis, Blaye et Angoulesme furent prises, estans les unes gaignées aisément, et les autres avec batterie et assaut. Somme, qu'en moins de deux mois, de pauvres vagabonds qu'ils estoient, ils se trouverent ès mains des moyens suffisans pour la continuation d'une longue guerre. En toutes ces places on y logea environ trente compagnies d'infanterie, et sept ou huit cornettes de cavallerie : qui fut une grande descharge pour la campagne, et se dressa un bel ordre politique et militaire, tant pour les François que pour la conduite de l'armée. Je considere en cecy comme, la necessité estant suivie de l'occasion, les huguenots se seurent prevaloir de toutes deux. Estans pressez de la premiere, ils desployerent toutes les inventions de leur esprit et les forces de leur corps pour n'en estre accablez. Après, survenant la seconde, ils se trouverent bien disposez de l'embrasser. J'ay quelquefois ouy M. l'Admiral approprier le beau dire de Themistocles à la condition des affaires d'alors, à sçavoir : *Nous estions perdus si nous n'eussions esté perdus.* Par cela il entendoit que sans nostre fuite nous n'eussions pas acquis ceste bonne ressource, voire beaucoup meilleure que celle-là que nous avions auparavant. Je ne sçay pourquoy les catholiques ne conurent plustost que ceux qu'ils avoient chassez d'auprès d'eux s'establissoient au loin, afin d'y envoyer des remedes plus promptement; car il n'y a doute que cela eust empesché la moitié de leurs conquestes. J'ay opinion que l'aise qu'on eut à Paris de voir les provinces et villes estre abandonnées, qui auparavant leur avoient fait si forte guerre, enfla le cœur à plusieurs, qui desdaignerent après les effets des huguenots, estimans que La Rochelle seule pouvoit resister, où dans trois mois on les renfermeroit. Ce sont là les projets qu'on fait après un accident favorable.

La royne de Navarre, sentant les remuemens venir,

fut diligente de se retirer vers ces quartiers-là, amenant avec elle ses enfans et d'assez bonnes forces, ce qui servit, tant pour authoriser *la cause* que pour fortifier l'armée. Elle craignoit que demourant en ses pays on la contraignist, tant par les mouvemens de ses sujets que par autres forces, de laisser aller son fils à la Cour, où indubitablement on l'eust fait changer, au moins exterieurement, de religion. Parquoy elle ne fit difficulté d'abandonner son pays en proye, pour conserver les consciences pures. Exemple très-rare en ce siecle-ci, auquel la richesse et la grandeur sont en si grande recommandation, qu'elles sont à plusieurs un *dieu domestique* auquel ils s'asservissent. Or, ce qui donna un merveilleux accroissement à l'armée de ceux de la religion, furent les troupes que M. d'Acier tira de Dauphiné, Provence et Languedoc. Auparavant, M. le prince avoit escrit, tant à luy qu'aux plus signalez desdites provinces, de mander de bonnes forces à son secours, pour faire teste à l'armée royale qui luy venoit sur les bras, afin que tant de princes et excellens chefs ne receussent ce desavantage, que de se voir assiegez dans des villes. Aquoy tant s'en faut qu'ils manquassent, qu'il semble qu'ils despeuplerent les lieux d'où ils partirent, tant ils amenerent d'hommes; car il n'y en avoit pas moins de dix-huit mille portans armes, qui sous la conduite du seigneur d'Acier s'acheminerent. Mais comme d'un costé ce fut tout le soustenement de l'armée, aussi de l'autre ce fut la perte de plusieurs places dont les catholiques s'emparerent après leur departement. Et souvent j'ay ouy aucuns des colonels se repentir d'estre sortis en si grand nombre, comme s'ils eussent voulu aller chercher quelque nouvelle habitation. Quand la moitié seulement fust venue ce n'eust esté que trop.

Ils ne peurent pourtant joindre M. le prince de Condé qu'un grand inconvenient ne leur avint; car deux regimens des leurs furent desfaits par M. de Montpensier. La cause fut, à ce que j'ay entendu, parce que les sieurs de Mouvans et de Pierre Gourde, se sentans incommodez de loger si serré comme ils avoient fait jusque-là, voulurent s'escarter, estimans qu'ayans deux mille harquebusiers il ne suffisoit qu'à une armée de les desfaire. C'estoit un brave soldat que ledict de Mouvans, autant qu'il y en eut en toute la France ; mais sa grande valeur et experience luy firent entreprendre ce qui luy tourna à ruine, qui est ce qui quelquefois fait perir des capitaines et des troupes. Il ne laissa de très-bien combattre, et luy et son compagnon moururent sur le champ avec mille de leurs soldats. Les catholiques m'ont raconté un trait qu'ils firent lors, que j'ay trouvé beau : c'est que, sentans M. d'Acier logé à deux petites lieues de là avec seize mille hommes, ils craignirent qu'il ne vinst au secours. Parquoy au mesme temps qu'ils donnerent au quartier dudict Mouvans avec le gros de leur infanterie, ils envoyerent à celuy du seigneur d'Acier huit ou neuf cens lances et force harquebusiers à cheval, faisans de grandes fanfares de trompettes et crians *bataille*. C'estoit afin de luy faire penser que c'estoit à luy qu'on en vouloit. En ceste sorte l'amuserent-ils pendant que leur entreprise s'executa, de laquelle ils rapporterent dix-sept drapeaux. Ceste perte desplut beaucoup à M. le prince et aux siens; mais l'arrivée de tant d'autres regimens effaça ce regret bien-tost : car l'homme de guerre, lors mesmement qu'il est en action contre ses ennemis, s'efforce de jetter hors de sa memoire toutes choses tristes, afin qu'elles n'aillent affoiblissant ceste premiere fureur qui est en luy, qui souvent le rend redoutable.

CHAPITRE XXI.

Des premiers progrez des deux armées, lors qu'estant en leur fleur elles cherchoient avec pareil desir de s'entre-combattre.

Après la desfaite de Mouvans, l'armée catholique se retira à Chastelleraud, craignant que celle des huguenots, qui s'estoit faite si puissante, ne la vinst affronter en mauvais lieu. Monseigneur le duc d'Anjou se trouva là, qui amena encores d'autres forces bien deliberées, ayans pour chef un tel prince, à qui elles portoient beaucoup d'amour et d'obeissance. Et croy que de long-temps on n'a point veu tant de François en deux armées. Le prince de Condé, ses places fournies, avoit en la sienne plus de dix-huit mille harquebusiers et trois mille bons chevaux. J'estime qu'en celle de monseigneur n'y avoit moins de dix mille soldats et quatre mille lances, sans conter les Suisses; de maniere que des deux parts se fussent trouvez trente-cinq mille François, tous accoustumez à manier les armes, et possible aussi hardis soldats qu'il y en eust en la chrestienté. L'armée des huguenots se voyant forte voulut tascher de venir aux mains, et s'approcha à deux lieues près de Chastelleraud. Mais ayant le prince de Condé eu advis que l'autre camp estoit placé en lieu avantageux, quasi environné d'un petit marescage, à quoy on avoit adjousté un leger retranchement en quelques endroits, il ne voulut rien attenter temerairement, et chercha les voyes pour attirer ses ennemis à combattre. Ce qui le convioit à cela, estoit l'ardeur qu'il voyoit en ses soldats; secondement, le grand nombre qu'il en avoit, car il se doutoit bien que les armées ausquelles la paye defaut, ne se peuvent tenir grosses que bien peu de temps; aussi que la rigueur de l'hyver l'auroit bientost diminuée; en l'armée catholique paravanture qu'aucunes de ces considerations avoient quelque poids. Mais il y eut bonne uniformité en ceci, que les deux chefs estoient touchez d'un pareil desir de venir aux mains, et eurent un pareil dessein d'aller vivre chacun sur le pays de son ennemy, pour conserver le sien des ravages extremes que font les armées.

Ainsi toutes les deux descamperent, et prirent la route de Lusignan, près d'où il y a un petit quartier de pays bon en perfection, où chacune estoit intentionnée de se venir loger. Et combien qu'elles fussent assez proches, si est-ce que l'une ne sçavoit nouvelles de l'autre, ce qu'il ne faut trouver trop estrange, pource qu'on le voit avenir quelquefois. Ayant doncques de toutes les deux parts esté donné le rendez-vous en un gros bourg nommé Pamprou, plein de victuailles, les mareschaux des deux camps s'y trouverent quasi en mesme temps avec leurs troupes, d'où ils se chasserent et rechasserent par deux ou trois fois, tant chacun desiroit attraper cest os pour le ronger, qui fut à la parfin quitté. Mais, d'autant que les uns et les autres sçavoient bien qu'ils seroient soustenus, nul ne prit la fuite, ains se retirerent à un quart de lieue de là, où ils se mirent en bataille. Après, arriverent pour le soustien des uns messieurs l'Admiral et d'Andelot, avec seulement cinq cornettes de cavalerie; et, du costé des catholiques, se presenterent sept ou huict cens lances. « Il n'est plus question, dit alors M. l'Admiral, de loger, ains de combattre; » et tout soudain advertit M. le prince, lequel estoit à plus d'une grosse lieue de là, qu'il s'avançast, et que cependant il feroit bonne mine. Il commanda qu'on se mist en ordre sur un petit haut, pour oster aux ennemis la veue d'un vallon, afin qu'ils ne le reconussent, et c'estoit pour leur faire penser que nous avions grosse cavallerie et infanterie cachée dedans. Estans donc rangez à une canonnade les uns des autres, il dit à un capitaine d'harquebusiers à cheval qu'il s'avançast cinq cens pas, et qu'il se tinst près d'une haye, ce qu'il fit. Mais comme ces gens là, encore qu'ils sçachent tirer et courre, ne sont pas pourtant soldats entendus, ils n'y eurent pas esté six patenostres, que la moitié s'esbranla pour aller escarmoucher, et après leur cornette marcha pour les soustenir. Les ennemis voyans cela jugerent qu'on vouloit aller à eux, ce qui les fit serrer, et, avec trois ou quatre grosses troupes de lances, commencerent à s'avancer. Certes, je vis alors ces deux chefs bien faschez de n'avoir prevenu l'indiscretion de ce fol, et encores plus pour ne sçavoir quelle resolution prendre, voyans leurs ennemis beaucoup plus forts qu'eux; mais quand ce vint à conclure, chacun conclud autrement que son naturel et sa coustume ne portoit. M. d'Andelot, qui ne trouvoit jamais rien trop chaud, dit qu'il se falloit retirer au pas, et que les ennemis, estans plus forts, nous feroient recevoir une escorne, et qu'on ne devoit regarder à la honte, d'autant que celuy qui evite le peril, avec le profit qu'il en reçoit, jouit aussi de l'honneur. M. l'Admiral, qui estoit homme de grande consideration, s'opiniastra à vouloir demourer, disant estre necessaire avec la bonne contenance de cacher sa foiblesse, et envoya incontinent querir et rappeller ces harquebusiers, ce qui fit arrester les ennemis.

Or, combien que ce conseil profita, si est ce que celuy de M. d'Andelot estoit plus seur et à preferer, au moins à mon opinion; ayant bien voulu reciter ce petit fait assez au long, afin que ceux qui veulent s'instruire aux armes en tirent ce fruict : c'est que, quand il est question d'acte qui importe, on doit oster ces argolets de la teste, et au lieu y mettre un très-avisé capitaine, accompagné de bonnes lances; car celuy qui a ceste place est la guide du reste, et, sur son avis, tout le reste se meut; et faisant autrement on erre, comme on feroit si, en marchant par pays inconu, on mettoit devant une guide ignorant le chemin. On peut remarquer aussi qu'encores qu'il n'y ait nulle jalousie entre des capitaines, toutefois, voire en un fait bien clair, on voit arriver de la contrarieté en leurs opinions. Et ce qui me fait plus esbahir de celle-ci, est que chacun contrarioit à sa disposition naturelle et coustume de proceder; car l'un, estant actif comme un Marcellus, delibera très-sagement, et l'autre, lent et consideratif comme un Fabius, opina hazardeusement. De dire la cause de cela je ne sçaurois, sinon qu'aux prompts mouvemens on ne garde pas tousjours l'ordre accoustumé en ses actions. On voit aussi comme l'audace sert quelquefois; mais, comme on dit, ces coups sont bons à faire une fois, et n'y retourner pas souvent, pour le hazard qu'il y a. Je demanday depuis à M. de Martigues, qui commandoit en ceste troupe de lances, s'il sçavoit que messieurs l'Admiral et d'Andelot fussent en ces cinq cornettes. Il me dit que non, et que s'il l'eust sceu, qu'il eust cousté la vie à tous, ou il les auroit eus vifs ou morts, et qu'ils cuidoient que c'estoient les troupes des mareschaux de camp, qu'ils eussent chargées sans un doute qu'ils eurent qu'elles estoient sousteneues par une grosse harquebuserie, qui leur sembloit qui paroissoit en un village derriere, encores que ce ne fussent que valets, et qu'ils attendoient leurs gens de pied.

Mais au bout d'une heure, les uns et les autres penserent bien qu'il y auroit un plus gros jeu; car on apperceut de tous costés marcher les enseignes d'infanterie et les esquadrons de cavallerie, et estoit sur le tard quand tout fut arrivé, et n'y eut autre chose qu'une grosse escarmouche que la nuict fit cesser. Là n'y avoit-il que l'avantgarde catholique : et ses chefs, voyant la partie mal faite d'elle contre le camp huguenot, s'aiderent d'une gentille ruse pour nous faire croire que tout leur gros y estoit; car les tambours de leurs regimens françois, ils les firent sonner à la suisse, ce qui nous confirma que tout leur corps estoit là, et ne parloit-on que de bataille pour le lendemain. Ils deffendirent aussi que nul des leurs ne se desbandast, et qu'on n'attaquast rien qu'en se deffendant, de peur qu'on ne prist quelque prisonnier qui eust descouvert la verité : et si nous eussions sceu ceci, on les eust assaillis dès le soir mesme. Ils firent battre les gardes et faire de grands feux; mais après qu'ils eurent repeu ils deslogerent avec peu de bruit, et se retirerent, les uns à Jasnueil, où monseigneur estoit logé avecques la bataille, et les autres au bourg de Sanssay; qui n'en est qu'à une lieuë. Le prince de Condé fut adverty à trois heures après minuict de leur deslogement, et à cinq il se mit à leur queüe avecques toute son armée, se doutant bien que la leur n'estoit venue là. Voilà comment en un mesme jour deux belles occasions se perdirent : la premiere, par les catholiques, la seconde, par ceux de la religion. Toutefois, si ne doit-on donner gueres de coulpe ny aux uns ny aux autres, car elles furent mal-aisées à reconoistre sur le champ, et en deux ou trois heures elles se passerent. Vray est qu'un petit avis les eust à plein descouvertes; mais cela est un benefice de l'heur, qui ne depend de la suffisance des capitaines.

Ce que j'ay recité de la journée precedente est encores peu de cas au prix de ce qui survint le lendemain à Jasnueil; et semble que celuy qui dispose de tout se voulut mocquer, pour quelques jours, de tant d'excellens chefs qui estoient là; d'autant que plusieurs choses qui se firent alors, et qui arriverent, fut plus par hazard, et inopinément quasi, que par conseil. La deliberation des huguenots estoit de suivre les ennemis jusques dedans le corps de leur armée, et au lieu où ils la trouveroient la combattre. Parquoy M. l'Admiral se mit sur leurs brisées, qui estoient assez apparentes, et M. le prince marchoit après; et comme il y avoit deux routes, l'une qui alloit au bourg de Sanssay, et l'autre à Jasnueil, M. le prince se fourvoya, et prit ceste-ci : dequoy fut occasion une bruine qui s'esleva avant le poinct du jour. La teste que M. l'Admiral avoit mise devant luy, qui estoit forte, donna sur les huict heures du matin au bourg de Sanssay, où cinq ou six cens chevaux estoient logez, qui furent contrains de se retirer plus viste que le pas, et y perdirent tout leur bagage, et si les suivit-on fort loin. Cependant M. le prince, continuant le chemin qu'il avoit pris, ayant marché plus de deux lieues, se trouva au front de l'armée de monseigneur, ne sçachant aucune nouvelle de son avant-garde. Luy, se voyant engagé, pensa qu'il falloit faire bonne mine; et pource que le pays estoit fort, il fit mettre ses harquebusiers devant, qui passoient douze mille, et fit attacher une escarmouche, et manda à M. l'Admiral, ne sçachant où il estoit, qu'il avoit esté contraint de monstrer semblant qu'il vouloit combattre, se trouvant si prochain de l'armée de monseigneur, et qu'il rebroussast vers luy en toute diligence. Avant que le messager fut à mi-chemin, M. l'Admiral entendit tirer les canonnades, ce qui le fit douter de ce qui estoit avenu, et s'achemina vers le bruit avec ce qu'il peut ramasser; mais quand il arriva sur le lieu, le soleil s'en alloit jà couché, qui garda qu'on ne peut avoir temps pour deliberer, reconoistre, ny entreprendre rien en gros. Tout se passa en grosses escarmouches, qui furent les plus belles qu'on ait veu il y a long-temps, qui mirent l'armée de monseigneur en quelque espouvantement, à cause qu'elle estoit placée en un lieu merveilleusement incommode; et toutefois elle ne laissa de tenir tousjours bonne contenance. L'une ny l'autre ne se voyoient point; estans cachées dans des hayes et petits vallons, et n'y avoit que l'harquebuserie desbandée qui s'apperceut. Je remarquay bien que la nostre estoit pleine de courage autant qu'il se peut; mais la conduite ne fut pareille, car elle tiroit comme en salve, et se tenoit trop serrée ensemble, et tout un regiment attaquoit à la fois : au contraire, celle de monseigneur estoit esparse, tirant assez lentement, et alloit par petites troupes, de maniere que deux cens harquebusiers arrestoient un regiment huguenot. Ils ne sceurent pourtant empescher qu'aucuns des nostres ne donnassent jusques dedans les premieres tentes, laquelle ardeur leur cousta cher; car M. de La Valette leur fit deux charges fort à propos avec trois cens lances, et en tua bien cent cinquante. On demandera à ceste heure si toute l'armée du prince fust arrivée jointe avec luy, ce qui se fust ensuivi. J'ay opinion que l'autre eust esté fort esbranlée, car sa place de bataille estoit si estroite, qu'elle ne suffisoit pas à la ranger en ordre, venant au combat. Nous luy eussions jetté par les flancs (qui estoit tout pays fort) dix mille harquebusiers favorisez de mille chevaux; puis, avec tout le reste de l'infanterie, et plus de quinze cens chevaux, M. le prince eust donné par la teste, ce qui estoit difficile à soustenir. Les capitaines catholiques qui y estoient, et qui en voudront parler sainement, ne contrediront gueres à ceci; car onc ne furent si embarrassez qu'ils furent lors, comme je l'ay appris des plus grands, qui ne me l'ont celé. La nuict estant survenue, M. le prince de Condé s'alla loger à Sanssay, qui n'est qu'à une lieuë et demie de là.

Je ne veux taire une chose pour rire qui arriva alors : c'est que pendant qu'on fit alte, tout le bagage de nostre infanterie se vint arrester au long d'un bois, assez près de la queue de nos gens de guerre, et là s'accommoderent, pensans qu'on y deust camper, y faisant plus de quatre mille feux, et n'apperceurent l'armée se retirer à cause de la nuit; de maniere que plusieurs maistres furent ce jour-là mal soupez. Aucuns catholiques qui estoient en garde, m'ont conté que voyans tant de feux, et oyans tant de cris, ils tenoient pour certain que c'estoit nostre armée, et s'attendoient d'avoir le lendemain bataille, ce qui les rendit plus diligens à fortifier leurs avenues. Le feu capitaine Garies m'a aussi dit qu'il s'offroit d'aller reconoistre ce que c'estoit; mais on ne voulut rien hazarder contre ces braves soldats qui là estoient. Sur la minuit, M. le prince receut avis comme tout le bagage estoit engagé, et le tenoit comme perdu : neantmoins il ne laissa d'y envoyer quatre ou cinq cornettes pour le retirer, et commanda qu'une heure après mille chevaux et deux mille harquebusiers s'y acheminassent pour le favoriser si on sortoit après. Les premiers qui y arriverent trouverent messieurs les valets et goujats campez en mout belle ordonnance, se chauffans, chantans, et faisans bonne chere; et eust-on jugé de loin que là y avoit plus de dix mille hommes, et eux n'avoient non plus d'apprehension que s'ils eussent esté dans une ville forte. Ils se prindrent à rire de la stupidité de toute ceste forfanterie, laquelle ordinairement est couarde comme un lievre, mesme où la seureté est; et là, non seulement au milieu d'un très-grand peril, ains de la mort, elle ne faisoit bruire que cris d'allegresse, à cause qu'ils avoient très-bien soupé des vivres de leurs maistres. Ils furent à la teste de ce beau camp, où les plus vaillans goujats avoient posé leurs gardes et sentinelles, et de tant loin qu'ils appercevoient quelqu'un, encore qu'il dist cent fois *ami*, ils tiroient de bonnes harquebusades après luy, et puis crioient comme des enragez. A la fin ils se reconurent, et ayant sceu où ils estoient, leur assurance se convertit en peur, et deslogerent tous sans trompette. Après que d'une part et d'autre on eut sejourné un jour, le prince de Condé s'achemina à Mirebeau, qu'il prit, et monseigneur alla à Poictiers, et chacun se logea un peu au large pour reposer les troupes, qui estoient harassées.

Huict ou dix jours s'estans passés, M. l'Admiral fit une entreprise pour tailler en pieces le regiment du comte de Brissac, qui estoit assez fortement logé au village d'Aussences, prochain d'une lieue de Poictiers. Or, pensoit-il que toute l'avant-garde de monseigneur fust encore logée à ce fauxbourg de la ville qui estoit de nostre costé; mais plus de la moitié estoit passée delà l'eau le jour precedent; et seulement les Suisses et quelque cavalerie y estoient demeurez. Nous menasmes bien six mille harquebusiers et quinze cens chevaux, qui arriverent à la diane au village, lequel ils forcerent après quelque resistance. Cependant, le regiment qui y estoit se retira avec perte de cinquante hommes, et non plus, par un vallon droit à leur camp, et quelques chevaux desbandez des nostres se mirent à le suivre; mais le jour estant grand, on apperceut sur un haut, vers ledict Poictiers, nombre de cavallerie qui se rangeoit en ordre, et ouit-on les tambours sonner, mesme on vid paroistre un bataillon de picques. Les chefs dirent alors : « C'est l'armée, et si nostre gros passe le ruisseau pour deffaire ce regiment qui se va esloignant, elle nous viendra sur les bras, et y a danger que soyons nous mesmes defaits. » Parquoy ils resolurent de se retirer. Quasi tous les meilleurs capitaines opinerent de mesme; et, pour dire vray, il sembloit en apparence qu'il y eust raison de ce faire. Neantmoins qui eut passé outre, non seulement on eust rompu ce regiment, mais aussi toute ceste demie avant-garde, qui en effect estoit foible. Aucuns capitaines catholiques qui là estoient ayant ouy l'allarme, et voyans qu'il n'y avoit plus là logé que dix enseignes de Suisses, et environ trois cens lances, firent mettre sur ce haut maistres et valets, armez et desarmez, de tous ceux qu'ils purent ramasser, tant de la ville que dehors. Cela faisoit une très-belle monstre, par laquelle nous fusmes circonvenus : et quelques-uns m'ont asseuré que si nous eussions marché droit à eux, qu'ils eussent pris party : mais par cest artifice ils eviterent le péril, et acquirent louange, verifians ce vieil proverbe françois, *qu'engin vaut mieux que force.*

CHAPITRE XXII.

Que les deux armées, en s'entre-voulant vaincre, ne peurent pas seulement se combattre, et comme la rigueur du temps les separa, ruinant quasi l'une et l'autre armée en cinq jours.

Guichardin en quelque endroict de son histoire dit que rarement il advient qu'un mesme conseil plaise en mesme temps à deux exercices (1). Mais ces deux icy

---

(1) *Exercices* : armées.

perseverent toujours en une mesme resolution de combattre.

Quand ils se furent un peu reposez, monseigneur se mit aux champs, et en passant reprit la ville de Mirebeau. Puis, voulant s'approcher plus près du prince de Condé, qui s'estoit allé loger ès environs des villes de Monstreuil-Bellay et Touars pour la commodité des vivres, il advisa qu'il luy convenoit surprendre ou forcer la ville de Loudun, qui estoit sur son chemin, où il y avoit un regiment huguenot. Là vouloit-il placer son armée, et puis selon les occurrences se gouverner; et en l'ocupant il ostoit à ses ennemis un petit quartier de pays très-abondant, et qui pouvoit nourrir son armée un mois. Messieurs les princes de Navarre et de Condé, ayans apperceu son dessein, resolurent, pour ne recevoir ceste vergongne de voir à leur barbe tailler en pieces un de leurs regimens, ou, pour ne monstrer signe de crainte et de foiblesse en quittant une ville qui se pouvoit defendre, de marcher jour et nuit vers Loudun, où estans arrivez, logerent toute leur infanterie dans les fauxbourgs, et cinq ou six cens chevaux dans la ville, et le demeurant ès villages prochains. Le soir precedent, monseigneur s'estoit venu camper à une petite lieue françoise de là, et avoit quelque opinion que ses ennemis ne s'opiniastreroient à hazarder leur armée pour la conservation d'une si mauvaise place; mais il la perdit bientôt, car le jour suivant il vid après le soleil levé toute l'armée des princes qui se mettoit en bataille au long des fauxbourgs. Il commanda aussi que la sienne s'y mit, et l'artillerie de part et d'autre estant placée, commença à tirer dans les esquadrons, où quelquefois elle faisoit du dommage. Là voyoit-on plus de quarante mille hommes, et la plupart tous François, en ordonnance, et assez prochains les uns des autres, avec les courages aussi fiers que la contenance estoit brave, et plusieurs n'attendoient que le signe du combat.

Il faut entendre qu'entre les deux armées n'y avoit que campagne rase, et sans advantage, ce qui pourroit faire trouver estrange pourquoy on ne s'attaqua. Mais de l'autre costé on doit sçavoir que vingt ans auparavant on n'avoit senty un si dur hyver que celuy qu'il faisoit lors; et non seulement la gelée estoit forte; ains continuellement tomboit un verglas si terrible, que quasi les gens de pied ne pouvoient marcher sans tomber, et beaucoup moins les chevaux : de sorte qu'un petit fossé, relevé seulement de trois ou quatre pieds, ne se pouvoit passer à cheval, tant il estoit glissant; et comme il y en avoit plusieurs entre les deux armées, faits pour la separation des héritages, c'estoient comme autant de tranchées; et celle qui eust voulu aller assaillir se fust entierement desordonnée. Pour ceste cause chacune se tenoit ferme pour voir celle qui voudroit entreprendre ce hazard, ou plustost ceste folie. Nulle ne voulut tenter le gué, seulement vint quelque legere escarmouche, et une heure avant la nuit on se retira en ses quartiers. Le lendemain l'une et l'autre se mirent encore en bataille, tirant l'artillerie comme au jour precedent : et aucuns qui vouloient aller aux escarmouches, se rompoient ou desnouoient les bras ou les jambes, et y en eut plus d'offensez par cest inconvenient que d'arquebusades. Le troisiesme jour la contenance fut pareille, sans qu'on sceust trouver les moyens de venir aux mains, qu'on ne cheust en un très-grand desavantage. Mais le quatriesme, monseigneur, qui avoit la pluspart de ses gens logez à descouvert, se retira à une lieue de là, non pour rafraischir ses gens, comme on parle ordinairement, ains pour les reschauffer à couvert contre l'injure du temps; car ils ne pouvoient plus supporter le froid, la vehemence duquel en fit mourir plusieurs, tant d'une part que d'autre. C'est un abus évident quand on veut comme s'obstiner à surmonter la rigueur du temps; car, puis que les choses plus dures en sont brisées, beaucoup plustost faut-il que l'homme, qui est si sensible, y cede. Aussi ce qui s'ensuit de cecy fit bien conoistre qu'on ne doit, sans une grande necessité, faire souffrir les soldats outre leurs forces; car les maladies se mirent peu de jours après entre iceux, tant violentes que langoureuses, qu'en un mois je suis bien asseuré qu'il en mourut plus de trois mille de nostre costé, sans ceux qui se retirerent; et ay ouy dire qu'en l'autre armée autant ou plus prindrent le mesme chemin. L'ardeur que tous avoient de combatre, et la presence de leurs chefs, les faisoit endurer jusques à l'extremité. Mais, pour n'en mentir point, ceux de monseigneur endurerent encor davantage, pour n'avoir tant de couvert, ny tant de vivres que nous. Quelques cornettes de cavallerie des deux camps estoient logées à demy lieuë et à trois quarts les unes des autres; mais estans au soir retournées à leur logis, tous estoient si transis, qu'ils ne se soucioyent de molester leur ennemy, ny mesmes luy donner une seule alarme, comme s'il y eust eu trefves entr'eux.

Le jour d'après le deslogément de l'armée de monseigneur, il se presenta une belle occasion qui fut bien preveuë par M. l'Admiral, et assez chaudement executée, laquelle toutesfois ne succeda. Il se douta que les catholiques, qui avoient ès jours precedens logé demy à la haye, voudroyent, estàns un petit esloignez, s'escarter ès bons villages, ce qu'ils firent; et ne demoura au corps de l'armée que la personne de monseigneur, l'artillerie, les Suisses, trois ou quatre cens chevaux, et environ douze cens harquebusiers françois; le reste estoit à une ou à deux lieuës de là. Or, sur les neuf heures du matin, que la cavallerie des princes fut arrivée, ils firent sortir douze ou quatorze mille harquebusiers et quatre pieces legeres, en deliberation de donner droit au corps de l'armée ennemie, qui n'estoit qu'à une petite lieuë et demie de là. Ils sçavoient bien qu'il y avoit un ruisseau et certains passages dessus qu'ils n'estimoient pas fort mal-aisez, suivant le rapport des guides. Et ayant la nuit precedente fait reconoistre et taster les gardes qui là estoient, les trouverent forçables. Ainsi ils s'acheminerent, faisans leur teste gaillarde : et quand on arriva à ce passage, qui n'estoit qu'à un quart de lieuë de leur camp, on le trouva defendu de quelque infanterie qui ne se doutoit pas de cela. Elle fut vivement attaquée, mais on ne la peut forcer, et là s'arresta-t-on à escarmoucher. Leur camp, ayant pris l'alarme très-chaude, commença à tirer canonnades sur canonnades, pour rappeller leurs gens escartez; et est certain qu'il y eut là de l'estonnement beaucoup à ce commencement. Après, leurs chefs pourveurent au renforcement de la garde de ce passage : toutesfois, un grand quart d'heure après, M. l'Admiral au mesme temps fit donner à un autre passage, qui fut aussi bien defendu : mais qui les eust peu gaigner, il y a apparence que leur armée estoit prevenue; car, avant que mille hommes de renfort leur fussent arrivez, nous leur eussions mis en teste d'abordée quinze cens chevaux et six mille harquebusiers, qui les eussent bien esbranlez. Au bout de deux heures qu'ils se furent rengrossis, ils amenerent des pieces sur un haut; et, après plusieurs coups tirez de part et d'autre, le froid fit retirer chacun.

Des deux costez, tant la noblesse que les soldats murmuroient fort contre les chefs dequoy, sans aucun fruict, on les jettoit en proye de la froidure et des glaces, se plaignans aussi d'estre assailliz par la faim, et que si on ne les accommodoit en lieux asseurez et muniz, ils iroient eux-mesmes s'y placer, ne pouvans plus resister à tant d'extremitez. Il n'y eut en cecy contradiction aucune, car l'intention des chefs s'accordoit bien à leur desir. Les catholiques s'allerent loger delà la riviere de Loire, ès environs de Saumur; les huguenots retournerent à Monstreuil-Bellay et à Touars. Par ce dernier fait, je viens à considerer que souvent se rencontrent de belles occasions quand les armées logent escartées : ce qui doit disposer ceux qui les conduisent à une grande vigilance, de crainte d'experimenter une heure infortunée. Au moins devroient-ils travailler de pouvoir dire comme Alexandre : *J'ay dormy seurement, car Antipater a veillé pour moy.* Il y en a qui pensent que les lecteurs reçoivent peu d'instruction, quand on leur represente des choses qui n'ont pas esté achevées, qu'eux appellent œuvres imparfaites; mais je ne suis pas de leur advis; car, quand quelque fait est descrit à la verité, et avec ses circonstances, encor qu'il ne soit parvenu qu'à my-chemin, si peut-on tousjours en tirer du fruict. Tout ainsi que de ceux qui ne parviennent que jusques au tiers ou au quart du cours commun de la vie, on ne laisse pas d'en tirer de bons exemples; car la vertu, en toutes les parties de l'aage, ou d'une action, se fait aucunement paroistre. Et c'est ce qui me fera encores mettre icy une audacieuse entreprise, laquelle, n'ayant eu aucun effect, est digne pourtant d'estre sceue.

Le comte de Brissac (1) la mania et voulut l'attenter pendant le sejour que firent les deux armées. Il estoit hardy et avisé au possible pour son aage; mais le desir de gloire, qui estoit excessif en luy, le ravissoit à choses hautes et difficiles. Messieurs l'Admiral et d'Andelot estoient logez dans la ville de Monstreuil-Bellay avec leurs cornettes, qui estoient grosses : en un petit fauxbourg tout proche, y avoit deux compagnies d'infanterie pour faire quelques simples gardes,

---

(1) *Le comte de Brissac.* Le maréchal de Brissac, si fameux sous le règne de Henri II, étoit mort en 1563, après avoir aidé Charles IX à reprendre le Havre, qui avoit été livré aux Anglais par les protestans. Celui dont il s'agit ici étoit son fils Timoléon de Cossé, comte de Brissac. Boyvin du Villars, auteur des Mémoires sur les campagnes du maréchal, rapporte ainsi, dans un autre ouvrage peu connu, les derniers conseils que ce grand capitaine crut devoir donner à son fils. « Le mareschal,
« estant à l'article de la mort, dit à Timoleon, colonel de la fanterie
« françoise, que, puisqu'il ne luy pouvoit laisser de grandes richesses,
« qu'il luy laissoit la seule chose et la plus belle qui fust encore sienne,
« à sçavoir l'image et l'exemple de sa vie vertueuse, douce et genereuse,
« cheminant par les honorables voyes, de laquelle il emporteroit la re-
« putation d'un vray homme de bien et d'honneur, que, devenant tel
« sous la crainte et l'amour de Dieu, qu'il seroit aimé et honoré du
« prince et d'un chacun. » (*Instruction sur les affaires d'Estat, de la guerre et vertus morales*, page 577.) Ce jeune héros, dont La Noue fait un si bel éloge, fut tué l'année suivante, 28 avril, au siége de Mucidan en Périgord. Il n'étoit âgé que de vingt-six ans.

tant devant leurs logis qu'aux portes. Les gentilshommes faisoient seulement des rondes toutes les heures à l'entour de la muraille, et sembloit que cela devoit suffire; car y ayant à l'advenue de Saumur six ou sept regimens d'infanterie dans un grand fauxbourg qui estoit outre la riviere, la ville demeuroit couverte de ceste part; de l'autre, il y avoit de grands marescages à une lieuë aux environs, qui ne se pouvoient passer qu'en certains endroits, et neuf ou dix cornettes de cavallerie, logées par les villages en deçà, qui batoient les chemins et de jour et de nuict, ce qui la rendoit asseurée; de sorte qu'il y avoit peu d'apparence qu'elle peust tomber en aucun danger. Or, comme en ces guerres civiles on a tousjours de bons advertissemens, parce que les ennemis couverts sont ordinairement cachez dans les entrailles des partis, ledict comte eut avis premierement de la petite garde qu'on faisoit à ladicte ville; secondement, qu'on y pourroit arriver sans donner dedans le fort des gardes de nostre cavalerie, en faisant deux lieues davantage que par le droit chemin. Mais il ne se voulut arrester à cela; et, pour estre certifié de tout, il pria un capitaine françois et un italien d'aller de nuict reconoistre ce qui en estoit. L'un d'eux m'a asseuré qu'ils vindrent jusques au pied de la muraille, et, avec une longue picque et une corde ayant une agraffe de fer, ils y monterent, car elle estoit assez basse, puis furent jusques au logis de M. l'Admiral, environ les neuf heures du soir. Cela fait, s'en retournerent sans jamais estre descouverts. Luy, entendant ceste facilité, fut fort resjouy, et bastit son dessein là dessus, qui estoit tel : Il vouloit, avec mille harquebusiers choisis et bien dispos, et cinq cens chevaux, partir à telle heure que il peust arriver à Monstreuil-Bellay à trois heures après minuict, afin d'avoir deux heures de nuict, pour le moins, pour favoriser sa retraite s'il failloit son entreprise ; mais, advenant qu'il l'executast, il devoit faire de grands feux ès tours du chasteau, pour advertir l'armée catholique qui estoit à Saumur, afin de marcher en toute diligence pour le secourir, s'asseurant qu'on ne le forceroit pas sans le battre d'artillerie, et n'y a doute qu'en six heures elle n'eust esté là. En ce faisant, il prenoit deux très-signalez chefs au milieu de leur seureté, et cent gentilshommes de nom. Davantage, il mettoit à vau de route ceste avant-garde qui estoit là logée, qui n'eust attendu la venue des catholiques de renfort, tant leur estonnement eust esté grand, et s'en fussent par avanture ensuivis d'autres inconveniens. Je pense, quant à moy qui estois là alors, et qui ay bien remarqué le dedans et le dehors, et comme les affaires alloient, que l'execution de cecy n'estoit pas impossible ; mais, comme il est besoin que Dieu veille pour ceux qui dorment et pour la conservation des citez, aussi quand le comte alla pour parachever son entreprise, il lui survint un desastre inopiné qui renversa son dessein ; car, estant party pour cest effect avec une douzaine d'eschelles, et ses gens bien deliberez estans jà à deux bonnes lieues de la ville, il rencontra par cas d'aventure deux cens chevaux huguenots qui alloient courir, lesquels, voyans ceste grosse cavalerie et infanterie aux champs, se retirerent soudain, donnans l'alarme, tant à la ville qu'aux autres quartiers des gens de cheval ; et ainsi fut contraint le comte de se retirer. Depuis, M. l'Admiral fit jetter des gardes plus grosses de nuict aux passages, et rebattre les champs plus souvent, combien qu'il ne descouvrist rien de l'entreprise, ny moy-mesme n'en sceu rien qu'après la paix faite. Certes, je prise beaucoup ce haut exploit que ce jeune homme genereux entreprenoit, auquel il y avoit de l'honneur à l'oser seulement entreprendre. Cependant je ne trouve estrange que M. l'Admiral ne se douta jamais qu'une telle chose se peust faire, car il eust, par maniere de dire, fallu le prevoir par divination. Il est bon toutefois, quand on est près d'une grosse force et de capitaines determinez, de redoubler son soin, et penser que le desir d'honneur leur administre des ailes.

CHAPITRE XXIII.

De la mort de M. le prince de Condé à Bassac.

[1569] Les huguenots ayant beaucoup souffert ès jours precedens, trouverent le sejour fort doux dans le pays de Poictou, où ils s'estoient retirez, quand on vint rapporter que l'armée de monseigneur estoit aux champs, et s'acheminoit vers les costez d'Angoulesme. Il luy estoit venu deux mille reitres de renfort; et croy que son but estoit, pour achever bientost la guerre, de forcer ses ennemis à combattre, ou les contraindre de se renfermer dans les villes. En l'un il avoit l'avantage, et en l'autre il diminuoit leur reputation. Messieurs le prince de Condé et Admiral sur cest advis firent resserrer leurs gens, et délibererent de se tenir au long de la riviere de Charente, pour voir leur contenance, sans rien hazarder, aussi pour favoriser leurs places, pour lesquelles fournir d'hommes ils affoiblirent leur armée. Il ne se fit rien de memorable jusques à ce que les catholiques arriverent à Chasteau-neuf, qui est sur la riviere susdite, où d'abordée ils prindrent le chasteau, qui estoit ès mains d'un mauvais gardien. Et d'autant que le pont avoit esté rompu en deux endroits, M. l'Admiral voulut luy-mesme, pour mieux reconoistre leur mine et le passage, venir jusques-là avec sept ou huit cens chevaux et autant d'harquebusiers, la riviere entre deux toutesfois, où il s'attacha une escarmouche avec quelques gens qu'ils avoient fait passer, ou par barque, ou sur quelque planchage soudainement mis, laquelle ne dura pas beaucoup. Cependant il fut aisé de juger qu'ils vouloient s'efforcer de passer là.

M. l'Admiral, desirant de conserver sa reputation tant qu'il se pouvoit, et faire paroistre à ses ennemis qu'il ne vouloit leur quitter la terre que pied à pied, proposa de leur empescher le passage en corps pour le lendemain; et sur le lieu mesme ordonna que deux regimens d'infanterie logeroient à un quart de lieue du pont, et huit cens chevaux quelque peu derriere, dont le tiers seroit en garde assez près du passage, tant pour advertir que pour faire quelque legere contestation. Cela fait, il se retira à Bassac, distant d'une lieue, avec le reste de l'avant-garde; et M. le prince s'approcha à Jarnac, qui est une lieue plus outre. Mais ce qu'il commanda ne fut pas fait; car, tant la cavalerie que l'infanterie, ayant reconu qu'aux lieux designez y avoit peu de maisons et nuls vivres ny fourrages, ayant oublié du tout la coustume de camper, et d'estre sans commodité au logis, alla prendre quartier ailleurs. Ainsi la pluspart de ceste troupe s'esloigna pour loger, et ne demeura sur le lieu que peu de gens, qui s'accommoderent à demy-lieue du passage. De cecy s'ensuit que la garde fut très-foible, laquelle ne peut s'approcher assez pour ouyr ny donner alarme d'heure en heure aux gardes ennemies, ainsi qu'il avoit esté advisé, pour faire croire que toute nostre avant-garde estoit là logée. Les catholiques, qui avoient resolu de se saisir de ce passage, quand bien tout nostre camp l'eust voulu empescher, firent, par la diligence de M. de Biron, non seulement refaire le vieux pont, mais aussi en dresserent un nouveau des barques qui se portent aux armées royales, et avant la minuit le tout fut parachevé : puis commencerent à passer sans grand bruit, cavallerie et infanterie. Ceux de la religion qui estoient en garde avec cinquante chevaux à un petit quart de lieue du passage, n'apperceurent quasi point qu'ils passoient, sinon sur l'aube du jour, et incontinent en advertirent M. l'Admiral; lequel ayant sceu comme la pluspart de ses gens avoient logé fort escartez, mesme du costé que venoient les ennemis, leur manda qu'ils passoient, et qu'ils s'acheminassent diligemment vers luy, afin de se retirer tous ensemble, et qu'il feroit alte cependant à Bassac. Il commanda aussi à l'heure mesme que tout le bagage et l'infanterie se retirast, ce qui fut fait. Et si lors, voire une heure après, toutes ses troupes eussent esté assemblées, très-facilement il se fust retiré, mesme au petit pas; mais ceste longueur de temps qui se passa (qui ne fut moins de trois heures) à les attendre, fut la principale occasion de nostre desastre. Il ne vouloit laisser perdre telles troupes, où il y avoit huit ou neuf cornettes de cavallerie, et quelques enseignes de gens de pied, dont les chefs estoient le comte de Montgommery, M. d'Acier et le colonel Puviaut.

Enfin, quand ils furent rejoints à luy (sauf M. d'Acier, qui prit la route d'Angoulesme), les ennemis, qui estoyent tousjours passez à la file, estoient si engrossis, si prochains de nous, et l'escarmouche si chaudement attachée, qu'on conut bien qu'il convenoit combattre : c'est ce qui fit retourner M. le prince de Condé, qui jà estoit à demy-grosse lieue de là se retirant ; car, ayant entendu qu'on seroit contraint de mener les mains, luy, qui avoit un cœur de lion, voulut estre de la partie. Quand donc nous commençasmes à abandonner un petit ruisseau pour nous retirer (qu'on ne pouvoit passer qu'en deux ou trois lieux), alors les catholiques firent avancer la fleur de leur cavallerie conduite par messieurs de Guise, de Martigues et le comte de Brissac, et renverserent quatre cornettes huguenottes qui faisoient la retraite, où je fus pris prisonnier ; puis donnerent à M. d'Andelot dans un village, qui les soustint assez bien. Eux, l'ayans outrepassé, apperceurent deux gros bataillons de cavallerie, où M. le prince et M. l'Admiral estoient, lesquels, se voyans engagez, se preparerent pour aller à la charge. M. l'Admiral fit la premiere, et M. le prince la seconde, qui fut encore plus rude que l'autre, et du commencement fit tourner les espaules à ce qui se presenta devant luy ; et certes il fut là bien combattu de part et d'autre. Mais d'autant que toute l'armée catholique s'avançoit tousjours, les huguenots furent contrains de prendre la fuite, ayans perdu sur le champ environ cent gentils-hommes, et principalement la personne de M. le prince, lequel, estant porté par terre, ne peut estre secouru des siens, et s'estant rendu à M. d'Argences, survint un gentil-homme gascon, nommé Montesquiou, qui luy donna une pistoletade dans la teste, dont il mourut. Sa mort apporta un merveilleux regret à ceux de la religion, et beaucoup de resjouissance à plusieurs de ses contraires, lesquels estimoient de voir bientost dissiper le corps duquel ils avoient tranché un si digne chef. Si est-ce que parmy le blasme qu'aucuns d'eux lui donnoient, autres ne laissoient de louer sa valeur.

Aussi luy peut-on donner ceste louange, qu'en hardiesse aucun de son siecle ne l'a surmonté, ny en courtoisie. Il parloit fort disertement, plus de nature que d'art, estoit liberal et très-affable à toutes personnes, et avec cela excellent chef de guerre, néantmoins amateur de paix. Il se portoit encores mieux en adversité qu'en prosperité. Mais ce qui le rendoit plus recommandable, c'estoit sa fermeté en la religion. Il vaut mieux que je me taise, de peur d'en dire trop peu, ayant aussi bien voulu dire quelque chose, craignant d'estre estimé ingrat à la memoire d'un si magnanime prince. Tant de dignes personnages catholiques et huguenots, que nos tempestes civiles ont emportez, doivent estre regrettez; car ils honoroient nostre France, et eussent aidé à l'accroistre, si la discorde n'eust excité la valeur des uns pour destruire la valeur des autres. Après ce coup, l'estonnement fut grand au possible en l'armée huguenotte, et bien luy servit le pays enveloppé d'eaux, où elle se retira ; car cela retint les catholiques, et luy donna temps de se reordonner. Ils imaginerent, ayant acquis une telle victoire, que nos villes s'estonneroient, qui n'estoient pas gueres fortes; mais M. l'Admiral avoit jetté dedans la pluspart de son infanterie, pour rompre ceste premiere impetuosité; de façon que quand ils s'avancerent pour attaquer Coignac, ils conurent bien *que tels chats ne se prenoient pas* (comme l'on dit) *sans mittaines;* car il y avoit dedans quatre regimens d'infanterie; et comme ils eurent envoyé trois ou quatre cens harquebusiers du costé du parc pour reconoistre cest endroit, ceux de dedans en firent sortir mille ou douze cens, qui les rechasserent si viste qu'ils n'y retournerent plus; car aussi il n'y avoit en leur armée que quatre canons et quatre coulevrines. Monseigneur, se contentant de sa victoire, et voyant qu'il ne pouvoit gueres exploiter, se retira pour rafraischir ses gens, ayant triomphé en sa plus tendre jeunesse de très-excellent chef : aussi fut-il bien conseillé et assisté d'autres dignes capitaines qui l'accompagnerent. De ce fait icy on peut recueillir que, quand il est question d'une chose importante et hazardeuse, on ne la doit point entreprendre à demy; car, ou il la faut laisser, ou s'y employer avec tout son sens et avec toute sa force. En après, il faut noter que quand les armées logent escartées, elles tombent en des inconveniens que la suffisance des meilleurs chefs ne peut detourner.

CHAPITRE XXIV.

Du memorable passage du duc de Deux-Ponts, depuis les bords du Rhin jusques en Aquitaine.

Plusieurs qui verront icy escrit, comme pour merveille, qu'une armée estrangere ennemie ait penetré bien avant dans le royaume de France, ne le trouveront peut estre si estrange, pource que, se mettant devant les yeux autres exemples semblables, et mesmement celuy de l'empereur Charles, quand il vint assaillir Sainct Disier, ils penseront que telles expeditions ne sont pas si extraordinaires qu'on les voudroit faire croire. Toutesfois, s'ils veulent bien considerer la longueur du chemin que celle-cy fit, et les grands et continuels empeschemens qu'elle eut, je me doute bien qu'ils changeront d'opinion : je confesseray pourtant que les guerres civiles ont beaucoup facilité l'entrée aux nations voisines, qui n'eussent osé l'entreprendre sans l'appuy d'une des deux parties. Mais quand la faveur se trouve petite d'un costé, et la resistance grande de l'autre, alors admire-t-on davantage les actes de ceux qui se sont ainsi avanturez. Je respondray en un mot sur ce qui a esté allegué de l'empereur Charles, et diray de sa personne que c'estoit le plus grand capitaine de la chrestienté; en après, que son camp estoit de cinquante mille hommes; finalement, qu'au temps qu'il assailloit, le roy d'Angleterre avoit jà pris Boulogne (1), ce qui contraignit le roy François à luy laisser le passage plus libre, pource qu'il ne vouloit rien hazarder temerairement. Autre chose est-ce du fait du duc de Deux-Ponts; car, encores que ce fust un genereux prince, si n'atteignoit-il point à la suffisance militaire de l'autre; et ce luy fut une grande ayde et soulagement d'avoir avec luy le prince d'Orange, le comte Ludovic, et le comte Wolrad de Mansfeld, et, outre cela, de très-braves capitaines françois, avec deux mille hommes, tant à pied qu'à cheval, de la mesme nation, qui se joignirent à lui. Le nombre de ses Allemans estoit de cinq mille lansquenets et de six mille reitres. Et avec ceste petite armée se mit-il en chemin, en intention d'aller joindre celle des princes.

Le Roy ayant entendu comme il se preparoit pour aller à leur secours, ordonna incontinent une petite armée pour luy faire teste, conduite par M. d'Aumale; et, doutant de sa foiblesse, y en fit encores joindre une autre, à qui commandoit M. de Nemours. Ces deux corps assemblez estoient superieurs de beaucoup en infanterie au duc de Deux-Ponts, et en cavallerie inferieurs. Ils aviserent de n'attendre pas qu'il entrast dans le royaume pour le molester, ains s'avancerent jusques aux confins de l'Allemagne, et vers Saverne deffirent le regiment d'un nommé La Coche (2), composé de pieces ramassées, qui se vouloit joindre à luy. Si est-ce qu'il ne laissa d'entrer en France par la Bourgongne, là où ils le vindrent accoster : et jusques à ce qu'il fust parvenu sur le fleuve de Loire, où il n'y a

---

(1) *Avoit jà pris Boulogne.* Henri VIII ne prit Boulogne qu'après que Charles - Quint se fut emparé de Saint-Dizier. — (2) *D'un nommé La Coche.* Ce capitaine étoit de la maison de Theis en Dauphiné.

pas guères moins de quatre-vingts lieues, jamais ne l'abandonnerent, estans ordinairement à ses flancs ou à sa queue; et plusieurs fois les deux armées s'entrevirent et s'attaquerent par grosses escarmouches. J'ay souvent ouy dire à M. le prince d'Orange qu'il s'esbahissoit comme, en un si long et difficile chemin, les catholiques n'avoient sceu choisir une occasion favorable pour eux, et que quelquesfois on leur en avoit offert de belles, à cause de l'embarrassement du grand bagage. Je ne veux obmettre aussi qu'outre les belles forces de l'armée du Roy, elle avoit d'autres avantages qui ne sont pas petits, comme la faveur des villes, du pays et des rivieres; et encore un autre poinct qui est à noter, c'est qu'elle sçavoit le dessein de son ennemy, qui consistoit à avancer chemin, et à gaigner par force, ou par surprise, un passage sur Loire. Et combien que les ducs de Nemours et d'Aumale fussent de très-braves chefs de guerre, si est-ce que, nonobstant leurs ruses et efforts, ceste armée parvint jusques audit fleuve. Aucuns catholiques disoient que le discord qui survint entr'eux leur fit faillir de belles entreprises, qu'ils eussent peu executer s'ils fussent demeurez en bonne union. Je ne sçay ce qui en est; mais si leur dire est veritable, il ne se faut esbahir s'ils ne battirent point, plustost dequoy ils ne furent battus; toutesfois j'ay appris que leurs ennemis eurent peu de cônoissance de leurs piques. Ceste grande barriere de Loire devoit estre encore une seconde et très-grande difficulté, pour arrester tout court ceste armée allemande, d'autant qu'elle ne se guéoit point si bas, et que toutes les villes situées dessus luy estoient ennemies; mais le passage d'icelle luy estoit si necessaire, que cela redoubla la diligence, la temerité et les inventions des huguenots françois, si bien qu'ils allerent attaquer la ville de La Charité, où il y a un beau pont, et, la trouvant assez mal pourvue d'hommes, la presserent tellement, et l'estonnerent par tant de mines et menaces, qu'avant qu'on luy eust envoyé du secours ils l'eurent emportée : ce qui leur fut une joye incomparable; car sans cela ils estoient en très-mauvais termes, et eussent esté contraincts d'aller chercher la source de la riviere, qui estoit un allongement de plus de soixante lieues, et, qui pis est, prenant ce chemin-là, ils s'embarrassoient en un pays montagneux et boscageux, où la cavallerie eust peu profité.

J'ay ouy quelquefois M. l'Admiral discourir de ce fait icy entre ses plus privez; mais il estimoit ce passage des estrangers comme impossible : « Car, disoit-il, nous ne les pouvons aider, à cause que l'armée de monseigneur nous est au devant; et quant à eux, qui en ont une autre sur les bras, et un si difficile fleuve en chemin à passer, il est à craindre qu'ils ne desmesleront ceste fusée sans honte et dommage. Et quand mesme ils l'auroient passé, tousjours les deux armées, jointes ensemble, les auront plustost defaits que nous ne serons à vingt lieues d'eux pour les secourir. » Mais quand il entendit le succez de La Charité, et qu'eux estoient deliberez de tenter tous perils pour se joindre, il reprit esperance, et dit : « Voilà un bon presage, rendons-le accomply par diligence et resolution. » Et c'est ce qui fit acheminer messieurs les princes de Navarre et de Condé le fils(1), qui avoient esté approuvez et receus chefs de ceux

---

(1) *Messieurs les princes de Navarre et de Condé le fils.* Jeanne d'Albret, reine de Navarre, avoit amené, quelque temps auparavant,

de la religion, vers les marches du Limosin, pour s'approcher de l'armée de monseigneur et la tenir en cervelle. Et pour n'en mentir point, chacun jour on estoit comme en fievre, attendant l'heure qu'on vint rapporter que deux si grosses puissances auroient accablé nos reitres; mais il en advint autrement, car ils sceurent prendre l'occasion si à propos et avec telle promptitude, qu'ils les outrepasserent, estans guidez par les troupes françoises, où M. de Mouy se porta valeureusement, et tirerent vers le lieu où M. l'Admiral leur avoit mandé qu'il se viendroit rendre avec dix mille harquebusiers, et deux mille cinq cens chevaux. En ceste maniere se fit la conjonction des deux armées, avec abondance d'allegresse. Je ne veux point taxer les braves chefs et capitaines qui estoient en l'armée catholique, pour les avoir laissé passer, car je ne sçay les causes qui les en divertirent. Je ne louëray point aussi desmesurément ceux qui passerent, ains j'estimeray que ce fut un heur singulier pour eux, qui se monstre quelquefois ès actions militaires. Ce qui doit apprendre aux capitaines qui font la guerre, de ne perdre pas l'espoir, encores qu'ils se trouvent en des difficultez grandes, car il ne faut qu'un accident favorable pour le desmesler, lequel suit ceux qui s'e-

---

ces deux jeunes princes à l'armée protestante; et leur vue avoit ranimé le courage de cette armée. La princesse n'avoit rien négligé pour relever le parti qu'elle avoit embrassé. « Elle vint, dit Mathieu, trouver les « restes miserables de l'armée, offrir sa vie, ses moyens, ses enfans à « la defense de la cause ; et, pour en reparer les ruines, elle y mit tout « son bien, alliena ses terres, engagea ses bagues, son grand collier « d'emeraudes, son grand rubis de balays, deux riches pieces du cabinet « du roy de Navarre, et exhorta tout le pays de preferer seureté et li- « berté de conscience aux assurances des honneurs, des grandeurs et « de la vie mesme. » (*Hist. de France*, règne de Charles IX, liv. VI.)

vertuent, et fuit ceux qui s'apparessent. Les deux armées qui estoient alors très-puissantes, car en celle du Roy y avoit plus de trente mille hommes, et en celle des princes bien vingt et cinq mille, furent contraintes de s'esloigner pour trouver commodité de vivres, pource que le pays de Limosin est infertile : mais elles se rapprocherent vers Sainct Yriez la Perche.

M. l'Admiral voyant que la sterilité du pays contraignoit de loger escarté, et que, pour estre montueux et plein de bois, les places d'armées estoient souvent fort incommodes, delibera de prevenir plustost que d'estre prevenu. Parquoy il conseilla les princes d'aller surprendre l'armée catholique, qui estoit non trop loin de là, en un lieu appellé La Rocheabeille. Ils partirent avant le point du jour, en determination de donner la bataille, et arriverent si à propos, qu'ils furent à un quart de lieuë de la teste du camp ennemy, devant qu'on print l'alarme d'eux. Ils estoient logez toutesfois fortement, et estant M. de Strosse accouru au bruit avec cinq cens harquebusiers, pour en renforcer trois cens des siens qui estoient en garde à la principale avenue, il trouva desjà l'escarmouche vivement attachée. On peut dire qu'il se porta valeureusement; car il soustint quatre mille harquebusiers huguenots l'espace d'une heure : lequel temps servit beaucoup à l'armée catholique pour se mettre en bon ordre. M. l'Admiral, s'estonnant de quoy on ne pouvoit forcer le pas, envoya le capitaine Brueil jusques-là, qui estoit très-avisé. Il conut incontinent que notre harquebuserie vouloit emporter l'autre par furie et multitude, sans user d'aucun art. Pour abbreger l'affaire, il parla aux capitaines, et ayant disposé des troupes pour attaquer par flanc, et fait esbranler quatre cornettes de chevaux pour donner estonnement, il fit commencer une vive charge, en laquelle les nostres ayant rompu quelques pallissades qui couvroient les ennemis, ils les desordonnerent en telle sorte, que peu après ils se mirent à vau de route, laissans plusieurs de leurs morts avecques vingt et deux officiers et leur colonel prisonniers, lequel fit ce jour-là un bon service à monseigneur; car sans sa resistance les huguenots fussent parvenus à l'artillerie sans empeschement. Mais comme toute la journée il plut, et que l'armée catholique s'estoit placée avantageusement, ils ne peurent plus faire grand effet, et se retirerent s'estans monstrez trop rigoureux à l'execution qu'ils firent, où ils ne prindrent à mercy que très-peu de prisonniers. Les catholiques en furent beaucoup irritez, et s'en revancherent en temps et lieu. C'est chose louable de bien combattre, mais on mérite aussi louange d'estre humain et courtois envers ceux à qui la premiere fureur des armes a pardonné, et ès mains desquels on peut quelquefois tomber, lorsqu'il n'y a point de cause de faire au contraire. Quant aux escarmouches, il me semble que l'art et l'astuce y est autant necessaire que l'impetuosité, ce que l'experience confirme assez souvent; car si le pays est un peu couvert, on se peut prevaloir de beaucoup d'avantages, ce que les Espagnols et Italiens sçavent bien pratiquer, estans nations ingenieuses; mais tousjours il profite beaucoup d'ordonner ses gens par petites troupes, assaillir par flanc à l'impourveuë, bien placer la troupe qui soustient, et enfin venir determinement à coups d'espée.

CHAPITRE XXV.

Du siege de Poictiers.

Beaucoup d'entreprises se tendent à la guerre, qu'on n'avoit nullement premeditées, et d'autres aussi, qu'on avoit de longue main projectées, se delaissent; ce qui avient par les changemens que le temps apporte. Et tout ainsi que c'est signe de vaillance de bien executer, aussi est-ce signe de prudence de bien deliberer : lesquelles deux parties sont necessaires aux chefs de guerre. Il n'y en a pourtant nuls si parfaits en cest art, qui quelquefois ne se desvoyent et ne bronchent, mesmement ès guerres civiles; ce qui excusera davantage l'erreur que l'on dit que les huguenots firent d'assaillir Poictiers. Les choses passerent en telle sorte : Après le depart de La Rocheabeille, les deux armées n'avoient pas moins de besoin et d'envie l'une que l'autre de s'aller rafraischir en un bon pays plus gras que le Limosin; à laquelle disposition universelle les chefs furent contraints d'obtemperer ; *car aux guerres civiles quelquefois la charrue meine les bœufs;* ce qui causa qu'elles se reculerent, tirans vers les quartiers moins mangez. Messieurs les princes et Admiral, ayant veu que le comte de Lude estoit venu pendant leur absence assaillir Nyort, qui avoit esté secourue par la diligence du sieur de Theligny qui y mena des forces, et se faschans qu'on leur vint molester la province d'où ils tiroient toutes leurs commoditez, qui estoit autant que *tarir leur vache à laict,* delibererent de la nettoyer, et de prendre Sainct-Maixant, Lusignan et Mirebeau, qu'ils esperoient emporter en peu de jours (sans faire aucune mention de Poictiers), afin que ladicte province lëur peust rendre soixante mille livres tous les mois, les garnisons payées, sans les profits de la mer, qui montoient aussi beaucoup ; et c'estoit pour contenter les estrangers, qui crioient incessamment à l'argent. Cela executé, leur but estoit d'aller investir la ville de Saumur, qui est sur la riviere de Loire, laquelle ne vaut rien, et la faire accommoder, pour avoir tousjours là un asseuré passage, puis porter la guerre le reste de l'esté et l'automne vers la ville de Paris, qu'ils pensoient n'estre jamais inclinée à la paix qu'elle ne sentist le fleau à ses portes. Estans doncques de retour dans leur pays, il leur sembloit que Lusignan, qui n'estoit qu'un chasteau, feroit moins de resistance que Sainct-Maixant, où il y avoit un viel regiment commandé par Onoux : et puis le desir d'avoir six canons que le comte de Lude avoit laissé audit chasteau, les convia encore davantage de l'attaquer : ce qu'ayant fait, en peu de jours ils l'emporterent. La ville de Poictiers cependant, oyant tonner l'artillerie si près d'elle, se munissoit de gens. Mesme messieurs de Guise et du Maine (1) s'y vindrent jetter avec cinq ou six cens chevaux, plus (ce disoit-on) pour travailler l'armée huguenote que pour penser y devoir estre assiegez.

En ce mesme temps avint que la ville de Chastelleraud fut surprinse par ceux de la religion : ce qui leur haussa le cœur, et fut en partie cause de faire incliner beaucoup de gens à l'assiegement de Poictiers, pource qu'elle couvroit du plus dangereux costé ceux qui

(1) *Du Maine:* de Mayenne.

l'eussent assiegée. On s'assembla par deux fois pour en resoudre, et il y en eut quelques uns qui ne trouvoient pas bon qu'on l'attaquast, mesmes M. l'Admiral, ains qu'on suivist son premier dessein, remonstrans qu'elle estoit trop fournie d'hommes de qualité, et qu'ordinairement ces grandes citez sont les sepultures des armées, et qu'il falloit retourner à Sainct Maixant, que l'on auroit forcé dans huit jours. Mais les principaux seigneurs et gentilshommes de Poictou insisterent fort et ferme, tant ès conseils qu'ailleurs, qu'on ne perdist une si belle occasion, et que la ville ne valloit du tout rien; que plus de gens y auroit dedans, que ce seroit plus de proye; qu'on ne manqueroit d'artillerie, et que la prenant c'estoit acquerir entierement toute ceste riche province, et priver de retraite la noblesse catholique, qui, par courses continuelles, troubloit ce que nous possedions. A ceste opinion condescendirent les principaux du conseil, qui, peut estre, n'avoient pas assez consideré que chacun n'est pas seulement affectionné, ains passionné à rendre libre son pays. Et fut adjousté aussi que ce seroit une belle prise de M. de Guise et son frere, qui estoient deux grands princes, et les plus prompts à nous venir picquer. Somme, qu'en ceste deliberation les fruicts qui provenoient d'une telle conqueste furent très-bien representez; mais des inconveniens où nous tombions en y faillant, il en fut fait peu de mention, comme aussi on touche legerement ceste corde quand on ne veut pas estre diverty d'un dessein. Après, on envoya en diligence à La Rochelle pour avoir balles et poudres; et partit-on pour serrer Poictiers. Ce siege est amplement descrit par les historiens, ce qui me gardera d'en faire un nouveau recit; seulement ay-je voulu noter quelques particularitez qui ne seront paraventure superflues. La premiere gist en la situation, où l'on void une chose qui desaccommode merveilleusement la ville, et l'autre qui l'accommode. Ce qui apporte l'incommodité, sont les montagnes qui l'environnent en plusieurs endroits, et sont si prochaines, qu'on ne sçauroit quasi où se mettre à couvert qu'on ne soit veu et offensé et par teste et par courtine, non seulement de l'artillerie, mais aussi des harquebusades; car en tels lieux il n'y a pas plus de quatre cens pas de distance. Ce qui apporte commodité, sont autres montagnes qui sont par dedans, qui servent de grandes plates-formes, et les rivieres qui environnent les murailles : de maniere que l'on a toujours ce grand fossé à passer, qui est un embarrassement très-facheux; et sans cela j'aimerois mieux estre avec quatre mille hommes dehors pour assaillir, qu'avec quatre mille dedans pour defendre. Somme, c'est une très-mechante place, et digne d'honorer un defendeur. Ce qui ruina les huguenots, fut leur petit attirail d'artillerie, de munitions et de pionniers; car quand ils avoient attaché par un lieu, ils ne pouvoient poursuivre vivement la batterie ni les autres ouvrages, et donnans temps aux catholiques de deux ou trois jours ils avoient preparé de très-bons remedes, et puis après il falloit recommencer autre part batteries nouvelles, où le mesme advenoit. Il me semble qu'il appartient au prince de Parme d'attaquer les places, et aux huguenots de les defendre; car ils s'en acquittent quelquefois très valeureusement. Je ne sçay si je seray creu en disant une maniere d'assaillir et defendre, qui avoit esté proposée par les assiegeans et assiegez, quand on battit du costé du Pré-l'Abesse. Les huguenots avoient gagné la bresche de la muraille, et les catholiques avoient un retranchement très-petit à trois cens pas de là, et derriere eux un grand espace vuide, de mille pas de long et cinq cens pas de large, le tout estant commandé de la montagne. Nos chefs vouloient, ayant fait quitter ceste tranchée ausdicts catholiques par quatre cens gentilshommes et huit cens arquebusiers, qui eussent aisement forcé la garde ordinaire, faire marcher après deux cens chevaux conduits par M. de Mouy, pour se rendre maistres de ceste campagnette, par laquelle il falloit passer avant qu'arriver aux maisons; puis le gros eut suivy, que M. de Briquemaut, nostre mareschal de camp, menoit. Ce conseil fut pris pour un advis que ils eurent que M. de Guise avoit ordonné deux cens lances pour s'y placer et combattre; et déjà aux alarmes precedentes avoit-on veu quelques lanciers s'y venir presenter. Mais ceste camisade ne s'executa, à cause que le jour nous surprit, et fusmes descouverts. Et en quelque façon que l'affaire eust succedé, n'eust-ce pas esté une merveille de voir un assaut de la cavalerie combattre de part et d'autre, entremeslée parmi les gens de pied? Il arriva aussi là une chose au contraire de ce qui avient ordinairement aux villes non forcées : c'est que ceux de dedans perdirent plus de gens que ceux de dehors. Toutefois ce qui se perdit fut avec grande louange, d'autant que tout à descouvert on voyoit les hommes se presenter asseurez aux traits des canonnades et arquebusades.

Enfin, l'armée de monseigneur fit beaucoup d'honneur aux huguenots quand elle vint assaillir Chastelleraud; car ce leur fut une legitime occasion de lever le siege, qu'aussi bien eussent-ils levé, pource qu'ils ne sçavoient plus de quel bois faire fleches; et croy que ceux de dedans n'estoient pas moins empeschez. Sur l'assiegement de ceste ville, je diray que les meilleurs chefs se laissent aisement aller à hauts desseins, d'autant qu'ayans le cœur grand, ils regardent aux objets de mesme nature; toutesfois le plus seur est de croire le proverbe qui dit : *Qui trop embrasse mal estraint.* M. de Guise et son frere acquirent grand renom d'avoir gardé une si mauvaise place, estans encores si jeunes comme ils estoient; et aucuns ne prisoient moins cest acte que celuy de Metz. Autres aussi imputoient à M. l'Admiral de s'estre là arresté pour attraper ces deux princes, qu'on presumoit qui lui estoient ennemis particuliers; mais il m'a dit plusieurs fois que si la ville se fust prise, que tant s'en faut qu'il eust permis qu'on leur eust fait desplaisir, qu'au contraire il les eust fait traiter honorablement selon leur dignité, ainsi qu'il avoit fait leur oncle, M. le marquis d'Elbeuf, lors qu'il tomba entre ses mains à la prise du chasteau de Caen. Il me souvient qu'à la capitulation il m'envoya dans ledict chasteau pour l'asseurer, d'autant que je le conoissois, qu'on ne luy feroit aucun desplaisir : ce qui fut observé. Monseigneur, voyant nostre armée pleine de despit se lever pour s'en aller vers luy, se retira après avoir tenté en vain un assaut à Chastelleraud, où les Italiens du Pape, qui ne firent pas mal leur devoir, furent receus selon l'affection que les huguenots portent à leur maistre. Nous le suyvismes, pensans le contraindre à venir aux mains, mais il bailla tousjours une riviere en teste pour appaiser nostre colere. Quand un acte qui tend à diversion se faut en l'accessoire et s'execute au principal, on ne se doit plaindre, car le grand fruict de l'un recompense assez le petit dommage de l'autre. On doit aussi noter qu'il faut repenser trois et quatre fois devant qu'entreprendre le siege d'une grande ville.

CHAPITRE XXVI.

De la bataille de Moncontour.

AUCUNS ont voulu dire que ceste bataille fut une consequence du siege de Poictiers, d'autant que l'armée de ceux de la religion s'affoiblit fort devant : ce qui avint, plus par maladies et retraite des gentilshommes et soldats que par morts violentes. De vray, cecy fut une des premieres causes de nostre malheur, mais il y en eut bien d'autres : comme nostre retardement et sejour au bourg de La Faye la Vineuse, pendant que l'armée de monseigneur se renforçoit à Chinon. Nous y fusmes contrains, parce que tous les chevaux de l'artillerie qu'avions furent envoyez pour ramener à Lusignan partie de celle qui avoit servy à battre Poictiers, qui estoit demourée en un chasteau, et retournerent si à poinct, que s'ils eussent encore demouré un jour, nous eussions esté contrains d'abandonner la nostre, d'autant que l'armée de monseigneur s'approcha à Loudun, qui n'estoit qu'à trois lieues de nous. Et pource que nous estions en lieu mangé et de mauvaise assiette, M. l'Admiral advisa de s'aller loger à Moncontour, où le logis estoit avantageux, et la commodité de vivre bonne : et je croy que, tant luy que beaucoup d'autres, furent deceus, en ce que nul ne cuidoit que ceux ausquels on avoit fait faire une longue retraite, et de nuit, de devant Chastelleraud, fussent si-tost prests à nous chercher. Ainsi donc par un vendredy il délogea, faisant aller son bagage par un costé ; et luy marcha avec l'armée par l'autre.

Or, auprès d'un village nommé Sainct Clair, sans qu'on sceut que peu de nouvelles les uns des autres, la teste de l'armée catholique où estoit M. de Biron, vint rencontrer quasi par flanc la nostre qui marchoit. Luy, voyant l'occasion, fit une charge avec mille lances à M. de Mouy, qui faisoit la retraite avec trois cens chevaux et deux cens harquebusiers à pied, et le renversa, le mettant à vau-de-route; et là perdismes la pluspart de ceste harquebuserie, et environ quarante ou cinquante chevaux. Cela venant tout à coup et soudain, avec le son de quatre canonnades qui furent tirées, il s'en engendra un tel estonnement parmy les nostres, que, sans dire qui a gaigné ne perdu, chacun se retiroit demi d'effroi, à ce seul bruit qui s'entendit derriere. J'affirmeray une chose (non que je le die à nostre vitupere, ains pour monstrer qu'estre prevenu cause de grands desordres, et que les accidens de la guerre sont estranges), c'est que sans un passage, qui de bonheur se trouva, qui retint les catholiques; où ne pouvoient passer plus de vingt chevaux de front, toute nostre armée estoit comme en route par ceste premiere rencontre. M. l'Admiral voyant cecy se monstra aux siens et rallia les troupes ; de sorte qu'à ce passage se firent deux ou trois grosses charges et recharges de quinze cens ou deux mille chevaux à la fois, et celuy qui passoit estoit bien vistement rechassé par l'autre : et là le comte Ludovic et le comte Worad (1) de Mansfeld se porterent bien. Les deux armées se mirent en bataille, l'une deçà, l'autre delà, à une bonne portée de mousquet seulement, où la nostre estoit aucunement à couvert; et n'en ay jamais veu estre si près, et s'y arrester sans combattre en gros. De passer le passage, personne ne l'osoit plus entreprendre pour le peril qu'il y avoit, d'autant que plusieurs esquadrons eussent accablé celuy qui s'y fust avanturé. Mais comme les catholiques avoient leur artillerie là, et la nostre estoit desjà à Moncontour, ils s'en aiderent, et nous tuerent plus de cent hommes dans nos esquadrons, qui ne laisserent pourtant de faire bonne contenance; et sans la nuit qui survint nous eussions plus souffert, et à sa faveur chacun se retira. Celle de Sainct Denis, et ceste-cy, nous vindrent bien à point. Le lendemain au matin, monseigneur voulut faire reconoistre le logis de Moncontour, et taster les huguenots; mais il les trouva aux fauxbourgs très-bien fortifiés, n'y ayant autre advenue que celle-là, et s'attacha une escarmouche à pied et à cheval.

Il avint que deux gentilshommes, du costé des catholiques, estans escartés, vindrent à parler à aucuns de la religion, y ayant quelques fossez entre deux. « Messieurs, leur dirent-ils, nous portons marques d'ennemis, mais nous ne vous haïssons nullement, ny vostre party. Advertissez M. l'Admiral qu'il se donne bien garde de combattre, car nostre armée est merveilleusement puissante pour les renforts qui y sont survenus, et est avecques cela bien deliberée; mais qu'il

(1) *Worad :* Wolrad.

temporise un mois seulement, car toute la noblesse a juré et dit à monseigneur qu'elle ne demourera davantage, et qu'il les employe dans ce temps-là, et qu'ils feront leur devoir. Qu'il se souvienne qu'il est perilleux de heurter contre la fureur françoise, laquelle pourtant s'escoulera soudain : et s'ils n'ont promptement victoire, ils seront contraints de venir à la paix, pour plusieurs raisons, et la vous donneront avantageuse. Dites luy que nous savons cecy de bon lieu, et desirions grandement l'en advertir. » Après ils se retirerent. Les autres allerent incontinent vers M. l'Admiral luy en faire le rapport, ce qu'il gousta. Ils le conterent aussi à d'autres des principaux, et aucuns y en eut qui ne rejetterent cela, et desiroient qu'on y obtemperast; mais la pluspart estimerent que c'estoit un artifice pour estonner, et dirent, encore que cest advis eust apparence d'estre bon, que pourtant il venoit de personnes suspectes qui avoient accoustumé d'user de fraudes et de tromperies, et qu'il n'en falloit faire estat. Voilà une autre cause de nostre meschef, d'avoir trop negligé ce qui devoit estre bien noté.

On s'assembla pour sçavoir ce qu'il convenoit faire ; et aucuns proposerent d'aller gaigner Ervaux, et mettre la riviere qui y passe entre les ennemis et nous, et partir dès les neuf heures du soir, et cheminer toute la nuit pour y parvenir seurement, d'autant qu'estions proches d'eux. Autres y eut qui repliquerent que ces retraites nocturnes impriment peur à ceux qui les font, et amoindrissent la reputation, donnant audace aux ennemis, et qu'il falloit partir seulement à l'aube du jour, et cest avis fust suivy. M. l'Admiral estoit alors en grand'peine, craignant que les reitres ne se mutinassent par faute de payement, et que trois ou quatre regimens des siens, des pays esloignez, ne l'abandonnassent, qui jà avoient demandé congé. Il savoit aussi que plusieurs gentilshommes des pays que possedions s'estoient retirez en leurs maisons; et, pour contenir l'armée en devoir et la renforcer, il avoit supplié messieurs les princes, qui estoient à Partenay, d'y venir: ce qu'ils firent, et amenerent quant et eux environ cent cinquante bons chevaux. Le jour suivant, nous fusmes à cheval au poinct du jour pour aller droit à Ervaux, ayans tous chemises blanches pour nous mieux reconoistre s'il falloit combattre. Alors nos lansquenets dirent qu'ils ne vouloient marcher si on ne leur bailloit argent. Un quart-d'heure après, cinq cornettes de reitres en dirent autant, et avant que le tumulte fust appaisé, il se passa plus d'une heure et demie, dont s'ensuivit que nous ne peusmes gaigner un lieu avantageux qui avoit esté reconu près dudit Ervaux, où nous eussions vendu plus cher nostre peau. Et ceste cy ne fut pas des moindres causes qui aiderent à nous perdre. Or, après avoir fait un quart de lieue, nous apperceusmes l'armée ennemie qui venoit vers nous, et tout le loisir qu'on eut fut de se ranger en ordre, et se mettre en un petit fond à couvert des canonnades.

Voicy encore un grand inconvenient qui nous arrive: c'est que lorsque M. l'Admiral vid bransler l'avant-garde catholique droit à luy, qui estoit si puissante (car il y avoit dix-neuf cornettes de reitres en deux esquadrons), il manda au comte Ludovic, qui commandoit à nostre bataille, qu'il le renforçast de trois cornettes, ce qu'il fit; mais luy-mesme les amena, et au mesme temps se commença le combat, où il demeura obligé. De cecy s'ensuivit que ledit corps fut sans conducteur, ne sachant comme se gouverner, et estime-t-on que s'il y eut esté, qu'il eust bien fait un plus grand effort, veu qu'estant sans chef et sans ordre il cuida bien esbranler celuy de monseigneur. Le combat dura un peu plus de demy-heure, et fut toute l'armée huguenotte mise à vau de route, s'estant messieurs les princes, encore jeunes, retirez quelque peu auparavant. Quasi toute nostre infanterie fut taillée en pieces, l'artillerie et les enseignes prises, et le comte Ludovic suivi environ une lieue, lequel fit une très-belle retraicte avec mille chevaux en un corps, et n'y estoit M. l'Admiral, pource qu'il y avoit esté blessé au commencement. Le meurtre fut grand, pource que les catholiques estoient fort animez pour les cruautez, disoient-ils, de La Rocheabeille, et principalement pour la mort de Saincte Colombe, et autres tuez en Béarn. Et à plusieurs de nos prisonniers on fit alors passer le pas pour en prendre satisfaction. Je cuiday aussi suivre le mesme chemin à la chaude, sans l'humanité de monseigneur, qui fut instrument de la benediction de Dieu pour la conservation de ma vie : ce qui m'a semblé que je ne devois celer.

Pour conclusion, on peut voir par ce grand exploit que l'armée royale, que nous fismes retirer si viste de devant Chastelleraud, et toute la nuict, ne laissa pas, trois semaines après, de nous vaincre, pource que nous faisions quasi difficulté de nous retirer de jour : et pour nous arrester à maintenir la reputation en apparence, nous la perdismes en effet, qui est un poinct à quoy les jeunes et les vieux soldats doivent quelquefois penser.

CHAPITRE XXVII.

Que le siege de Saint-Jean-d'Angely fut là ressource de ceux de la religion.

Comme l'assiegement de Poictiers fut le commencement du malheur des huguenots, aussi fut celui de Sainct-Jean l'arrest de la bonne fortune des catholiques. Et s'ils ne se fussent amusez là, et eussent poursuivy les reliques de l'armée rompue, elles eussent esté du tout aneanties, veu l'estonnement qui se mit parmy, et les difficultez qui se presenterent. Messieurs les princes et Admiral se retirerent avec ce qu'ils peurent recueillir outre la riviere de Charente, et donnerent cependant ordre à la haste pour conserver les villes de Poictou, qui estoient les premieres à la batterie. Mais d'abordée cinq furent abandonnées, à sçavoir : Parthenay, Niort, Fontenay, Sainct-Maxiant (1) et Chastelleraud; et la sixiesme ayant veu le canon se rendit, qui fut Lusignan. Cela enfla tellement d'esperance les victorieux, qu'ils pensoient despouiller en bref temps toutes ces provinces, sans y laisser que la ville capitale, qu'ils estimoient estre La Rochelle. Parquoy ils marcherent tousjours en avant, pensans que les autres villes, à l'exemple de celle-cy, viendroient à obeissance. Ils s'adresserent à Sainct-Jean d'Angely, qui n'estoit gueres plus fort que Niort; et l'ayant sommée, elle ne se voulut rendre, pource que le seigneur de

---

(1) *Sainct-Maxiant :* Saint-Maixent.

Pilles, qui y estoit entré avec partie de son regiment, desiroit de combattre.

J'ay entendu par quelques uns, qu'alors les principaux capitaines qui estoient avec monseigneur furent assemblez pour sçavoir ce qu'ils devoient faire. Aucuns disoient, puis que toute l'infanterie des princes avoit esté taillée en pieces, et qu'eux n'avoient plus que gens de cheval, et la pluspart reitres, qui estoient fort mal contens, et demy enragez d'avoir perdu leur bagage, que leur advis estoit de les poursuivre chaudement (1), et qu'il en adviendroit l'un de ces deux effects : ou qu'on les defferoit, ou qu'on les contraindroit de capituler pour leur retraite en Allemagne, ce qu'on obtiendroit facilement en leur accordant deux mois de gages. Nous conoissons aussi, disoient-ils, l'Admiral, qui est un des plus rusez capitaines de la terre, et qui se sçait le mieux desmesler d'une adversité, si on luy donne le loisir. Il raccommodera les forces qu'il a, et y en adjoindra encores d'autres de la Gascongne et du Languedoc : tellement qu'au printemps nous le reverrons paroistre avec une nouvelle armée, avec laquelle il ravagera nos provinces, voire viendra molester et brûler jusques aux portes de Paris. Davantage, les princes de Navarre et de Condé estans au milieu de ceste troupe vaincue, leur presence peu à peu les ranimera, et resveilleront encore beaucoup de courages abbatus en d'autres lieux, si avec la diligence on ne leur oste le moyen de se prévaloir du temps. Ils

---

(1) *De les poursuivre chaudement.* C'étoit l'avis de Tavannes, qui avoit été chargé par la Cour de diriger le duc d'Anjou; mais Charles IX, à qui l'on inspira de la jalousie, ne voulut pas que son frère eût la gloire de terminer la guerre.

concluoyent que monseigneur avec les deux tiers de l'armée les devoit suivre : ce que faisant, il n'y avoit doute qu'en bref on ne forçast les chefs de se renfermer pour refuge en quelque mauvaise place, qui seroit l'achevement de la guerre. Autres après opinerent en ceste sorte, disant que l'un des principaux fruictz de la victoire obtenue, ils le moissonnoient à present par la conqueste des villes, en ayant jà gaigné six en dix jours; que c'estoit là où il falloit s'attacher, et essayer d'avoir les autres, veu le grand estonnement qui estoit en icelles, et que les huguenots ne se contiendroient jamais tant qu'ils auroient des retraites; et que, les en privant, ils perdroient la volonté de se remuer; qu'il ne restoit plus que quelques villes de Xaintonge et Angoulmois en ce quartier là; qui ne pouvoient resister plus de deux mois aux efforts de l'armée victorieuse et au bonheur de monseigneur; et qu'après, La Rochelle, se voyant desnuée de couverture, trembleroit. Quant aux restes de l'armée desfaite, où les princes et l'Admiral s'estoient jettez à sauveté, tout cela s'en alloit fuyant, et se dissiperoit de soy-mesme; et que, pour en haster l'execution, on pourroit envoyer après eux mille chevaux et deux mille harquebusiers, et faire eslever toutes les forces des provinces où ils s'arresteroient, et cependant mander querir promptement artillerie et munitions pour parachever leur dessein; lequel, estant bien exécuté, seroit une playe mortelle aux huguenots, qui ne battoient plus que d'une aisle. De ces deux opinions, ceste-cy, qui estoit la moins bonne, comme l'experience le monstra depuis, fut suivie.

Je me recorde qu'estant prisonnier, ainsi qu'on me

menoit vers le roy Charles à Tours, en passant par Loudun, feu M. le cardinal de Lorraine qui y estoit, me fit dire qu'il desiroit parler à moy. L'estant allé trouver, il m'usa de fort honnestes langages; puis, venant à discourir des affaires militaires, comme c'estoit un prince qui ne les ignoroit, il me dit que la cause de la perte de l'Admiral et de ceux de son party, avoit esté le siege de Poictiers, et qu'il avoit ouy dire à son frere qu'on ne se devoit attaquer à une grande place bien fournie, quand l'on poursuivoit un plus grand bien. ce que nous faisions alors, d'autant que l'armée du Roy estoit sans vigueur et demy dissipée, et que nous eussions peu aller jusques à Paris sans trouver resistance; mais que nous luy avions donné temps de se refaire, et nous prendre quand nous estions demy desfaicts. Je luy respondis : « Monseigneur, je croy que nostre erreur vous admonestera de n'en faire un pareil. — Nous nous en donnerons bien garde, » repliqua-t-il. Certes, ny l'un ny l'autre ne pensoit à ce qui survint depuis; et quand les effects en apparurent, je conus bien que nostre exemple leur avoit bien peu profité, et qu'ils n'avoient laissé de broncher à la mesme pierre.

Or eux, pensans espouvanter Saint-Jean, firent d'abordée une batterie avec sept ou huit pieces; à quoy ils employerent toutes leurs munitions sans faire bresche qui valust : et cependant qu'ils en attendoient d'autres, les assiegez se renforçoient de courage et de rempars. Ainsi battans piece à piece, deux mois s'écoulerent; et après avoir perdu beaucoup d'hommes, mesmement par la rigueur de l'hiver, enfin la ville se rendit par composition, qu'ils estimoient devoir emporter en huit jours. La resistance qu'elle fit releva les affaires de ceux de la religion, ce qui acquit grande renommée au seigneur de Pilles, pour le remarquable service qu'il leur fit. M. l'Admiral m'a autrefois dit que si on eust vivement poursuivy messieurs les princes et luy quand ils s'acheminerent en Gascogne avec le reste de leur armée, qu'ils estoient en danger de se perdre, veu mesme qu'en passant par le pays de Perigort et d'autres endroits difficiles, les paysans et les petites garnisons leur avoient fait beaucoup de dommage, pource qu'ils n'avoient que cavallerie non moins harassée qu'estonnée; mais que le temps qu'ils eurent de se rafraischir, fortifier d'infanterie, et de butiner dans le bon pays où ils allerent, restaura les courages et l'espoir de tous. Voilà comment Saint-Jean ayda à reparer en quelque sorte les ruines que Poictiers et Montcontour avoient faites. Et assez ordinairement void-on advenir que ceux qu'on pense qui doivent verser par terre, rencontrent quelqu'appuy inopiné qui leur ayde à se redresser : ce qui sert pour moderer la fierté du vainqueur, et enseigner aux vaincus qu'il y a quelque remede, voire aux choses desesperées, lequel, ne se trouvant en la vertu humaine, se trouve en la bonté divine.

CHAPITRE XXVIII.

Que la ville de La Rochelle ne servit pas moins à ceux de la religion qu'avoit fait Orleans aux troubles passez.

LES villes, qui sont comme les appuis non seulement des armées, mais aussi des guerres, doivent estre puissantes et abondantes, afin que, comme de grosses sources, dont decoulent de gros ruisseaux, elles puissent fournir les commoditez necessaires, et à elles possibles, à ceux qui ne les peuvent avoir d'ailleurs. Cecy a fait dire à quelques catholiques qu'ils n'estimoient pas les huguenots trop lourdauts, d'autant qu'ils avoient tousjours esté soigneux et diligens de s'approprier de très-bonnes retraites. « Nous leur avions osté, disoient-ils, Orleans, pource que nous ne voulions pas que de si près ils vinssent muguetter nostre bonne ville de Paris; mais les galans n'ont pas laissé d'attraper la ville de La Rochelle, qui ne leur servira pas moins. » Cestecy n'est pas si grande ny si plaisante que l'autre; elle a pourtant d'autres choses qui recompensent bien ces defauts, dont la principale est sa situation maritime, qui est une voye et une porte qui ne se peuvent fermer qu'avec une despense incomparable, et par où toutes provisions luy viennent en abondance. A deux lieues dans la mer, il y a des isles fertiles qui branslent sous sa faveur. Le peuple de la ville est autant belliqueux que trafiqueur, les magistrats prudens et tous bien affectionnez à la religion reformée. Quant à la fortification, on a conu par espreuve quelle elle est, qui me gardera d'en parler davantage : je confesseray bien que Orleans, quand on est fort en campagne, est en lieu plus propre pour assaillir ; mais estant question de se deffendre, La Rochelle est beaucoup plus utile. Il y en a qui disent que le peuple qui y habite est rude : quoy qu'il en soit, si peut-on affermer qu'il est loyal ; et le mesme se dit du Namurois, qu'il est rude et loyal. Quand les defauts qui se retrouvent en une cité ou en un personnage sont beaucoup moindres que les bonnes qualitez, on doit passer cela legerement.

Le secours que messieurs les princes receurent d'elle en ceste troisiesme guerre, a fait conoistre que c'est une bonne boutique et bien fournie : ce que je n'allegue pas pour donner matiere aux grandes villes de se glorifier, ains plustost pour les inciter à louer Dieu de leur avoir eslargi abondance de commoditez ; car quiconque s'esleve est rabaissé tost ou tard. Entre celles qui s'en tirerent, ceste-cy est à remarquer ; c'est qu'elle equippa et arma quantité de vaisseaux qui firent plusieurs riches prises, dont il revint de grands deniers à la cause generale ; car, encore qu'on ne prist alors que le dixiesme pour le droit d'admirauté, on ne laissa d'en tirer profit plus de trois cens mille livres. Depuis, aux guerres qui se recommencerent l'an 1574, la necessité contraignit de prendre le cinquiesme : et pensoit-on que cela rebuteroit les gens de mer d'aller chercher, avec tant de hazards, leurs adventures : toutesfois cest exercice leur estoit si friand, qu'ils ne desisterent, pour l'excessiveté de ce tribut, encores que souvent il avint qu'aux proyes que leurs griffes avoient attrapées, les ongles de la picorée terrestre donnassent de terribles pinçades. Par cecy peut-on voir combien de richesses viennent en un pays par la guerre de la mer. Or, si celle de terre est juste, aussi doit estre celle-cy. Toutesfois, quand on vient à examiner plusieurs actions particulieres d'icelle, on trouve qu'il s'y commet des abuz merveilleux, au moins parmi nous, car la pluspart de ces advanturiers mettent peu de difference entre les amis et ennemis, et plusieurs fois s'est veu l'ennemy pauvre recevoir misericorde, et l'amy riche estre devalisé et jetté dedans les ondes, eux presumans par le vice de cruauté cacher celuy d'avarice. Mais le ciel, qui a des yeux et une bouche, ne laisse pas, après avoir veu ces inhumanitez secrettes, d'en faire des manifestations publiques, et, davantage, d'en precipiter justement aucuns dans les propres abysmes où ils avoient ensevely injustement le trafiqueur innocent. Ceci soit dit sans faire injure à ceux qui legitimement s'employent en leur vocation : c'est à ceux qui ont une affection desordonnée de piller le monde à qui mon propos s'adresse. J'ai entendu, par les Espagnols qui estoient à la deffaite de M. de Strosse (1), que la moitié de son armée estoit composée de coureurs ou pilleurs de mer, lesquels l'abandonnerent au besoin, le laissant perir à leur vue, avec la pluspart des braves hommes qui le suivirent au combat ; et s'esbahissoient que de quarante navires qui

(1) *M. de Strosse.* Philippe Strozzi, fils de Pierre Strozzi, maréchal de France, tué en 1558 au siége de Thionville. Il étoit parent de Catherine de Médicis. L'expédition dont il fut chargé en 1582 avoit pour objet de soutenir don Antonio, qui disputoit à Philippe II le trône de Portugal. Il périt à la suite d'une bataille qu'il livra près des Açores, le 26 juillet, à la flotte espagnole commandée par le marquis de Sainte-Croix.

l'accompagnoient, n'y en avoit que six ou sept qui eussent combattu. Mais comme ils prisoient beaucoup la valeur de ceux-cy, aussi blasmoient-ils de mesme la lascheté des autres, encore qu'elle leur fust profitable. Cecy nous monstre que les affections de butiner et les affections de combattre produisent de differens effets. Quant à moy, je regreteray tousjours ce magnanime capitaine, qui estoit mon très-bon amy, lequel, vivant et mourant, a honoré nostre France.

CHAPITRE XXIX.

Qu'en neuf mois l'armée de messieurs les princes fit près de trois cens lieues, tournoyant quasi le royaume de France, et de ce qui luy succeda en ce voyage.

Il estoit force que messieurs les princes et Admiral, après leur roûte, s'esloignassent de l'armée victorieuse, tant pour leur seureté que pour autres raisons qui ont esté touchées comme en passant; qui fut un conseil qui leur profita à cause de l'imprudence des catholiques, lesquels laissant rouler, sans nul empeschement, ceste petite pelote de neige, en peu de temps elle se fit grosse comme une maison; car l'authorité de messieurs les princes attiroit et émouvoit beaucoup de gens : la prevoyance et les inventions de M. l'Admiral faisoient executer choses utiles; et le corps des reitres, qui estoit encore de trois mille chevaux, donnoit reputation à l'armée. Ils souffrirent beaucoup jusques à ce qu'ils fussent en la Gascongne, où ils se renforcerent d'harquebusiers, dont ils avoient très-grand besoin, mesmement pour garantir la cavallerie des surprises de nuict, qui sont fort communes en ces quartiers-là, pour la voisinance des villes et chasteaux. On ne les entremesloit parmy les cornettes de reitres, et autres troupes françoises, de maniere que, tant ès pays larges que couverts, ils estoient tousjours preparez pour se defendre. Quand on donne à un grand chef de guerre du temps pour enfanter ce que son entendement a conceu, non seulement il reconsolide les vieilles blessures, ains il redonne force aux membres qui avoient languy. Pour ceste occasion le doit-on divertir et embarrasser tousjours pour rompre le cours de ses desseins. Le plus long sejour que ceste demy-armée fit, fut vers les quartiers d'Agenois et de Montauban, où elle passa quasi tout l'hyver; et par le bon traitement qu'elle y receut, se refirent comme de nouveaux corps aux hommes. A cecy doivent regarder ceux qui ont les charges militaires, et ne faire pas comme les avares laboureurs, lesquels, pour ne donner jamais relasche à leurs terres, les rendent steriles : aussi, quand pour accroistre leur gloire ils harassent leurs soldats sans les rafraischir, ils les accablent; car, si le seul vent de bize et l'humidité de la lune use les pierres, combien plus seront usez par ces rigueurs et tant de travaux les corps delicats des hommes. La meilleure reigle est de bien s'employer au beau temps, et au fascheux prendre un peu de repos, n'estoit qu'une forte necessité contraignist au contraire. En ce voyage, la regle de Annibal en Italie fut très-bien pratiquée, qui estoit de jetter en proye le pays ennemy aux siens quand l'occasion requeroit qu'ils fussent contentez ; car qui voulut se hazarder, il ne manqua de moyens, tant l'abondance regnoit en ces provinces.

Les premieres forces qui se joignirent ausdicts princes, furent celles du comte de Montgommery, revenans victorieuses de Bearn, qui fut certes un brave exploit, qui est amplement descrit par les historiens; car par diligence il prevint l'armée de M. de Terride, qui assiègeoit Navarins, jà harassée par le long temps qu'elle avoit là sejourné; et ne faut pas demander s'il fut bien caressé à son retour. Sur la fin de l'hiver ils s'acheminerent vers Toulouse, où il se commença une façon de guerre très-violente pour les bruslemens qui furent permis, et seulement sur les maisons des gens de la cour de parlement. La cause estoit, disoit-on, pource qu'ils avoient tousjours esté très aspres à faire brusler les lutheriens et huguenots, aussi pour avoir fait trancher la teste au capitaine Rapin, gentilhomme de la religion, qui leur portoit l'edit de la paix de la part du Roy. Ils trouverent ceste revanche bien dure: neantmoins on dit qu'elle leur servit d'instruction pour estre plus moderez à l'avenir, comme aussi ils se sont monstrez tels. Ceste compagnie est des plus notables de ce royaume, et pleine de gens doctes; mais elle auroit besoin de plus de mansuetude. M. le mareschal d'Anville estoit alors dans ladite ville avec de bonnes forces, et estoit mordu des calomniateurs, qui l'accusoyent d'avoir intelligence avec son cousin l'Admiral: cependant en tout le voyage nul ne fit si vivement la guerre à l'armée des princes que luy, et leur desfit quatre ou cinq compagnies de chevaux. C'est chose asseurée que ce bruit estoit faux, et le sçay bien, quoyqu'on ait veu depuis arriver.

L'armée donna jusqu'à la comté de Roussillon, où il fut fait du saccagement, encor qu'elle appartinst aux Espagnols. De là elle tira tout au long du Languedoc, et estant approchée du Rhosne, M. le comte Ludovic le passa avec partie des forces de l'armée, pour assaillir quelques places. Mais la principale intention des chefs estoit pour tirer infanterie du Dauphiné, pour rengrossir le corps, comme aussi ils avoient pensé faire de Gascongne et de Languedoc, lequel desir ne se peut bien effectuer; car quand les soldats venoient à entendre que c'estoit pour s'acheminer vers Paris et au cœur de la France, et qu'après ils se representoient les miseres qu'eux et leurs compagnons, qui y estoient demourez, avoient souffertes l'hyver passé, chacun fuyoit cela comme un mortel precipice, et aimoient sans comparaison mieux demourer à faire la guerre en leur pays. Toutesfois encores ramasserent-ils plus de trois mille harquebusiers deliberez d'aller par-tout, qui se disposerent par regimens, mais tous estoient à cheval. Là necessité les contraignit à ce faire pour la longueur du chemin et la rigueur de l'hyver : et combien que cecy causast quelquefois de l'embarrassement, si en vint-il de l'utilité, en ce que, survenans les occasions, on avoit tousjours son infanterie gaillarde et fraische, n'y ayant guères de maladies parmy elle, d'autant qu'elle estoit tousjours bien logée et bien traitée. M. l'Admiral, qui estoit fort experimenté aux affaires, voyoit bien, encore que la paix se negociast, qu'il estoit bien mal-aisé d'en obtenir une bonne qu'on ne s'approchast de Paris ; et sçachant aussi que delà la riviere de Loire il trouveroit faveur et aide, il hastoit le voyage; mais la difficulté de passer les montaignes des Cevenes et du Vivarets donna quelque retardement, et encore plus sa maladie qui luy survint à Sainct Estienne de Forest, qui le cuida emporter. Cela avenant, paravanture que changement de conseil s'en fust ensuivy, parce qu'ayant perdu le gond sur lequel la porte se tournoit, mal-aisement en eust on peu trouver un semblable. Il est vray que M. le comte Ludovic estoit un brave chef et bien estimé des François; mais pourtant n'avoit-il pas acquis l'authorité de l'autre, ny son experience; et ne sçaurois affirmer, s'il fust mort, si on eust continué la carriere ou non. Enfin Dieu luy envoya guerison, au grand contentement de tous, après laquelle l'armée marcha si legerement, qu'en peu de temps elle arriva en Bourgongne à René le Duc (1).

[1570] Là se cuida donner une terrible sentence pour la paix, qui ne fut toutesfois que bonne pour l'avancer. M. le mareschal de Cossé, qui commandoit à l'armée du Roy, avoit eu charge expresse de luy d'empescher que celle des princes n'approchast de Paris, mesme de la combattre s'il voyoit le jeu beau; ce qui le fit accoster d'elle en deliberation de ce faire. L'ayant trouvé placée en assez forte assiette, il la voulut oster de ses avantages avec son artillerie, dequoy les autres estoient despourveus, et par attaques d'harquebuserie leur faire quitter certains passages qu'ils tenoient. Un seulement fut abandonné du commencement, et là se firent de grosses charges (2) et recharges de cavallerie, où les uns et les autres furent à leur tour poursuivis. Les capitaines qui attaquerent les premiers du costé

---

(1) *René le Duc:* Arnay-le-Duc. — (2) *Là se firent de grosses charges.* Le combat d'Arnay-le-Duc fut livré le 25 juin 1570.

des catholiques, furent messieurs de La Valette, de Strosse et de la Chastre, qui se porterent bien. Ceux qui soustindrent de la part des huguenots, furent M. de Briquemaut, mareschal de camp, le comte de Montgommery et Genlis. Et en ceste action messieurs les princes, encore très-jeunes, firent voir par leur contenance le desir qu'ils avoient de combattre, dont plusieurs jugerent que quelque jour ce seroient d'excellens capitaines. Enfin les catholiques, voyans la difficulté de forcer leurs ennemis, se retirerent à leur logis, comme aussi firent les princes, qui, après avoir consideré que le sejour leur estoit nuisible, aussi qu'ils manquoient de poudres, s'acheminerent à grandes journées vers La Charité et autres villes qui tenoient leur party, pour se remunir des commoditez necessaires.

Peu après, la trefve se fit entre les deux armées, à laquelle succeda la paix, qui fut occasion que chacun mit les armes bas. Ce fut une grande fatigue d'avoir esté si long-temps en campagne par chaud, par froid et chemins difficiles, et quasi tousjours en terres ennemies, où les propres paysans faisoient autant la guerre que les soldats; qui sont inconveniens où se trouva plusieurs fois ce grand chef Annibal, quand il fut en Italie. Alors est-ce une belle escole de voir comment on accommode les conseils à la necessité. Du commencement tels labeurs sont si odieux, qu'ils font murmurer les soldats contre leurs propres chefs; puis, quand ils se sont un peu accoustumez et endurcis à ces penibles exercices, ils viennent à entrer en bonne opinion d'eux mesmes, voyans qu'ils ont comme surmonté ce qui espouvante tant de gens, et principalement les delicats. Voilà quelles sont les belles galleries et les beaux promenoirs des gens de guerre, et puis leur lit d'honneur est un fossé où une harquebusade les aura renversez. Mais tout cela à la verité est digne de remuneration et de louange, mesmement quand ceux qui marchent par ces sentiers, et souffrent ces travaux, maintiennent une cause honneste, et en leurs procedures se monstrent pleins de valeur et modestie.

Or, si quelqu'un en ces lamentables guerres a grandement travaillé et du corps et de l'esprit, on peut dire que ç'a esté M. l'Admiral; car la plus pesante partie du fardeau des affaires et des peines militaires, il les a soustenues avec beaucoup de constance et de facilité, et s'est aussi reveremment comporté avec les princes ses superieurs comme modestement avec ses inferieurs. Il a tousjours eu la pieté en singuliere recommandation, et un amour de justice, ce qui l'a fait priser et honnorer de ceux du party qu'il avoit embrassé. Il n'a point cherché ambitieusement les commandemens et honneurs, ains en les fuyant on l'a forcé de les prendre pour sa suffisance et preud'hommie. Quand il a manié les armes, il a fait conoistre qu'il estoit très-entendu, autant que capitaine de son temps, et s'est toujours exposé courageusement aux perils. Aux adversitez on l'a remarqué plein de magnanimité et d'invention pour en sortir, s'estant tousjours monstré sans fard et parade. Somme, c'estoit un personnage digne de restituer un Estat affoibly et corrompu. J'ay bien voulu dire ce petit mot de lui en passant, car, l'ayant conu et hanté, et profité en son escole, j'aurois tort si je n'en faisois une veritable et honneste mention.

CHAPITRE XXX.

Des causes de la troisiesme paix, la comparaison d'icelle avec les precedentes, et si elles ont été necessaires.

Nulle des trois guerres civiles n'a esté de si longue durée que ceste-cy, qui continua deux ans entiers, là où la premiere fut d'un an, la seconde de six mois; et beaucoup ont opinion que si ceux de la religion ne se fussent raprochez de Paris qu'elle n'eust esté si-tost parachevée : de laquelle experience ils ont tiré ceste regle, que pour obtenir la paix il faut aporter la guerre près de ceste puissante cité. J'estime que ceste cause fut une des principales pour l'avancer, pource que les coups qui menacent la teste donnent grande apprehension. Les estrangers des catholiques, ayans aussi consumé innumerables deniers, en avoient laissé telle disette, qu'on ne sçavoit comme fournir à leurs soldes. Ruines et pilleries aussi se faisoient de toutes parts. Davantage, il sembloit que le bonheur voulust relever ceux qui avoient esté atterrez; car l'armée des princes avoit fait une brave teste à celle du Roy à René le Duc. La Gascongne, le Languedoc et le Dauphiné, menoient la guerre plus forte qu'auparavant. Le pays de Bearn avoit esté reconquis; et en Poictou (1) et Xaintonge ceux de la religion eurent de tres-bonnes avantures, en ce

---

(1) *En Poictou.* La Noue, qui y commandoit, avoit remporté, près de Luçon, un grand avantage sur Puygaillard, chef catholique.

que les deux vieux regimens furent defaits, et plusieurs villes prises. Tout cela ramassé, avec d'autres occasions secrettes et particulieres, disposerent le Roy et la Royne à condescendre à la paix, laquelle fut publiée au mois d'aoust. Ceux de la religion la desiroient aussi grandement, et en avoient besoin, pource que n'ayans un escu pour contenter leurs reitres, la necessité en quoy ils estoient les eust contraints d'abandonner messieurs les princes ; ce qu'ils leur firent entendre par le comte de Mansfeld; et se voyans approchez de leur pays, il estoit à craindre qu'ils ne s'y resolussent. Cela advenant, c'estoit la ruine de leurs affaires. Plusieurs autres incommoditez que je n'allegue pressoient à ce poinct, et, entre autres, les desreiglemens de nos gens de guerre estoient tels qu'on n'y pouvoit remedier. De sorte que M. l'Admiral, qui aimoit la police et haïssoit le vice, a dit plusieurs fois depuis qu'il desireroit plustost mourir que de retomber en ces confusions, et voir devant ses yeux commettre tant de maux. Somme, que la paix fut acceptée sous des conditions tolérables, et adjousta-t-on pour la seureté d'icelle ce qu'on n'avoit osé demander ne sceu obtenir aux autres, à sçavoir quatre villes.

Le commencement de la negociation fut après le siege de Saint Jean d'Angely, où furent employez les seigneurs de Thelligny et Beauvais la Nocle, gentils-hommes ornez de plusieurs vertus, qui s'en acquitterent fidelement; et si auparavant les catholiques eussent offert à ceux de la religion, lors qu'ils estoient en mauvais termes, des conditions moindres, je cuide qu'ils les eussent acceptées. Mais quand ils virent qu'ils ne vouloient leur permettre nul exercice de la religion, ains seulement une simple liberté de conscience, cela les mit au desespoir, et leur fit faire de necessité vertu. Et comme le temps apporte des mutations, celles qui survindrent se tournerent en leur faveur, si bien que leurs courages en furent relevez, et leurs esperances fortifiées. Le meilleur temps pour traiter une paix est quand on a l'avantage de la guerre; mais ordinairement cela enfle de telle sorte qu'on n'en veut point ouïr parler : si est-ce que tost ou tard le Roy fit sagement de l'accorder, car la continuation de la guerre luy ostoit ses plaisirs, ruinoit l'obeissance et amour qui luy estoit deuë, fourrageoit son pays, espuisoit ses finances et consumoit ses forces. « Mais le roy d'Espagne n'a pas fait ainsi en Flandre, dira quelqu'un. — Vraiment, respondra un autre, il n'y a pas beaucoup gaigné, et paravanture qu'enfin, pour donner quelque surseance à ces fascheuses tragedies, il suivra le mesme conseil qu'ont pris ses voisins. »

Or, comme ainsi soit que la paix ait esté necessaire à ceux de la religion, toutesfois ce malheur est quasi tousjours advenu, qu'elles n'ont pas beaucoup duré, mesmes n'ont pas esté establies selon les conventions faites. Je parleray de la premiere, bastie devant Orleans, qui dura quatre ans et demy, laquelle n'estoit pas si avantageuse pour eux à beaucoup près qu'estoit l'edict de janvier. Mais il ne s'ensuit pas pourtant qu'elle ne fust acceptable alors; car leurs affaires n'estoient en tel estat qu'ils l'eussent deu refuser, et le temps fit conoistre depuis le fruit qu'elle apporta. La concorde, les bonnes mœurs et l'obeissance aux loix, avoient desjà pris un si bon cours parmy l'universel de la France, qu'elle en estoit toute reparée; mais la discorde ayant jetté ses menées secrettes la troubla. Quant à la seconde, ce fut paix et non paix, et n'en eut que le nom seulement, mais en effect ce fut une guerre couverte. On la peut appeler le salaire de l'imprudence des huguenots, en ce qu'après avoir esté suffisamment advertis qu'elle seroit très-mauvaise, ils ne laisserent de la recevoir. La troisiesme fut fort desirée à cause des ruines survenues, des necessitez presentes, et que chacun estoit las de travailler et souffrir. Or comme le François est impatient, il accommode les guerres à son humeur. Et d'autant que les conditions estoient esgales ou plus grandes que les precedentes, à mon avis elle devoit estre suportable à ceux de la religion, veu aussi qu'il n'y avoit moyen d'en avoir de meilleures. Et pour les deux années qu'elle dura, peu s'en peuvent plaindre, sauf quand la rupture d'icelle arriva; car ce fut un acte horrible, qui merite d'estre enseveli. Maintenant qui considerera ces paix en leur droite observation, je pense qu'il jugera que ce remede estoit utile et necessaire à tous; mais qui voudra regarder à leurs fins, il ne se pourra garder de les nommer paix masquées. Et cecy en a rendu aucuns si farouches, qu'ils croyent qu'il y a tousjours du poison caché souz le beau lustre de cest or. Il s'en est desjà fait en France six generales, comme il se fit aux guerres civiles de la maison de Bourgogne et d'Orleans: et tant les unes que les autres ont esté enfraintes; mais la septiesme qui s'accorda à Arras (1) fut durable et ayda à

---

(1) *S'accorda à Arras.* Ce traité fut conclu le 21 septembre 1435, entre Charles VII et Philippe-le-Bon, duc de Bourgogne.

redresser la France. On pourroit par cest exemple inferer que nostre septiesme devra aussi estre bonne, combien qu'il seroit à desirer qu'on ne vinst à ces termes, parce que le souhait semble impertinent, de vouloir tomber en maladie pour jouir après d'une parfaite santé. Dieu y vueille pourvoir ainsi qu'il luy plaira. Certes un chacun se doit mettre devant les yeux, quand il void le royaume embrasé de guerres, son ire et son courroux, et plustost à l'encontre de soy que contre ses ennemis; car les uns disent : « Ce sont les huguenots, qui par leurs heresies excitent ces vengeances sur eux. » Les autres repliquent : « Ce sont les catholiques, qui par leurs idolatries les attirent. » Et en telz discours nul ne s'accuse. Cependant la premiere chose qu'on doit faire, c'est d'examiner et accuser en ces calamitez universelles ses propres imperfections, afin de les amender, et puis regarder la coulpe d'autruy. Et quand nous voyons une fausse et courte paix, nous devons dire que nous ne meritons pas d'en avoir une meilleure, pource que, comme dit le proverbe, *quand le pont est passé on se mocque du saint*, et la pluspart retournent à leurs vanitez et ingratitudes accoustumées.

C'est pourtant une affection louable de desirer la paix, j'entens une bonne (car les mauvaises sont de vrais coupe-gorges), d'autant que par icelle il semble que la pieté et la vertu reprennent vie : comme au contraire les guerres civiles sont les boutiques de toutes meschancetez, qui font horreur aux gens de bien. Autrefois il s'en est trouvé de tous les deux partis qui ne prenoient gueres de plaisir à en ouyr parler;

car les uns disoient que c'estoit chose indigne et injuste de faire paix avec des rebelles heretiques, qui meritoient d'estre griefvement punis, et persistoient en leur dire jusqu'à ce qu'on les guerist de ceste maladie en ceste sorte : si c'estoient gens d'espée, on leur enjoignoit d'aller les premiers à un assaut ou à une rencontre, pour occire ces meschans huguenotz; de quoy ils n'avoient pas tasté une couple de fois, qu'ils ne changeassent vistement d'opinion. Quant aux autres qui estoient d'eglise, ou de robbe longue, en leur remonstrant qu'il estoit necessaire qu'ils baillassent la moitié de leurs rentes pour payer les gens de guerre, ils concluoient à la paix. Bref, quelque couverture qu'ils prissent, fust de pieté ou de justice, leurs passions estoient inhumaines. Autres aussi y a eu parmy ceux de la religion, qui ne rejettoient pas moins la paix qu'eux, disans que ce n'estoient que trahisons; mais quand elles eussent esté très-bonnes ils en eussent dit autant, pource que la guerre estoit leur mere nourrice et leur eslevement. Un bon moyen pour les ramener à raison, estoit de proposer pour la necessité d'icelle de retrancher leurs gages, ou faire quelques emprunts sur eux. Alors en desiroient-ils une prompte fin. Ostez à beaucoup de gens les profits et honneurs, alors jugeront-ils des choses plus sincerement. Et pour prendre conseil en affaires de si grand poids, ceux qui plus craignent Dieu, et qui sont plus revestus de prudence, doivent estre choisis, d'autant qu'ils preferent tousjours l'utilité publique à leurs commoditez et affections particulieres.

Je representeray aussi une autre maniere de gens

qui indifferemment trouvoyent toutes paix bonnes, et toutes guerres mauvaises; et, quand on les asseuroit de les laisser en patience manger les choux de leur jardin et serrer leurs gerbes, ils couloyent aisement l'un et l'autre temps, deussent-ils encore aux quatre festes annuelles recevoir quelque demie douzaine de coups de baston. Ils avoient, à mon advis, empaqueté et caché leur honneur et leur conscience au fond d'un coffre. Le bon citoyen doit avoir zele aux choses publiques, et regarder plus loin qu'à vivoter en des servitudes honteuses. Pour conclusion, en ces affaires icy la raison nous doit servir de guide, laquelle nous admonneste de ne venir jamais aux armes si une juste cause et grande necessité n'y contraint; car la guerre est un remede très-violent et extraordinaire, lequel en guerissant une playe en refait d'autres : pour ceste occasion n'en doit-on user qu'extraordinairement. Au contraire, doit-on tousjours desirer la paix, je dy celle qui a presomption de fermeté, et qui n'est inique; car les fausses ne meritent pas de porter ce tiltre, ains plustost de pieges et de pippées, comme fut celle des seconds troubles. « Les autres n'ont guere mieux valu, dira quelqu'un, d'autant qu'elles ont eu peu de durée. » Mon opinion n'est pas telle; car j'estime que jusques au temps qu'on les a rompues elles ont esté très-utiles : ce que l'experience a fait conoistre; et cest argument ne vaut non plus que si on disoit : « Cestuy-là a esté meschant pource qu'il n'a vescu que quinze ans. » Mais je veux argumenter au contraire, et dire qu'elles ont esté bonnes d'autant qu'on ne les a souffertes avoir longue continuation; car si elles eussent esté nuisibles à ceux de la religion, on les eust laissé avoir leur cours. Dieu vueille en donner une si bonne en France, tant deschirée de ruines, et destituée de bonnes mœurs, qu'elle puisse se renouveller en beauté, afin qu'elle ne soit plus la fable des nations, ains un exemplaire de vertu.

FIN DES MÉMOIRES DE FRANÇOIS DE LA NOUE.

MÉMOIRES

D'ACHILLE GAMON,

AVOCAT ET CONSUL D'ANNONAI.

MÉMOIRES

DE

JEAN PHILIPPI.

NOTICE

SUR LES MÉMOIRES

D'ACHILLE GAMON ET DE JEAN PHILIPPI.

On n'a presque aucun renseignement sur les auteurs de ces deux ouvrages : on sait seulement que Gamon, avocat d'Annonay, fut nommé consul de cette ville en 1558, et que Philippi étoit, dans les dernières années du seizième siècle, général des aides à Montpellier, ou conseiller de cette cour. Ils ont chacun tracé le tableau des désastres qui désolèrent leur pays pendant les guerres de religion : tous deux commencent leurs récits en 1560, époque de la conjuration d'Amboise; mais Gamon s'arrête en 1586, lorsque la Ligue prit le plus redoutable ascendant, tandis que Philippi conduit son lecteur jusqu'en 1590, première année du règne de Henri IV. Ces productions furent publiées, en 1759, dans un recueil intitulé : *Pièces fugitives pour servir à l'histoire de France,* 3 volumes in-4°; recueil dû aux soins du marquis d'Aubais, gentilhomme languedocien, et de Léon Ménard, conseiller au présidial de Nîmes.

Les Mémoires d'Achille Gamon contiennent un grand nombre de particularités intéressantes. On y voit que, dans les états de Languedoc, tenus à Montpellier en 1560, il fut proposé, au nom du tiers-état, de vendre

tous les biens du clergé pour acquitter les dettes contractées sous les règnes précédens, et que les esprits étoient tellement échauffés par les théories nouvelles, qu'il s'en fallut peu que la proposition ne fût adoptée. On y trouve des détails circonstanciés sur les horreurs auxquelles la ville d'Annonay fut en proie pendant les premières guerres civiles : à chaque vicissitude dans les affaires, le pillage et les massacres se renouvellent; et les vengeances les plus terribles s'exercent jusqu'au moment où les deux partis, fatigués du carnage, conviennent de s'épargner : repos qui ne dure que quelques années, et qui est suivi d'excès presque aussi affreux. Quelquefois le style d'Achille Gamon offre de la précision et de l'énergie. En 1586, la famine, suite ordinaire des longues guerres, désola le Vivarais; et la contagion succéda presque immédiatement à ce fléau. Les villes crurent d'abord pouvoir s'en préserver, mais elle y fit bientôt des ravages encore plus grands que dans les campagnes. « Elles devinrent, dit Gamon, désertes
« et sans commerce, soit par la mort de ceux qui en es-
« toient infectés, soit par la retraite de ceux qui vou-
« loient l'éviter. Pour comble de malheur, il arrivoit que
« les uns et les autres, par l'horreur qu'ils avoient de
« se voir, et la crainte de se communiquer la conta-
« gion, mouroient sans secours. Les fruits ne furent
« pas recueillis, le bétail fut abandonné; en un mot,
« les biens et les héritages laissés à des orphelins, hors
« d'estat d'en jouir, ou à des absens que l'éloignement
« empêchoit de les prendre et d'en avoir soin, ou à
« des estrangers qui s'en emparoient. ».

Les Mémoires de Philippi (1) sont écrits avec moins

(1) L'abbé de Grefeuille, auteur d'une histoire de Montpellier qui

de soin : c'est presque toujours un journal fait avec précipitation, et qui n'offre aucun développement; mais on y rencontre souvent des anecdotes qu'on chercheroit vainement dans les historiens. En peignant les excès auxquels les protestans de Montpellier se livrèrent en 1561 contre les catholiques, l'auteur observe « que les prêtres, vêtus en laïcs, furent forcés « d'aller ouïr les ministres, et que le peuple portant « sa haine jusqu'aux bonnets carrés, les gens de jus- « tice furent obligés de prendre des chapeaux et des « bonnets ronds. » Il ajoute que la persécution s'étendit non-seulement sur les catholiques zélés, mais sur les indifférens mêmes, et que ces derniers, auxquels on donna le nom de *suspects,* furent privés de leur liberté. Il parle d'une grande assemblée qui fut tenue à Nîmes vers la fin de 1562, à la suite d'un avantage obtenu par le parti. *On y régla tout,* observe-t-il, *à l'instar des républiques réduites en démocratie.* Après avoir dressé cette constitution, poursuit Philippi, « les « chefs firent à Montpellier un rôle de proscription des « catholiques *qui ne leur estoient pas agréables ,* avec « ordre de sortir de la ville sans emporter autre chose « que dix livres tournois. » Ces particularités sont suivies de détails curieux sur la conduite de Damville, gouverneur du Languedoc, qui donna aux protestans une grande consistance en leur prêtant l'appui des

---

parut dans le commencement du dix - huitième siècle, attribue à Jean Philippi ces Mémoires, dont un manuscrit existoit dans la bibliothèque de Charles-Joachim Colbert, évêque de Montpellier. Dom Vaissette, qui depuis en fit usage dans son histoire du Languedoc, donne à l'auteur le nom d'*Anonyme de Montpellier.* Le marquis d'Aubais, premier éditeur, semble partager l'opinion de l'abbé de Grefeuille.

politiques mécontens, dont il étoit l'un des principaux chefs.

Les Mémoires de Gamon et de Philippi servent, comme on le voit, à compléter les mémoires qui ont précédé. Ecrits par des témoins oculaires et impartiaux, ils peignent très-bien le caractère particulier qui distinguoit les peuples du midi de la France, dans les troubles de la fin du seizième siècle.

MÉMOIRES

D'ACHILLE GAMON.

L'AN 1558, le 27 décembre, furent élus consuls d'Annonai Achilles Gamon, avocat, et André Marclan, pour les deux années suivantes 1559 et 1560. C'est dans celle-ci que commencèrent les troubles et les émotions au sujet de la religion. La compagnie des gendarmes du comte de Villars, lieutenant du gouverneur du Languedoc, fut envoyée en garnison à Annonai, d'où elle délogea bientôt par ordre de Marillac, abbé de Thiers (1).

Il y eut deux assemblées des états de Languedoc, tenues, l'une à Beaucaire au mois d'octobre 1559, et l'autre à Montpellier au mois de mars 1560, où les états furent extraordinairement assemblés après l'assemblée générale de ceux de tout le royaume, tenue à Orléans au commencement du règne de Charles IX.

Le sujet de ces assemblées étoit l'acquit des dettes du Roi, qu'on disoit monter à plus de quarante-deux millions, et dont le clergé de France offroit d'acquitter

(1) *Marillac, abbé de Thiers*. Bertrand de Marillac, cordelier, abbé de Thiers, puis évêque de Rennes, mourut en 1573. Il étoit oncle du garde des sceaux Michel de Marillac, et du maréchal Louis de Marillac, qui figurèrent sous le règne de Louis XIII, et qui eurent une fin malheureuse.

dix-sept. Cette offre fut proposée dans l'assemblée, et approuvée de la noblesse; mais Terlon, avocat et capitoul de Toulouse, qui portoit la parole au nom du tiers-état, dit que l'expédient le plus prompt étoit de prendre tout le temporel de l'Eglise, en reservant aux bénéficiers les maisons et les terres adjacentes de leurs bénéfices, et une pension équivalente aux revenus de ces derniers, que le Roi leur assigneroit sur les bonnes villes du royaume. Cette proposition fut vivement rejettée par l'évêque d'Usez, aussi bien que les plaintes que Chabot, advocat de Nismes, à qui l'audience fut d'abord refusée, et ensuite accordée à cause des clameurs et des murmures du peuple, fit à l'assemblée contre les ecclésiastiques, sur lesquels il requit qu'on fit tomber les charges de la province, pour les dédommager des maux qu'ils en avoient reçus, et soulager le peuple; ajoutant à ces plaintes, et au portrait qu'il fit de l'ignorance et de la corruption des mœurs des prêtres, la demande qu'elles fussent inserées dans le cahier des états, pour être présentées au Roi avec la signature de trente syndicats favorables à la religion reformée, dont Crussol, duc d'Usez, se chargea au refus des états. Ledit Chabot étant sorti de la salle, tout le peuple, dont il étoit attendu, se retira sans bruit.

La crainte d'exciter une sédition parmi le peuple empêcha les prélats, les barons et les autres, qui composoient l'assemblée des états, de faire arrêter cet avocat: ils vouloient le faire punir comme un perturbateur du repos public. Leurs sentimens étoient d'ailleurs si partagés sur la religion, ils se defioient tellement les uns des autres, que personne n'osa proposer sa punition. Un air de réforme, dont les prédicateurs de la nouvelle religion faisoient voir la nécessité, séduisoit les uns ; la liberté qu'elle favorisoit corrompoit les autres, et dans l'incertitude, ou, pour mieux dire, l'ignorance de la religion catholique et de la religion reformée où on étoit, on ne sçavoit à quelle des deux on devoit s'attacher, et quels pasteurs il falloit suivre. La nouvelle religion fit en peu de temps des progrès étonnans dans la ville d'Annonai et dans tous les autres lieux voisins, d'où elle se communiqua et se répandit de l'un à l'autre. Quelques-uns, touchés du discours de l'avocat dont nous avons parlé, devinrent protestans ; leur exemple en entraîna d'autres ; et le nombre de ceux qui les suivirent s'acrut tellement, et leur parti devint si supérieur à celui des catholiques, qu'ils abbattirent, pendant la nuit du 6 de mars 1561, toutes les croix de la ville, du fauxbourg et des lieux circonvoisins.

Le 15 suivant, les autels furent renversés, les images brisées et brulées dans les églises, et la nouvelle religion prêchée dans les places publiques.

Le massacre de Vassy donna lieu aux premiers troubles au sujet de la religion. Ceux de la nouvelle, plus forts que ceux de l'ancienne, s'emparèrent des villes de Lyon, de Tournon, de Romans, de Valence et d'Annonai, sans trouble ni sédition, au mois de mai de l'an 1562. Le sacrifice de la messe fut suspendu et comme interdit ; on bâtit des temples ; on appella les ministres Pierre Railhet et Pierre Boullod, et on fit l'exercice public de la nouvelle religion. Quoique la ville d'Annonai fût sous les ordres des consuls, Pierre Gueron, sieur de Prost, y fut appellé de Lyon pour en prendre le commandement.

Le 27 de juillet, les religionnaires enleverent pendant la nuit les ornemens, les vases sacrés, l'argenterie et les saintes reliques : ce qui irrita extrêmement les catholiques de cette ville, tous leurs voisins, et en particulier le baron de Saint-Vidal, l'évêque du Pui, et plusieurs autres seigneurs, qui menacerent de les aller assiéger pour les en punir.

Les consuls, craignant de ne pouvoir pas garder leur ville, ni contenir les habitans à cause de la diversité des sentimens sur la religion, y appellerent Sarras, François de Buisson, nouveau protestant, et lui en donnerent le commandement, sous le bon plaisir et la commission du baron des Adrets. Ce commandant maltraita les gentilshommes voisins, et vexa les catholiques.

Sur la fin d'octobre 1562, ledit Sarras, sous une prétendue commission du baron des Adrets (1), fit armer environ cent quarante artisans ou laboureurs d'Annonai, avec lesquels il surprit Saint-Estienne en Forez, dont, après avoir enlevé les armes, et fait un butin considérable, il fut chassé au plus vite par les habitans des lieux voisins, avec perte de tous ceux qu'il avoit emmenés d'Annonai, et défait avec le reste de ses troupes.

Le bruit de cette défaite, où le frere de Sarras fut dangereusement blessé et fait prisonnier, découragea la plûpart des habitans d'Annonai, qui, se voyant sans armes et sans secours, abandonnerent la ville, et se retirerent ailleurs.

Quatre jours après, sçavoir le dernier octobre 1562,

---

(1) *Du baron des Adrets.* Cet homme, fameux par ses cruautés, exerçoit alors en Dauphiné les fonctions de lieutenant général du prince de Condé, chef des protestans.

Saint Chamond, accompagné de douze à quinze cens, hommes, s'étant présenté devant la ville d'Annonai par ordre du duc de Nemours, somma la ville de se rendre au nom de ce seigneur, et de se soumettre à l'obéissance du Roi; ce qu'ils refuserent d'abord, quoique denués de tout secours, jusqu'à ce qu'ayant sauvé les ministres Railhet et Boullod, et fait conduire en lieu de sureté, ils capitulerent avec Saint-Chamond, qui, après avoir fait bruler une partie du pont de Deome, et abatre le mur près du pont de Valgella, entra dans la ville avec ses troupes, passa au fil de l'épée tous ceux qu'il trouva sous les armes, fit précipiter ceux qu'il trouva dans les tours, épargna les catholiques retirés chez du Peloux et Jarnieu (1); et après avoir fait bruler ou renverser les tours, et permis le sacagement de la ville, se retira (2) avec ses troupes, et alla joindre le duc de Nemours, qui campoit devant Vienne, dont il s'étoit rendu le maître, et arrêter les desordres que le baron des Adrets faisoit aux environs de cette ville. Il mit en garnison Jarnieu dans le château des Célestins de Colombier-le-Cardinal, peu éloigné de la ville d'Annonai.

Pendant le pillage d'Annonai, le chevalier d'Apchon faisoit de son côté piller par ses hommes les lieux voisins, où les religionnaires s'étoient fortifiés.

La retraite de Saint-Chamond donna lieu à Pierre Peichon, successeur de Pierre Fourel, et aux deux consuls qui s'étoient retirés à Tournon et à Valence, d'appeller les chefs des religionnaires pour s'en saisir

---

(1) *Chez du Pelou et Jarnieu.* Ces deux seigneurs avoient des châteaux fortifiés dans le voisinage d'Annonay.—(2) *Se retira.* De Thou attribue cette retraite à ce que le bruit courut que le baron des Adrets venoit venger par d'autres cruautés celles qui avoient été commises.

de nouveau; ce qui fut exécuté en vertu d'une délibération prise dans une assemblée tenue à Baïs : et le comte de Crussol, chef des églises protestantes de Languedoc, sous l'obeissance de Dieu et du Roi, en donna la commission à Saint-Martin, son lieutenant au pays de Vivarais, lequel y entra sans résistance le 28 décembre 1562 avec quatre cents hommes de pied ou de cheval, en fit aussi réparer les murailles, et tâcha de la mettre en état de deffense. Après son entrée dans Annonai, ledit Saint Martin somma, mais inutilement, le château des pères celestins de Colombier.

Le duc de Nemours, averti de la prise d'Annonai par les religionnaires, y envoya Saint-Chamond avec trois mille hommes assemblés du pays de Forez, pour la reprendre; ce qu'il fit après deux jours de siége, que les habitans soutinrent malgré la retraite de Saint-Martin. La crainte des aproches de l'armée fit sortir Saint-Martin et se retirer à Tournon, sous prétexte d'aller chercher du secours; mais, privés de secours et de munitions de guerre, ils furent obligés de se rendre par capitulation le 11 janvier 1563, dont les conditions furent : 1º Que les troupes étrangeres sortiroient avec leurs armes et leurs chevaux, et que, sans emporter leurs enseignes, ils pourroient se retirer où bon leur sembleroit; 2º que la ville ne seroit pas donnée au pillage; 3º qu'on ne feroit aucun préjudice aux habitans; 4º qu'il seroit libre à ces derniers de se retirer au château s'ils vouloient, et leurs femmes avec leurs enfans dans les maisons de Jarnieu et du Peloux; 5º que l'infanterie n'entreroit point dans la ville; 6º que la cavalerie n'y logeroit qu'une aprés-dinée, pour y prendre quelques rafraîchissemens. Ce fut sous cette capitulation, qui fut reçue par une pauvre femme qui servit de trompette, que les habitans ouvrirent les portes à Saint-Chamond; mais, nonobstant ces conditions, après avoir fait passer au fil de l'épée tous les habitans qui sortoient avec la garnison, il fit suivre et charger celle-ci par le chevalier d'Apchon, qui, ayant été vivement repoussé par le capitaine Montgros, fit piller et tuer tous les religionnaires qu'il rencontra sur son passage.

Saint-Chamond fit entrer son infanterie et sa cavalerie dans la ville d'Annonai, où le fer et le feu furent également employés, et où le soldat exerça toutes les fureurs de la guerre, jusqu'à précipiter du haut des tours quelques habitans et officiers de la ville qui avoient été les plus séditieux et les plus rebelles: plusieurs catholiques eurent le même sort que les religionnaires; et il n'y eut de sauvés que ceux qui se retirerent chez des gentilshommes voisins, ou qui s'allerent cacher dans les bois; le pillage dura cinq jours.

Le 14 du même mois, Saint-Chamond, après avoir fait brûler les portes d'Annonai, demanteler les tours et raser les murailles de la ville jusqu'aux fondemens, se retire à Boulieu, voisin et dependant d'Annonai, où les religionnaires qui l'habitoient ne furent pas mieux traités que ceux de cette derniere ville.

Le 14 de mars de l'an 1563, le Roi fit publier un edit de pacification, qui donna à chacun la liberté de conscience avec le libre exercice de la religion reformée en certaines villes des bailliages, senechaussées et gouvernemens, et en celles où elle avoit été exercée jusqu'au 7 dudit mois; ce qui commença à rétablir les religionnaires, auxquels on donna la ville d'Annonai pour la senechaussée de Beaucaire et de Nismes. Ce fut en vertu des lettres patentes du Roi, du 20 d'août 1564, que le baillif royal d'Annonai leur assigna, dans le fauxbourg de La Reclusiere, la maison de Gonnet Merle pour l'exercice de leur religion, où le ministre Railhet fit le prêche jusqu'au temps des nouveaux troubles. Ces lettres patentes furent suivies de l'exemption des tailles et impositions, que le Roi accorda pour un an à la ville et baronnie d'Annonai.

Le jour de Saint Michel, 29 septembre 1567, on prit les armes une seconde fois dans le royaume, au sujet de la religion. Les religionnaires se saisirent des villes de Vienne, de Valence, et se seroient rendus maîtres de plusieurs autres si la saison leur eût été plus favorable.

Les habitans d'Annonai, de l'une et de l'autre religion, voyant la guerre s'allumer dans tout le royaume, convinrent entr'eux de vivre en paix les uns avec les autres sous l'obéissance du Roi, et la soumission à ses édits. Cette paix dura jusqu'au second édit de pacification du 23 mars 1568.

Dans ce même temps, le bruit s'étant répandu que l'édit de pacification n'auroit pas lieu, deux jeunes gentilshommes, cadets de la maison de Condamine et Bayar, soutenus d'une vingtaine de soldats, se saisirent, en juillet 1568, de la ville d'Annonai, et mirent aussi-tôt des gardes aux portes, en faisant entendre aux habitans qu'ils devoient être joints incessamment par cinq cents hommes commandés par La Condamine et Bayar; mais ceux d'Annonai, s'étant aperçus de leur ruse, les forcerent de sortir de la ville, et les poursuivirent sous le commandement de Jarnieu, baillif d'Annonai.

Au commencement du mois de septembre 1568, les seigneurs de Saint-Romain, de la maison de Saint-Chamond, qui fut archevêque d'Aix, de Virieu et de Changy, à la tête de sept cents hommes de Daufiné, ayant pris les armes en faveur des religionnaires, s'avancerent vers la ville d'Annonai, s'en rendirent les maîtres, et y séjournerent pendant huit jours; ils y firent entrer, contre la foi du traité, huit cents hommes, brulerent les bâtimens et l'église des Cordeliers, firent abattre celle de la paroisse, rompirent et vendirent les cloches de la ville, et, huit jours après, se retirerent par les montagnes du côté du Poitou avec plus de deux cens habitans de la ville, qui avoient favorisé leur entrée et tous leurs désordres.

Le 12 du même mois 1568, sur les dix heures du soir, les espions d'Annonai ayant rapporté que Saint-Chamond, frere aîné dudit Saint-Romain, étoit en marche pour s'y rendre à dessein de la raser, parce qu'elle étoit la retraite des religionnaires qui s'assembloient en armes, et qu'il conduisoit avec lui les compagnies des gensdarmes du senechal de Lyon, du seigneur d'Urfé, baillif de Forez, et du chevalier d'Apchon, et qu'il étoit suivi d'un grand nombre d'argoletz commandés par Saint-Priest, et quelques compagnies de pied levées dans le Forez, sous la conduite des capitaines Le Blanc, Fourel et Clair-Imbert, tous les protestans, et surtout ceux qui avoient favorisé les derniers désordres, se mirent en fuite, et se retirerent, partie chez les gentilshommes voisins, et partie dans les villages ou dans les bois des environs.

Le lundi 13, Saint-Chamond entra dans Annonai qu'il trouva ouvert et abandonné de presque tous ses habitans, et alla ensuite loger chez les celestins de Colombier, d'où le jeudi suivant il prit la route de Tournon avec ses troupes, pour deffendre le passage du Rhône aux ennemis; mais ceux-ci plus diligens le forcerent de retourner à Annonai, d'où, après un pillage affreux, des exactions et des violences horribles, et avoir mis le feu aux quatre coins, il alla le lendemain dans le Forez et le Velai.

Avant sa sortie d'Annonai, il tenta de surprendre les religionnaires, qui s'étoient réfugiés en grand nombre et avec leurs effets dans les châteaux et villages voisins; mais La Tour - Maubourg l'ayant prevenu rendit sa tentative inutile.

A peine Saint-Chamond fut arrivé en Velai, qu'il envoya trois compagnies de ses troupes à Annonai, qui fut pillé, saccagé et rançonné pour la cinquième fois, le 24 septembre 1568.

Pendant ce temps-là, les troupes de Saint - Romain et de Virieu, s'étant jointes à celles d'Acier, frere du comte de Crussol, se rendirent par le Gevaudan dans les provinces de Guienne, de Xaintonge et du Poitou, où la guerre étoit ouverte, et où il y eut deux camps pendant tout l'hiver, qui fut très-rude, commandés, l'un par Monsieur, frère du Roi, et l'autre par le prince de Condé.

Le duc d'Anjou, comte de Forez, qu'il tenoit pour une partie de son apanage depuis la révolte du duc de Bourbon, comte de Forez, la ville d'Annonai lui appartenant en cette qualité, ayant apris que le capitaine Praulx s'étoit jetté dans la ville de Beaulieu par ordre de Joyeuse, qui, pour son entretien et celui de ses troupes, lui avoit assigné une grosse somme à prendre sur la ville et baronnie d'Annonai, donna pour celle-ci des lettres de sauvegarde et d'exemption, qu'il fit signifier à La Tourete, commandant pour le Roi dans le haut Vivarais; et les habitans furent déchargés de la garnison dudit capitaine Praulx, à la place duquel il mit le capitaine La Garenne avec quarante auxquels il assigna 400 livres par mois sur la ville d'Annonai, ensuite sur le pays, et surtout sur les religionnaires et sur les biens confisqués de ceux qui s'étoient retirés, et portoient les armes contre les catholiques : ceux qui resterent dans la ville furent privés de leurs charges, tant par l'édit du Roi que par arrêt du parlement de Toulouse, ampliatif de celui qui fut publié au bailliage d'Annonai le 17 février 1569.

L'armée des princes de Navarre et de Condé en faveur des religionnaires, s'étant raliée après la déroute de Montcontour, sous la conduite de Gaspard de Coligni, amiral de France, courut quelques jours aux environs de Toulouse, et de là se rendit à Montpellier, à Nismes, ensuite dans le Vivarais, et séjourna environ quinze jours à Charmes, Saint-Peray et Chalançon, et quelques autres endroits; d'où elle passa, en mai 1570, à Saint-Etienne en Forez, et de là à La Charité et Sancerre, commettant mille désordres dans leur passage et dans leur route.

Suze s'étant mis en marche pour cotoyer cette armée et l'attaquer aux environs de Saint-Didier en Velai avec cinq cens chevaux et quinze cens hommes de pied, il la suivit jusqu'au bourg Argental et à Saint-Sauveur en Forez; mais il fut obligé de se retirer et de repasser le Rhône, par la desertion d'une grande partie de ses troupes, qui craignoient qu'il ne voulût les ramener en Guienne, où elles avoient passé un mauvais quartier d'hiver.

L'édit de pacification donné à Saint-Germain en Laye au mois d'août 1570, fut publié au bailliage d'Annonai, et sa publication fit cesser d'abord la guerre et les hostilités de part et d'autre.

Deux ans après, le 24 août 1572, le massacre surnommé de Saint-Barthelemy, fait à Paris, Orleans, Rouen, Meaux, Macon, Lyon, Romans, Valence, Toulouse, et dans les autres principales villes du royaume, jetta une si grande terreur sur les religionnaires d'Annonai, qu'au moindre bruit ou mouvement des catholiques ils se mettoient en fuite sans être poursuivis de personne.

Environ Noël de l'an 1572, Henri de Montmorenci, seigneur de Dampville, mareschal de France, vint en Languedoc avec la commission de lieutenant général pour le Roi dans cette province, et celles de Lyonnois, Dauphiné et Provence. En passant à Vienne, il donna le commandement de la ville et baronnie d'Annonai à Nicolas du Peloux, seigneur de Gourdan et de La Motte, chevalier de l'ordre du Roi. Ce commandant fit publier la commission du duc de Montmorenci en janvier 1573, qui portoit l'assurance de la liberté de conscience en faveur des religionnaires, pourvû qu'ils fussent tranquilles et soumis aux ordres du Roi, à la reserve de ceux qui avoient commandé dans l'armée contre les catholiques. Ledit du Peloux déclara ensuite de bouche aux habitans d'Annonai, que l'intention du Roi étoit qu'il n'y eût qu'une religion en France, et que tous ses sujets allassent à la messe; et après avoir fait lire les instructions et les ordres du Roi à tous les gouverneurs sur cela, il commanda aux curés de tenir un registre de tous ceux qui iroient à la messe, et voudroient faire profession de la religion catholique et romaine, et exhorta les habitans de se conformer aux ordres de Sa Majesté.

La memoire recente des châtimens passés fit que, le dimanche suivant, la plûpart des protestans d'Annonai, et, à leur exemple, ceux des villes et villages voisins, assisterent à la messe.

Du Peloux, ayant merité par sa sage et prudente conduite le commandement du haut Vivarais, se comporta avec tant de douceur et de modération dans son gouvernement, qu'il contint tout le pays dans la paix et dans la soumission ; mais, sur l'avis qu'il eut qu'à l'occasion du massacre de la Saint-Barthelemi les religionnaires d'Aubenas et de Privas avoient pris les armes, et qu'ils s'étoient emparés de nouveau de la ville de Dezaignes, aussi-bien que du château de Bozas, il fit réparer les breches des portes d'Annonai, et fortifier le château ; il mit quelques troupes aux dépens du pays dans le château de Quintenas, et envoya son frere Charles du Peloux, sieur des Colaux, pour commander dans la ville de Chalançon : celui-ci y fut bientôt après assiegé par les religionnaires, qui se jetterent et se retrancherent dans le faux-bourg ; mais du Peloux ayant rassemblé quelques troupes, auxquelles plusieurs catholiques d'Annonai se joignirent, il attaqua le renfort qui venoit secourir les assiegeans, et l'obligea de se retirer avec perte et confusion.

Parmi ceux qui avoient pris les armes pour la religion, il y eut un jeune homme nommé Erard, du pays de Vernoux, qui, ayant quitté la bazoche de Vismes, se mit à la tête de quatre-vingts hommes de son genie et de sa façon, avec lesquels, sous un guide d'Annonai qui connoissoit le pays, il se jetta dans les tours du seigneur de Munas (1), près d'Ardois et d'Oriol, qu'il fit réparer; de là, pour faire subsister sa troupe, il faisoit des courses sur les villages voisins, qu'il chargeoit d'exactions et de contributions, du Peloux l'ayant assiegé inutilement dans les tours de Munas et d'Oriol.

Au mois de novembre 1573, les capitaines Roy et Tremolet, avec leurs troupes, se jetterent dans les maisons de Munas et Manoa, qu'ils pillerent, et dont ils emporterent tout ce que les villages voisins y avoient mis comme dans un lieu de sûreté.

Le mois suivant fut remarquable par la treve qui fut traitée et concluë à Lotoire, paroisse de Quintenas (2), entre François de Barjac, seigneur de Pierregourde, commandant dans le Vivarais pour les religionnaires, et du Peloux. Selon cette treve, il fut dit que les garnisons des tours d'Oriol et desdites maisons de Munas, Manoa et Lotoire, se retireroient; que Boffres seroit ouvert, et que Quintenas et quelques autres châteaux seroient rendus à leurs maîtres, et que, moyennant cela, les religionnaires abandonneroient tous les forts du Vivarais, à la reserve de Dezaignes, et ne feroient pas la guerre dans le Vivarais. Ce traité fut conclu à Brogieu, paroisse de Roffieu, audit mois de decembre 1573, suivant lequel les tours d'Oriol furent abandonnées, et ensuite abatues. Quintenas, Lotoire, Manoa et Munas furent rendus à leurs maîtres; Boffres

---

(1) *Du seigneur de Munas.* Le château de ce seigneur étoit situé dans le diocèse de Vienne, à douze lieues de Viviers. — (2) *Lotoire, paroisse de Quintenas.* Ce château étoit situé dans le diocèse de Vienne.

fut abandonné; Chalançon fut épargné, et ne fut pas démantelé, à la prière de la dame de Tournon, Claude de La Tour de Turenne, et de Hautvillars.

La guerre, terminée dans le Vivarais, commença en Velai, où Pierregourde fit venir ses troupes au mois de janvier 1574. Erard s'y rendit aussi avec les siennes, et se jetta dans la ville de Tence, qui avoit été démantelée, et la fortifia; il y fut ensuite assiégé, battu, fait prisonnier, et relâché. On raconte du susdit Erard, que, curieux de sçavoir combien de temps pouvoit vivre un homme sans aucune nourriture, il laissa mourir de faim plusieurs prisonniers, et que l'un d'eux vecût jusqu'au neuvième jour. Les religionnaires furent chassés des maisons ou forts dont ils s'étoient saisis, par Saint-Vidal, l'évêque du Pui, La Tour, Saussac et autres gentilshommes, dans l'espace de cinq ou six mois, reprenans les châteaux d'Espalli près du Pui, Saint-Quentin, Bellemonte, Bellecombe et autres forts, au nombre de dix à douze; Baudisner se deffendit, parce qu'il avoit tenu et gardé depuis le commencement des troubles par le capitaine Vacherelles. Les protestans perdirent quatre ou cinq cents hommes en Velai.

Les estats de Languedoc, tenus à Montpellier, ayant résolu de ne rien imposer sur le fait de la guerre, du Peloux, voyant que le pays ne lui fournissoit pas de quoi la soutenir, se démit de son gouvernement sur la fin de janvier de l'an 1574, laissa la ville d'Annonai à la garde des habitans, et le château à celle de des Colaux son frère; ce qui donna lieu aux habitans d'élire pour gouverneur André de Gurin, sieur de Matré, gentilhomme; ils nommerent ensuite trois d'entr'eux pour la garde des portes de la ville, et bien-tôt après se chargerent de celle du château, avec la résolution de vivre en paix sous l'obéissance du Roi, et de ne favoriser en aucune manière les troubles, ni les differens partis.

Au mois de mars de l'an 1574, Peraud, qui, jusqu'alors avoit suivi du Peloux, soutenu de presque tous les soldats congédiés du château d'Annonai, et d'une cinquantaine de jeunes hommes de la ville et de la garnison du château de Bozas, s'empara de celui de La Barge et de Serrieres, mit garnison dans son château de Peraud sur le Rhône, et enleva une voiture de marchandises de Lyon pour la valeur de 100,000 livres.

En 1574, les habitans de Preaulx et de Saint-Jure, à l'exemple de ceux d'Annonai, prirent le parti de se garder eux-mêmes contre les protestans; mais une compagnie de ces derniers ayant surpris l'église, où ils avoient porté tous leurs effets, furent pillés, aussi-bien que ceux de Saint-Jure, qui, surpris par le capitaine Clavel dans l'église où ils s'étoient fortifiés dans le temps même de la capitulation, furent presque tous ou tués ou blessés.

Montrond, de la maison d'Apchon, chevalier de l'ordre du Roi, fut fait prisonnier par les soldats de Peraud, dans une sortie de son château de Luppé, qu'il fit pour les reconnoître, et tué le dernier mars 1574 par un de ses sujets qu'il avoit autrefois maltraité.

Le 6 avril de la même année 1574, la ville de Malleval fut surprise par les soldats de Peraud à la faveur d'une grosse pluye; ils y mirent garnison, brûlerent quelques maisons, et s'y fortifierent avec perte de la part des habitans; ils mirent aussi garnison dans le prieuré de Charnas.

Ces nouveaux troubles, qui annonçoient une nouvelle guerre dans le Vivarais, furent cause que les habitans d'Annonai prirent de nouvelles résolutions de vivre en paix sous les edits du Roi, s'unirent ensemble et se promirent une fidélité mutuelle. Pierregourde, qui, le lundi de Pâque, 12 avril 1574, avoit pris par composition le château de Quintenas, et y avoit mis garnison, les somma de recevoir l'exercice de la religion reformée, et d'en faire profession publique, comme aussi d'abattre la grande eglise de la place vieille, afin que personne ne s'en saisît : ayant apris leur union, il ne les pressa plus.

D'un autre côté, Entragues, de la maison d'Urfé, gouverneur de Forez, et Saint-Chamond, levoient des troupes avec l'artillerie qui sortoit de Lyon, pour assiéger Peraud, Serrieres et Malleval. Voulant se rendre maîtres d'Annonai, ils sommerent les habitans de recevoir une garnison ; mais ceux-ci, voulant s'en décharger et se garder eux-mêmes, promirent de ne recevoir aucunes troupes contre la volonté du Roi, et donnerent pour otage de leur parole et de leur fidélité deux habitans des plus considerables de la ville, de l'une et de l'autre religion ; ce qui fut arrêté au château de La Condamine près d'Annonai, le 25 avril 1574.

Le même jour, les troupes de Saint-Chamond et d'Urfé partirent pour aller à Serrieres ; à l'approche desquelles les protestans qui tenoient La Mure et Charnas les abandonnerent après de grands dégats. Peraud fut attaqué et assiégé le 3 mars 1574, et forcé d'abandonner ses deux châteaux.

Ceux qui occupoient le château de La Barge, et qui

s'étoient retirés dans celui de Serrieres, abandonnerent celui-ci de nuit, de même que ceux de Malleval, sur le bruit de la marche et de la batterie de Peraud : cette ville fut brûlée par les soldats. Quintenas fut sommé de se rendre sans être attaqué, après quoi les troupes de Saint-Chamond se retirerent.

Le capitaine Cellier, cadet de sa famille, commandant alors de Quintenas sous Pierregourde, devenu suspect, se démit de son commandement, qui fut donné à Peraud, accompagné de ses troupes.

Quoique les habitans d'Annonai fussent sous la protection du prince Dauphin (1), lieutenant-général pour le Roi en Languedoc, Provence et Dauphiné, qu'ils eussent permission de se garder eux-mêmes, et qu'ils eussent fait supplier par des députés Saint-Chamond de les laisser en paix et en repos, ce dernier, après la prise de Peraud, ne cessoit de les solliciter et de les presser de recevoir une garnison catholique : ce qu'ils refuserent, aussi bien que ceux de Boulieu. Ceux d'Annonai furent alarmés sur le bruit qui se répandit que, depuis le décès de Charles IX, la Reine mere, régente du royaume, avoit donné à Saint-Chamond le commandement du Vivarais.

Sur ce bruit, Saint-Romain, frere de Saint-Chamond, commandant dans le bas Languedoc, les Cevenes, le Vivarais et le Velai, pour les religionnaires, se rendit au château de Bozas avec un grand nombre de troupes, d'où il écrivit aux consuls d'Annonai de lui envoyer cinq ou six de ses habitans les plus considérables pour conferer avec eux. Sa lettre lue dans l'assemblée de la ville, il fut délibéré

(1) *Du prince Dauphin.* Ce prince étoit fils du duc de Montpensier.

que Matré, accompagné de quelques autres habitans, tant catholiques que religionnaires, iroient joindre Saint-Romain, et qu'ils le prieroient de ne rien tenter contre leur ville, et d'en éloigner ses troupes : ce qu'ils crurent obtenir. Mais pendant leur conférence tenue à Quintenas, deux ou trois compagnies, s'étant approchées et logées dans le fauxbourg, surprirent la ville, à la faveur de quelques habitans qui étoient d'intelligence avec d'autres qui étoient dans les troupes de Saint-Romain, donnerent entrée aux capitaines Clavel, Le Bouchet, Cussonnel, Le Bascou, et quelques autres; ce qui affligea extrêmement la ville, qui se vit replongée dans les mêmes malheurs qu'elle avoit voulu éviter, et qu'elle n'avoit que trop éprouvés auparavant.

Saint-Romain, informé de la surprise de cette ville, s'y rendit le jour même, le 17 juillet 1574, accompagné de trois ou quatre cents chevaux, et de cinq compagnies d'infanterie, mit des capitaines et des gardes aux portes et au château, et fut maître absolu de la ville; d'où le lendemain, 18 juillet, ceux des catholiques qui vouloient sortir furent accompagnés hors de la ville : on ne fit aucune violence ni aux prêtres ni aux autres catholiques qui voulurent rester.

Saint-Romain, touché de compassion sur l'état pitoyable de ces derniers, détourna la proposition qu'on fit de lever sur eux 2 ou 3,000 livres pour le payement des troupes, dont ils étoient déjà extrêmement foulés, aussi bien que les ecclésiastiques, les biens desquels étoient employés pour le payement des soldats avec ceux des deniers royaux et du domaine.

Pendant le séjour de Saint-Romain et de ses troupes à Annonai, la garnison de Quintenas se retira dans la ville; et le château magnifique de l'archevêque de Vienne, autrefois les délices de la maison de Tournon, fut brûlé et presque entièrement ruiné, avec l'église, que l'on croit de la fondation de Charlemagne.

Quintenas avoit été anciennement une abbaye de l'ordre de Saint-Benoît, à laquelle la maison de Tournon avoit donné des abbez, qui avoient fourni des sommes considerables pour la construction et l'entretien du château, sur l'une des portes duquel on voyoit autrefois les armes de cette maison, qui sont de France, parti de gueules au lion rampant d'or, avec la crosse abbatiale à la cime de l'écusson.

Saint-Romain arrêta par sa prudence et sa sage conduite l'insolence du soldat, et empêcha le pillage et les autres excès qui ruinoient le peuple.

La ville de Chalançon, assiégée cette même année 1574 par les religionnaires, sous la conduite de Pierregourde, traite et capitule avec eux et Saint-Chamond et Saint-Vidal, qui étoient en marche pour lui donner du secours. Selon ce traité, elle est démantelée avec les châteaux de Bozas, Estables et quelques autres forts, et les religionnaires y sont introduits. La guerre cesse jusqu'à l'arrivée de Henri III, appellé de Pologne, dont il étoit roi, à la couronne de France, par le décès de son frère Charles IX : il vint à Venise le jour de la surprise de la ville d'Annonai par les religionnaires. Saint-Romain établit à ses dépens une garnison à Annonai à la mi-août 1574; il y laissa trois compagnies de gens de pied, et y mit pour gouverneur Antoine de La Vaisserie, sieur de Meausse, près Montmirel en Querci; il fit fortifier la ville et le château, sur le bruit de l'arrivée de la Reine régente à Lyon, sur la fin du mois d'août, avec quelques troupes françoises et six milles Suisses, et sur la crainte d'un siége.

Le 5 septembre de la même année 1574, le fauxbourg de Deome fut brûlé par ceux de la ville d'Annonai, comme aussi ceux de La Valette, Le Savel et Bourquille; les dehors de la ville furent ruinés avec les monasteres des Cordeliers, de Sainte-Claire, et la commanderie de Saint-George; le clocher et le chœur de l'église de la paroisse furent abattus; ce qui fut accompagné d'un grand nombre d'autres excès et ruines, soit des maisons, soit des fauxbourgs, soit du dehors de la ville.

Pierre Pinet, l'un de ceux que Saint-Romain avoit fait capitaines, quoique de basse extraction, ayant tué d'un coup de pistolet Guillaume de Grabias, sieur de Rueillan, gentilhomme de la suite de Saint-Romain, se retira le 23 juillet, pour éviter la rigueur de la justice, vers du Peloux et des Colaux, lesquels, à sa sollicitation, tenterent de surprendre la ville et le château d'Annonai, à la faveur de quelques officiers de ses amis; mais cette entreprise leur paroissant trop difficile, ils tenterent celle du château par le moyen d'un gentilhomme étranger nommé La Garde, qui ayant été découvert fut pris et arquebusé avec Chatinois, commandant de Pignieu.

La garnison du château des Celestins de Colombier assiege Pignieu, le prend et le brûle, après quelque resistance, le 17 octobre 1574.

Un moine de Saint Ruf, natif d'Annonai, nommé Jacques Baud, qui quelques jours auparavant avoit tué de sa main un certain Faron, fut tué lui-même d'un coup d'arquebuse en sortant de Pignieu.

Le Roi donne de nouveau en 1574 à Saint Chamond

le commandement du haut et du bas Vivarais, et lui promet des troupes pour le siége d'Annonai. Saint-Chamond se rend aux Celestins avec les compagnies des gendarmes de Mandelot, de Rostaing et de La Barge, et dix ou douze enseignes d'infanterie. La Barge étoit mestre-de-camp de cette petite armée, avec laquelle Saint-Chamond fit sommer, le 28 octobre 1574, les habitans d'Annonai de se rendre au Roi s'ils ne vouloient y être forcés par un siége. Meausse, commandant d'Annonai, fit répondre qu'il n'y avoit ni Anglois, ni Espagnols dans la place, mais des François seulement, qui vouloient la garder pour le Roi, et que s'il s'obstinoit à vouloir l'assiéger, il avoit autant de force pour la deffendre qu'il pouvoit en avoir pour l'attaquer; ce qui fit que Saint-Chamond cantona ses troupes autour d'Annonai, attendant plus grand nombre de troupes et l'artillerie pour le siége de cette ville.

Pendant ces entrefaites, le roi Henri III, qui retournoit de Pologne par la voye de Venise et du Piémont, étant arrivé à Lyon, en partit pour aller à Avignon, et se mit sur le Rhône, qu'il descendit le 15 novembre 1574; il alla coucher à Tournon, accompagné de plus de cent bateaux; le lendemain il alla coucher à Avignon par la même voye. Il fut joint à Serrieres par Saint-Chamond, qui y alla avec deux bateaux : sur le refus que Sa Majesté fit de lui donner les troupes qu'il lui avoit fait espérer, il se retira par son ordre à Tournon, où il ne fit rien. Les états-généraux du Languedoc furent convoqués à Villeneuve d'Avignon, au 25 dudit mois de novembre; ils furent depuis continués au 1er décembre; le Roi s'y trouva, y présida, et harangua assez long-temps.

Quelques jours auparavant, Jean de Fay, sieur de Virieu, oncle de Peraud, qui avoit suivi le parti des religionnaires jusqu'aux massacres de Paris, où il fut fait prisonnier, et sauvé par Caussac, sollicita par ses lettres le gouverneur, les consuls et les habitans d'Annonai, de vouloir conférer avec lui de la part du Roi; mais le refus de Gerlande et de La Condamine, pere et fils, qu'il demandoit pour otages, empêcha les conférences.

Peu de temps après, Imbert d'Angeres, sieur du Mein, chevalier de l'ordre du Roi, natif d'Annonai, par amour pour ses concitoyens, n'omit rien pour porter le gouverneur et les consuls de la ville à recommencer les conférences avec Virieu, pour rétablir la paix et la tranquillité parmi le peuple : elles se tinrent au château de Mein, mais elles furent inutiles; et Meausse, piqué des propositions qu'on lui faisoit, renvoya aussi-tôt les otages qu'on lui avoit donnés : cela arriva à la fin de novembre 1574.

Du Mein, après avoir négocié dans deux voyages qu'il fit à Annonai une treve entre Meausse qui en étoit gouverneur, et Saint-Chamond, la conclut heureusement le 6 décembre 1574, sous les conditions suivantes : 1º Que Meausse resteroit à Annonai avec cent cinquante hommes entretenus aux dépens et sur les contributions des villages voisins; 2º qu'il ne feroit ni courses ni hostilités; 3º qu'il ne seroit rien entrepris contre eux; 4º que ceux qui étoient hors de la ville pourroient y rentrer et y jouir de leurs biens; 5º que les estrangers ne pourroient entrer dans la ville sans la permission du gouverneur, à la réserve des marchands et négocians; 6º que ceux de la campagne ne seroient pas troublés dans leur travail, ni dans la garde de leurs troupeaux et de leur bétail; 7° qu'enfin la treve dureroit jusqu'au 1er de mai suivant, sous le bon plaisir du Roi et du maréchal de Dampville, et de Saint-Romain, auxquels on communiqueroit lesdits articles pour les ratifier, et qu'en cas de refus de la part du Roi, les habitans d'Annonai en seroient avertis trois semaines auparavant.

Saint-Chamond ne convint, dit-on, de cette treve, que par l'impossibilité où il se trouvoit de tenter aucune entreprise par le défaut des vivres, les fatigues et les maladies de ses troupes, et enfin par la désertion de quelques compagnies qui avoient abandonné les capitaines Romanet et Tanton.

Le Roi, averti de cette treve par un courrier exprès que lui dépêcha en Avignon Saint-Chamond, refusa de la ratifier.

Dès le 8 décembre 1574, les compagnies de Mandelot, de Rostaing et de La Barge, étoient déjà délogées de Quintenas et des environs; et suivies le lendemain de celle de La Guiche qui étoit à Boulieu, elles prirent la route du Forez et du Lyonnois : par-là le blocus d'Annonai fut levé.

Les troupes catholiques ravagerent tous les villages jusqu'à la riviere de Doulx, et commirent tant d'excès et de violences, que les habitans qui voulurent éviter leur fureur, furent obligés de se retirer ou dans les villes ou dans les forêts.

La maison d'Astier, près de Quintenas, fut brûlée, la tour de Munas sous Ardois abatue, et tout le bétail pris et enlevé par les soldats.

Charles de Barjac, sieur de Rochegude et de La

Baume, commandant dans le Vivarais en l'absence du maréchal de Dampville et de Saint-Romain, se rendit à Annonai le 21 janvier 1575, accompagné de six à sept cents hommes de pied et deux cents chevaux, tant catholiques que religionnaires, parmi lesquels il y avoit beaucoup de Gascons et de Provençaux, qui, quoique en partie catholiques, ruinoient les églises et massacroient les prêtres : durant ces troubles, on se servit également des uns et des autres; ce qui causa des désordres et des scandales affreux.

Toutes ces troupes se jetterent le jour suivant, fête de Saint Vincent, à Vaucance, où ils mirent le feu après l'avoir pillé et massacré tous ceux qui se présenterent à eux; la plupart des paysans se rendirent, les uns dans les châteaux de Vaucance, Le Monestier, Gerlande, et les autres dans les forêts voisines : les villages de Maumeyre, Villeplas, Le Claux, Poulhas et Vaucance, furent brûlés avec plusieurs autres; la maison de Detourbe, l'église et le clocher de Vanosc, où les habitans s'étoient fortifiés, se rendirent par composition.

Quelques-uns attribuent tous ces désordres au ressentiment de ceux d'Annonai contre les habitans de Vaucance, qu'ils croyoient complices des maux qu'ils avoient soufferts dans les troubles précédens; d'autres les attribuent à Meausse, qui vouloit punir les habitans des vallées du refus qu'ils avoient fait de contribuer à l'entretien de sa garnison, et du logement qu'ils avoient donné aux troupes de ses ennemis.

Au mois de février 1575 se fit la treve ou suspension d'armes entre ceux d'Annonai, religionnaires, et ceux de Boulieu, catholiques, par la médiation de du-Peloux; treve d'autant plus nécessaire, que les terres des habitans de ces deux lieux demeuroient incultes et ravagées par les courses continuelles qu'ils faisoient les uns sur les autres.

Peu de temps après, sçavoir le 13 fevrier 1575, sur les onze heures de la nuit, les religionnaires d'Annonai surprirent la ville d'Andance du côté du Rhône, à la faveur de la maison de capitaine Carrail, qui fut brûlée. C'est à ce même capitaine, qui fut tué dans cette occasion, que Saint-Chamond avoit donné la garde de la ville d'Andance, et le commandement de la garnison, dont, à la prière et sollicitations réitérées des habitans, il les avoit déchargés.

Le jour suivant, Meausse se rendit à Andance avec un plus grand nombre de troupes, et fit conduire les prisonniers à Annonai : comme les habitans de cette ville ne pensoient à rien moins qu'à la prise de leur ville, la plûpart furent massacrés dans leurs lits par les ennemis.

Meausse, après avoir donné la ville au pillage, et en avoir fait brûler les fauxbourgs, la fit fortifier du côté du Rhône, que le passage de cette riviere rendoit fort important pour ceux de son parti et pour ses desseins.

Le 20 février 1575, quelques habitans d'Annonai surprirent pendant la nuit la maison de La Rivoire, appartenant à la dame de Luppé, près le bourg d'Argental en Forez, et y mirent garnison sous le commandement du capitaine Pinet.

Au retour de cette expédition, Rochegude se retira au bas Vivarais; et, informé des brigandages commis par le capitaine Erard et ses troupes, avec lesquelles il s'étoit emparé de nouveau du lieu et château de La Mastre, il y marcha, et se saisit adroitement dudit capitaine Erard et de son lieutenant nommé La Chan, que Rochegude fit pendre après quelque procedure, et étrangler aux creneaux du fort : il mit en liberté six ou sept prisonniers laboureurs et plusieurs autres qu'il tenoit dans de basses fosses, et à qui il faisoit souffrir les plus rudes traitemens ; de ce nombre étoit Guillaume Baud, châtelain de Rochebonne, natif d'Annonai, et d'une bonne famille. Ce capitaine Erard avoit été fait prisonnier deux fois par les catholiques ses ennemis, et délivré par argent. On dit que, se voyant en danger, il demandoit souvent si son plein chapeau d'ecus ne lui sauveroit pas la vie : ce qui lui fut refusé.

François de Mandelot, seigneur de Passy, et gouverneur pour le Roy du Lyonnois, Forez et Beaujolois, et Saint-Chamond, levent des troupes pour reprendre La Rivoire et la ville d'Andance, qui étoient deux postes importans par rapport à leur situation sur le Rhône. La premiere fut attaquée par trois compagnies d'infanterie le 5 mars 1575 ; mais les habitans, l'ayant abandonnée, se retirerent à la faveur de la nuit à Annonai : on y mit une garnison catholique sous le commandement du capitaine La Goujonniere.

La prise de cette ville fut suivie de celle d'Andance, assiegée le 8 mars 1575 par Mandelot et Saint-Chamond, auxquels se joignit Gordes, gouverneur de Dauphiné en l'absence du prince dauphin d'Auvergne, accompagné de quelques compagnies suisses et françoises qu'il posta par de-là le Rhône, du côté d'Andancette. La batterie commença le 10 mars 1575 Meausse y avoit mis cent vingt hommes pour la deffendre, tirés de la garnison d'Annonai : la terreur de ce siége dans l'esprit des habitans facilita et avança la reddition de cette ville, sans aucune capitulation, les habitans l'ayant abandonnée avec leur gouverneur. Meausse n'ayant pas cru qu'il fût de son honneur ni de son devoir de les suivre dans leur retraite et leur fuite précipitée, qu'il ne put empêcher, se retira dans la tour du Prieuré, avec trois ou quatre de ses soldats qui ne voulurent pas l'abandonner : ils furent faits prisonniers ; la plûpart des habitans furent massacrés, et les autres se retirèrent à Annonai ; tout ce qui resta dans la ville d'Andance fut ou pillé ou brûlé, et on y mit une garnison catholique sous le capitaine Carnier.

La reddition de cette place donna lieu aux officiers catholiques de tenter et de solliciter celle d'Annonai, dont ils avoient déja fait prisonnier le gouverneur ; on leur promit de leur laisser le libre exercice de la religion, d'oublier leurs fautes passées, s'ils vouloient se soumettre sous l'obéissance du Roi, et recevoir un gentilhomme catholique de leur voisinage, à leur choix, et congédier l'étranger ; mais sur ces entrefaites les habitans d'Annonai, ayant reçu du secours, répondirent qu'ils ne pouvoient rien accorder sans l'ordre de Dampville, offrant seulement de recevoir du Peloux, bailly et capitaine d'Annonai.

Cette réponse obligea Mandelot et Saint-Chamond de se retirer le 13 mars 1575 avec leurs troupes à Boulieu, peu éloigné de la ville d'Annonai, qu'ils tentèrent de nouveau, mais inutilement, par les menaces d'un siége qu'ils n'étoient pas en état de former à cause du petit nombre de leurs troupes, dont ils laissèrent une partie dans Boulieu, tant pour s'assurer des vivres que pour se deffendre des courses des habitans d'Annonai.

Peu de jours après, Rochegude, gouverneur du Vivarais pour ceux de la religion et de l'union, arriva à Annonai pour y régler les affaires de la ville, et y établir un commandant à la place de Meausse, que les catholiques avoient conduit prisonnier à Lyon; il traita ensuite avec le commandant de Boulieu pour la sûreté des laboureurs et du bétail. A peine ce traité fut conclu, que, le 19 mars 1575, la compagnie des gendarmes de La Barge, qui étoit à Argental sous le commandement de La Beaune, ayant paru à la vue d'Annonai pour en attirer les habitans, ceux-ci firent une sortie jusqu'en Lapra, sous la montagne de Montmiandon, où il y eut un rude choc entr'eux et les troupes de La Barge, qui auroient été vivement repoussées si elles n'avoient été soutenues à propos par quarante arquebusiers: il y eut nombre de morts et de blessés de part et d'autre dans cette action.

Rochegude, voulant rallier ses troupes, fut frappé malheureusement et par mégarde d'un coup de pistolet, et transporté à Annonai, où il mourut le 22 dudit mois de mars 1575. Il fut enseveli avec son neveu de Barjac, qui mourut le même jour d'une blessure qu'il avoit reçue au siége d'Andance : tous deux furent ensevelis avec des marques d'honneur et de distinction; et le premier fut également regretté des deux partis, à cause de ses belles qualités et de son rare mérite.

Sur le commencement du mois d'avril 1575, les religionnaires reprirent par surprise le château du Pousin, dont le capitaine Geys, qui y fut tué, étoit commandant. Cette prise avoit été précédée, peu de jours auparavant, de celle de la ville de Baïs et des deux châteaux, vieux et nouveau, où ils se fortifièrent.

On apprit en même temps que le vicomte de Turenne, neveu des maréchaux de Montmorency et de Dampville (1), et leur partisan contre les catholiques, quoique catholique lui-même, avoit pris les armes, et qu'il s'étoit mis en campagne avec quatre cents chevaux et deux ou trois mille hommes de pied.

Peu de temps après, Crussol (2), duc d'Uzès, assiégea la ville de Baïs, et, après l'avoir battue, y entra le 1er mai 1575. Il fit battre avec l'artillerie que commandoit Virieu, dont il étoit maître en l'absence de Rives, mais inutilement, les deux châteaux, vieux et nouveau, où les assiégés s'étoient retirés : le duc d'Uzès, voyant ses efforts inutiles, fit ruiner les deux tiers de la ville, et fit fortifier l'autre, où il laissa quelques

---

(1) *Des maréchaux de Montmorency et de Dampville.* Ces seigneurs, fils du fameux connétable de Montmorency, venoient de former un parti de mécontens qui prit le nom de *politique.* Presque tous ceux qui le composoient étoient catholiques, mais ils faisoient souvent cause commune avec les protestans. Ce parti, qui subsista jusqu'à la fin des guerres civiles, eut beaucoup d'influence sur les événemens qui suivirent.

(2) *Crussol.* Jacques de Crussol avoit d'abord porté le nom de d'Acier, et s'étoit distingué à la tête des protestans. Devenu duc d'Uzès par la mort de son frère, Antoine de Crussol, il se rangea du côté des catholiques. « Cette révolution imprévue, dit Le Laboureur, fit connoistre à
« bien des gens que la religion n'étoit que le prétexte, de part et d'au-
« tre, dont on étoit obligé de se servir pour être appuyé contre l'incons-
« tance des faveurs de la Cour, ou contre les entreprises de ses enne-
« mis, car tout étoit si brouillé, que, non-seulement le Roi, la Reine sa
« mère, et les princes du sang, mais encore chaque maison puissante
« avoit des desseins et des maximes tout différens, soit pour se main-
« tenir, soit pour s'agrandir. Tout le monde prévoyoit la ruine de
« l'Etat, et chacun des grands avoit la vue sur une piece de ce futur
« naufrage. »

compagnies de gens de pied pour garder le passage du Rhône, et reprit ensuite le chemin de Languedoc.

La Barge, chevalier de l'ordre du Roi, ayant été pourveu par le Roi du gouvernement du Vivarais, vacant par la démission de Saint-Chamond (il avoit refusé cette charge dès le commencement, mais il l'accepta sur l'assurance qu'on lui donna du secours de Mandelot), se rendit au château des Célestins de Colombier au mois de juin, avec sa compagnie et quelques enseignes d'infanterie, dans l'espérance d'être soutenu des forces que Mandelot avoit nouvellement levées. Il fit d'abord convoquer les états à Tournon, où il proposa un secours d'environ 36,000 livres par mois pour les frais de la guerre qu'il avoit dessein de faire contre ceux d'Annonai; mais, parce que peu de personnes s'y trouverent, après deux convocations, il renvoya l'assemblée à Pradelles au mois d'août suivant; il resta cependant au château des Célestins avec une partie de sa compagnie, et mit le reste à Boulieu à la place de Mandelot, qui s'étoit retiré au bourg et à Saint-Julien en Forez.

La Barge, pour couper tout commerce avec Annonai, et empêcher la recolte des bleds, fait deffendre de fréquenter les habitans de cette ville, de leur porter aucune sorte de marchandise, de recueillir leurs bleds, et de leur fournir aucun secours, sous peine de la vie; ce qui intimida d'autant plus les habitans, que le duc d'Uzès avoit ordonné de ravager et de brûler les bleds de Languedoc près de Montpellier, Nismes et Uzès. Les habitans d'Annonai firent pourtant la recolte fort tranquillement, et sans aucun trouble de la part de La Barge.

Cet officier tenta, mais sans succès, la surprise de la ville d'Annonai, avec le secours du capitaine des Combes de Privas, bon ami de Pontus, commandant du château d'Annonai, qui, gagné par argent, promit de laisser escalader les catholiques : ce fut sur l'assurance de ce commandant que La Barge fit assembler toutes les garnisons du pays, sa compagnie de gensd'armes et celle de Mandelot ; et avec ces troupes il se présenta devant le château, fit dresser les échelles à l'endroit où étoit en sentinelle un paysan qu'on avoit gagné, avec le commandant et quelques autres ; mais, se voyant découvert et hors d'état de forcer ni le château ni la ville, il se retira avec ses troupes, avec menace de massacrer, de violer, de piller et de brûler la ville, mais avec honte et confusion d'avoir manqué son coup. Le susdit paysan qui lui avoit servi de guide, d'espion et de sentinelle, ayant été arrêté dans la ville, fut arquebusé dès le jour même.

La garnison de Boulieu, ayant appris la prise du Prieuré de Rochepaure par les religionnaires, s'y rendit le 6 de septembre de l'an 1575, pendant que La Barge tenoit les états à Pradelles en Vivarais, pour obtenir quelque secours d'argent. Le lendemain, 7 du même mois, ceux d'Annonai mirent le feu au fauxbourg de Boulieu, où étoient logées les compagnies de Leyrete et Esperence, dont la plûpart étoient allées à Rochepaure ; ledit fauxbourg fut tout brûlé, à la réserve de quelques maisons qui furent deffendues par ceux de la ville.

Dès la même année, La Barge ordonna à Beaune et des Colaux de troubler et d'empêcher les vendanges de ceux d'Annonai ; il fit pour cela assembler des troupes d'infanterie et de cavalerie, qui furent vivement repoussées par ceux de la ville.

Dans ce même tems, les députés des églises de France et de leurs confédérés étoient à Paris pour la négociation de la paix ; et le Roi accorda une suspension d'armes jusqu'à la Saint-Jean avec le duc d'Alençon son frère, qui tenoit le parti des catholiques unis, et qu'on appelloit les mécontens politiques (1).

Cette suspension fut suivie de la délivrance de Meausse, prisonnier à Lyon, par ordre de la Reine, et de son retour à Annonai, dont il reprit le gouvernement en octobre 1575, et de la treve entre les deux partis du Vivarais, conclue le 3 février 1576 sous les conditions suivantes :

1º Qu'on feroit cesser tout acte d'hostilité jusqu'à la paix ; 2º que le commerce seroit aussi libre et assuré, aussi bien que la culture des terres ; 3º que les garnisons seroient diminuées, et qu'on feroit pour leur entretien une répartition sur les paroisses du pays ; 4º que deux prévôts seroient entretenus aux dépens des deux partis, pour la punition des criminels et malfaiteurs, lesquels seroient livrés à la justice par les capitaines des garnisons et lieux où ils se retireroient ; 5º que les ecclésiastiques jouiroient de leurs biens dans les villes et lieux occupés par les catholiques, et qu'on n'innoveroit rien dans les autres ; 6º que tous les prisonniers et le bétail enlevé depuis le 12 janvier précédent, seroient rendus de part et d'autre ; 7º qu'on poursuivroit l'autorisation ou confirmation de la treve pendant deux mois, pour être ensuite pourveu à la destruction, échange et restitution des forts inutiles, et

(1) *Les mécontens politiques.* Voyez la note première de la page 332.

qui étoient à charge au pays. Ces conditions furent arrêtées et acceptées de part et d'autre, à La Baume de Balzac, le 3 février 1576; et, après leur publication, chacun retourna dans sa ville, où la garde fut faite, et la discipline observée avec la même exactitude que pendant la guerre.

Le 12 juin 1576, par mandement du maréchal de Dampville, fut publié et enregistré au bailliage l'édit de pacification. Ce même édit, que Tournon, bailli du Vivarais, avoit déjà fait publier à Boulieu, fut lu et publié de nouveau au bailliage d'Annonai. La publication fut accompagnée de grandes réjouissances, et suivie de la destruction de toutes les fortifications que ceux d'Annonai avoient faites dans leur ville pour se defendre, et se mettre à couvert des insultes et des attaques de leurs ennemis. Cette paix fut un peu troublée par l'avarice de ceux qui, s'étant emparés des biens des ecclésiastiques, avoient de la peine à s'en dessaisir, et prétendoient que tous les bénéfices qui étoient au deçà de la riviere de Doulx leur avoient été donnés à bail par ceux du conseil politique, et commissaires députés, pour le prix de 1200 livres.

Cette paix, qui dura jusqu'en l'année 1585, fut troublée, et la guerre recommença à l'occasion des garnisons qu'on établit dans les villes et les châteaux, et des grandes sommes qu'on exigea pour leur entretien. On imposa sur le seul Vivarais 6,000 écus par mois. Ces vexations des soldats destinés pour la levée de ces impositions, obligerent la plûpart des habitans d'abandonner leurs villages, leurs maisons, leurs terres et leur bétail, et de se retirer dans les bois avec les effets qu'ils pouvoient emporter. Ces désordres, qui commencèrent au mois de mars 1585, durèrent autant que la levée des contributions par les troupes qui s'emparèrent des villes et des châteaux. Comme il n'y avoit aucun fort qui fût à l'abri de leur insulte, chacun travailloit jour et nuit à se fortifier; mais la confusion des différents partis étoit si grande, qu'on ne sçavoit comment distinguer ses ennemis.

Ce commencement de guerre fut suivi d'une stérilité sans exemple (1), puisqu'à peine recueillit-on sa semence : cette stérilité causa une cherté si grande, qu'on vendoit jusqu'à vingt et vingt-cinq livres le septier du froment, treize et quatorze livres celui de l'orge, et six à sept livres l'avoine; le bled étant enfin devenu sans prix, les gens de la campagne furent obligés de se nourrir de glands de chêne, de racines sauvages, de fougere, du marc et des pepins des raisins séchés au four, qu'ils faisoient moudre pour en faire du pain, aussi bien que de l'écorce des pins et des autres arbres, de coquilles de noix et des amandes, de vieux tuiles et briques, mêlés avec quelque poignée de farine d'orge, d'avoine et du son; ce qui n'avoit jamais été pratiqué dans le pays. Les habitans d'Annonai se distinguèrent dans cette occasion par leurs soins et par leurs charités

(1) *D'une stérilité sans exemple.* Cette stérilité fut générale. « Au mois « de may, dit l'Etoile dans le *Journal de Henri III*, le septier de fro- « ment fut vendu sept ou huit escus aux halles de Paris, où il y eut une « si grande affluence de pauvres mendians par les rues, mesme des pays « estrangers, qu'on fut contraint de lever des bourgeois une aumosne « pour leur subvenir : deux députés de chaque paroisse alloient quester « par les maisons, où chacun donnoit ce que bon lui sembloit. — Au « mois d'aoust, presque par toute la France, les pauvres gens mourans « de faim, alloient par troupes couper les épis à demy murs, qu'ils « mangeoient sur-le-champ, menaçans les laboureurs de les manger eux-« mesmes s'ils ne leur permettoient de prendre ces épis. »

envers les pauvres, qu'ils nourrirent pendant l'hiver jusqu'à Pâques de l'an 1586, dont, malgré toutes les précautions, il mourut un grand nombre de froid et de faim, tant dans les villes que dans les villages, et à la campagne.

Pour comble de malheur et de misère, la cherté des vivres fut suivie d'une espece de contagion, qui dégénéra en peste dans l'été de la même année 1586, et qui s'étendit dans le Dauphiné, le Lyonnois, le Forez et dans le Vivarais. La plûpart de ceux qui sortirent d'Annonai pour l'éviter, en furent infestés à la campagne, et en moururent presque tous. Les villages voisins d'Annonai, qui se ressentirent le plus de la peste, et où elle enleva presque tous les habitans, furent ceux de Roiffieu, Brogieu, Lens, Boucieu, Chatinaix, Varagnes, les Seux, Eynas, Vissenti, Clemencieu, les Moures, Midon, Bolais, Jalencieu, Pignieu, d'Avezieu, les Sollods, village de Gourdan, Chazaux, Javas, Charezin, les Soulliers, Esteyses, Esenville, Samoyas, Sassolas, Saint-Marcel, Saint-Cyr, Esterpas: les autres villages plus éloignés furent Sarras, Sillon, Revirand, Cermes, Ardois, Forany, Esclassan, La Coulange, Marsan, Saint-Jure, Quintenas, Le Martoret, Felis, Anti, More, Loume, Saint-Alban, Ay, Preaulx, Satillieu, Vaudevant, Saint-Felicien, Bouzas, Boucieu-le-Roy, Colombier-le-Vieux, Etables, Cremoliere, et un très-grand nombre d'autres où elle se répandit. Les grandes villes n'en furent pas exemptes; elles devinrent désertes et sans commerce, soit par la mort de ceux qui en étoient infestés, soit par la retraite de ceux qui vouloient l'éviter. Pour comble de malheur, il arrivoit que les uns les autres, par l'horreur qu'ils avoient de se voir, et la crainte de se communiquer la contagion, mouroient sans secours. Les fruits ne furent pas recueillis, le bétail fut abandonné, en un mot les biens et les héritages laissés ou à des orfelins hors d'état d'en jouir, ou à des absents que l'éloignement empêchoit de les prendre et d'en avoir soin, ou à des étrangers qui s'en emparoient.

Les villes et villages de deçà et de delà le Rhône, aussi-bien que toutes celles de Dauphiné, du Velai, du Lyonnois et d'Auvergne, éprouvèrent les mêmes calamités; la seule ville de Boulieu, dans la baronnie d'Annonai, qui en avoit été exempte, en fut infestée sur la fin.

La rigueur du fleau dont Dieu affligea toutes ces provinces, commença à s'appaiser et à diminuer vers la mi-septembre, et cessa entièrement sur la fin d'octobre. On remarqua que l'avarice dans les uns, et la cupidité dans les autres, donnèrent lieu au progrès de la peste, parce que plusieurs, pour s'emparer, ou par artifice, ou par d'autres voyes, des biens des mourans, couroient de ville en ville et de village en village, et portoient par cette communication la contagion dans les lieux où ils passoient.

FIN DES MÉMOIRES DE GAMON.

MÉMOIRES

DE

JEAN PHILIPPI.

Au mois de juillet 1560, les jeunes gens de Montpellier firent venir un ministre prédicant de Geneve, nommé Jean de La Chame, dequel, ayant occultement prêché et enseigné quelques jours par crainte de la justice, augmenta tellement le nombre de ceux qui croyoient à sa doctrine, tant de la ville que des environs, qu'ils commencerent à se montrer ouvertement, faisant prêcher et administrer les sacremens de jour et publiquement, d'abord en l'Ecole de la grammaire, dite l'Ecole-mage, puis dans l'eglise de Saint Matthieu par eux saisie pour leur temple. Pierre de La Coste, juge-mage, n'osoit y pourvoir par rigueur, de peur d'exciter une sédition. L'évêque Guillaume Pelissier et les chanoines fermerent leurs portes, et mirent garnison dans Saint Pierre.

Les états du Languedoc étant mandés à Beaucaire, Honorat de Savoye, comte de Villars, lieutenant-général en Languedoc, arriva pour les tenir; et pour pourvoir aux troubles, amena deux compagnies de cavalerie, et fit lever les légionnaires du pays. Alors les protestans cesserent leurs exercices, et le ministre sortit de Montpellier. Villars fit pendre le ministre d'Aigues-Mortes, et arrêter Daisse qui en étoit gouverneur et capitaine.

Le 15 octobre, Saint-André (1), de la maison de Montdragon-lez-Avignon, arriva à Montpellier avec titre de gouverneur. Il mena trois enseignes d'infanterie; on lui remit les clefs des portes de la ville qu'il fit murer, excepté celles de Saint Gilles et de la Sonnerie. L'évêque, les chanoines et le juge-mage sortirent de leur fort. Saint-André ayant fait assembler le peuple, fit publier une lettre du Roi, qui blâmoit fort tout ce qui s'étoit passé, et en défendoit la continuation : le peuple leva la main, et consentit à tout; Guillaume de Chaume seigneur de Poussan, étoit premier consul.

Le samedi 16 novembre, le comte de Villars, ayant pourvu aux affaires de Nismes et des environs, arriva à Montpellier; le mardi 19 il assista à la procession générale et à la messe solemnelle : la procession s'arrêta devant la maison de ville, où le juge-mage harangua le peuple et l'exhorta de demeurer fidéle au Roy; le peuple parut acquiescer par ses acclamations. Villars fut ensuite faire la même chose en Cevennes, à Anduze et à Alais, où avoient été faites plusieurs assemblées en armes : il fit razer quelques maisons de gentils-hommes chefs des protestans, dont les personnes s'étoient absentées, et vint passer le surplus de l'hyver au château de Vauvert près d'Aigues-Mortes. Le gouvernement ayant changé à la mort de François II, on ôta la

---

(1) *Saint-André*. Il n'étoit pas de la maison de Montdragon. Son nom de famille étoit Albert, et il fut chef d'une branche cadette de celle du connétable de Luynes.

garnison de Montpellier, et les absens eurent permission d'y rentrer.

Au carême de 1561, quelques jeunes enfans s'assembloient, comme d'eux-mêmes sur le soir, sous le couvert et parvis du consulat, et là, les chandelles allumées, chantoient les pseaumes de David en françois, et l'un d'eux faisoit des prières et oraisons publiques en la même langue, sous la forme de la religion protestante. Ces assemblées devenant extrêmement nombreuses, Pierre de Bourdic, seigneur de Villeneuve, gouverneur de la ville, fit ce qu'il put pour les faire cesser; mais, n'osant en venir à la force, il temporisa.

Le 25 mars, le vicomte de Joyeuse en Vivarais, lieutenant général en Languedoc depuis peu, par la cession du comte de Villars, tint à Montpellier une assemblée extraordinaire des états, pendant lesquels, et jusqu'au départ de Joyeuse, qui fut à Pâques, ces prières publiques cessèrent; mais, dès qu'il fut parti, Jean de La Chasse et Claude Formy, natif de Montpellier, commencèrent à prêcher en maison privée, et de jour, portes ouvertes, malgré les défenses de la justice. Le peuple catholique fit aux protestans quelques bravades; et le dimanche 4 mai, ils s'assemblèrent au nombre de douze ou quinze cents, et accompagnèrent le pain-béni en grande solemnité à la grand'messe de l'église Saint-Pierre.

Le 6 août, on publia à Montpellier la tenue future du colloque de Poissy.

Le samedi 30, on publia un édit du Roi défendant toute assemblée publique avec armes ou sans armes: on défendit aussi les privées, et de prêcher et d'administrer les sacremens autrement qu'il n'étoit ordonné par l'église catholique : cet édit n'empêcha pas les protestans de continuer leurs assemblées.

Le mercredi matin, 24 septembre, ils se saisirent de l'église Notre-Dame des Tables, qu'ils appellèrent le temple de la Loge. Ils y firent faire un inventaire par Montferrier, premier consul, et autres notables personnages, et les mirent au trésor de la maison de ville. Le même jour, Claude Formy, l'un des ministres, fit dans cette église son premier prêche; tout le reste se passa tranquillement.

Quelques protestans s'assemblèrent à Beziers : Joyeuse s'y rendit, et fit saisir le ministre que l'on ne vit plus.

Messieurs de Saint-Pierre ayant mis garnison dans leur fort avec la permission de Joyeuse, les protestans s'armèrent de leur côté, et firent faire garde la nuit. Quelques-uns alloient par troupes le jour, armés de gros bâtons, dont ils frappoient tous les prêtres et religieux qu'ils trouvoient; et ces bâtons se nommoient *espoussettes* (1), d'où vint en proverbe *l'espoussette de Montpellier*. L'évêque, le gouverneur et le juge-mage s'étoient absentés.

Le dimanche 19 octobre, les protestans, au nombre de sept ou huit cents, assiégèrent le fort de Saint-Pierre. Le 20, les chanoines qui étoient dedans demandèrent du secours. François de Chef-de-Bien, général des finances, le seigneur de La Verune-lez-Montpellier, et autres des deux religions, négocièrent un accord par lequel les chanoines pourroient continuer le service de leur église, mais sans armes, et

(1) *Espoussette* : vieux mot qui veut dire vergettes, ou les petites baguettes dont on se sert pour épousseter les habits.

que la garnison sortiroit et seroit mise hors la ville.

La garnison sortit, et un soldat lâcha mal-à-propos un pistolet à feu, et occit un des habitans du nombre des protestans : alors ce peuple, criant trahison, se jetta sur les catholiques, entra dans le fort de Saint-Pierre, tua quarante chanoines ou autres, et pilla tout ce qu'il trouva. Berald, gardien des cordeliers, qui avoit prêché avec grande réputation contre les protestans, fut du nombre des occis; et le prêcheur de Saint-Pierre, nommé Menim, docteur de Paris, échappa, mais fort blessé. La sacristie, dont les reliquaires ou autres joyaux valoient plus de quarante mille livres, fut garantie, mais avec grande peine. L'église de Saint-Pierre fut mise dans six ou sept heures dans l'état du monde le plus affreux, cent quatre-vingt-dix-sept ans et dix-neuf jours après la première pierre dudit édifice posée par ordre d'Urbain v, fondateur de ce monastère de l'ordre de Saint-Benoît, sous le nom de Saint-Germain, qu'avoit été le 1 octobre 1364, et vingt-trois ans après que les moines dudit lieu avoient été joints aux chanoines réguliers de Maguelone, et institués église cathédrale par Clément vii en 1536. Ce peuple marcha de là contre les autres églises; de manière que ce qui avoit été fait ou entretenu depuis quatre ou cinq cents ans fut dans un demi-jour si effacé, que, des soixante églises ou chapelles qu'il y avoit dedans ou dehors Montpellier, le lendemain il ne s'en trouva aucune ouverte, et moins fut vu prêtre ou moine qu'en habit dissimulé; et de telle façon pour lors eut fin la messe : les nonains furent mises hors leur couvent.

Le dimanche 26 octobre, un ministre prêcha dans l'église de Saint-Firmin, et la populace continua la ruine des couvents et des églises. La même chose fut faite aux villages du diocèse, la messe abolie et les prêtres chassés. La même chose arriva à Nismes, Lunel, Gignac, Sommieres et lieux circonvoisins. Après cette émotion, on tint un conseil général dans la maison de ville, et on députa au Roi et à M. de Joyeuse à Narbonne pour les informer du fait de Saint-Pierre.

Au mois de novembre, Joyeuse tint les états du Languedoc à Beziers; et le 20 du mois, il fit publier à Montpellier un édit du Roi, qui ordonnoit de rendre dans vingt-quatre heures les églises, et de les remettre dans leur premier état. Le lendemain les protestans cédèrent l'église Notre-Dame, et se remirent à prêcher à l'Ecole-mage; mais, quelques jours après, ils firent un accord avec messieurs du chapitre de Saint-Pierre, qui les laissa prêcher dans l'église Notre-Dame et Saint-Matthieu, non que par cet appointement la messe ni la prêtrise fût remise, ains augmentoit la religion des fidèles. Les habitans qui n'en étoient point se contenoient chez eux les dimanches et les fêtes sans mot sonner. La même chose arrivoit dans les villages voisins. Le populaire des fidèles continuoit de mettre en pièces les sépulchres, déterrer les morts et faire mille folies. On obligeoit les prêtres déguisés à aller ouir les ministres pour pouvoir être en paix. Le peuple porta sa haine jusqu'aux bonnets quarrés, et les gens de justice furent obligés de prendre des chapeaux ou bonnets ronds.

Au commencement de décembre, il y eut à Carcassonne une émeute qui dura neuf ou dix heures contre les protestans. Quelques gens armés d'Avignon, étant allés à Villeneuve, y maltraitèrent quelques protestans qu'il y avoit.

Tout tendoit à la guerre, lorsque le comte de Crussol, nommé par le Roi pour pacifier le Dauphiné, la Provence et le Languedoc, arriva à Villeneuve, et y manda, au commencement de 1562, les ministres et les principaux des villes de Nismes, Usez et Montpellier, auxquels il signifia que le Roi ne vouloit pas que les ministres prêchassent dans les églises. Les envoyés de Montpellier y étant revenus, y firent publier le 21 janvier, par ordre dudit seigneur de Crussol, de désemparer les églises, et de mettre les armes en lieu public. Le lendemain les protestans se remirent à prêcher à l'Ecole-mage et maison privée en la Loge, mais la messe ne fut point rétablie : elle le fut à Nismes, et un jacobin y prêcha. Pierre Viret, un des anciens ministres, arriva de Geneve au commencement de l'hyver à Nismes, et y prêcha toujours. Il vint à Montpellier et y fit le premier prêche à la Loge, le mercredi 18 février : le présidial y assista en corps; et le premier consul, Jacques David, seigneur de Montferrier, avec le chaperon rouge et les hallebardiers, comme viguier, conduisit au prêche ledit Viret depuis son logis : les étrangers venoient en foule à Montpellier pour l'entendre.

Le samedi 7 mars, on publia à Montpellier l'édit du 17 janvier, qui défendoit tout exercice de la nouvelle religion dans les villes.

Le lendemain on prêcha hors de la ville dans le fossé des arbaletriers, qui va de la porte de Lattes à celle de la Sonnerie. Les protestans de Toulouse firent prêcher dans le faubourg Saint-Michel ; ce que messieurs du parlement n'eussent cuidé ; mais l'édit y étoit. Comme les villes de la frontière étoient exceptées, Fourquevaux, gouverneur et capitaine de Narbonne, fit sortir tous les suspects. Les protestans de la ville basse de Carcassonne, faisant prêcher hors de la ville, furent maltraités par le peuple catholique, parmi lequel étoit Marion, controlleur du domaine, homme des premiers de ce pays en bien ; le ministre et le juge ordinaire de la ville furent tués dans ce tumulte. Les protestans de Montpellier, faisant la cène le jour de Pâques, établirent une garde pour leur sûreté ; et les catholiques qui voulurent faire leurs pâques furent obligés d'aller à Castries, à Vendargues, à Teyran ou à La Verune, où la messe étoit rétablie.

Le jour de Pâques, 29 mars, vers les sept ou huit heures du matin, on vit à Montpellier et à Nismes trois soleils au ciel (1), un cercle au-dessous, et l'arc de saint Martin.

Le samedi 4 avril, on publia à Montpellier une déclaration du Roi, du 6 mars, en explication de l'édit de janvier, qui défendoit aux officiers de la justice royale d'assister au prêche pour faire profession de ladite religion : le Roi ajoutoit que, par cet édit et cette déclaration, il n'entendoit approuver la religion nouvelle.

Le comte de Crussol revenu de Provence, et ayant réglé les affaires à Bagnols, Usez et Nismes, arriva à Montpellier le mercredi 8 avril ; il assembla les principaux des deux religions, et les fit convenir de vivre

---

(1) *Trois soleils au ciel.* Ce météore est appelé parélie. C'est une clarté très-vive qui paroît quelquefois aux côtés du soleil par la réflexion de la lumière dans une nuée.

en paix et de rétablir la messe : on établit, d'un consentement unanime, pour capitaine dans la ville, Louis de Bucelli, seigneur de La Mousson, enfant de la ville, avec des soldats pour s'opposer aux séditieux.

Le dimanche 12 avril, la messe fut dite dans Saint-Firmin par des prêtres étrangers; car ceux de la ville ne l'eussent osé faire : beaucoup de peuple et de noblesse y assistèrent; Crussol et les protestans restèrent à la porte. La messe n'étoit qu'à demi dite qu'il y eut une sédition : les principaux protestans tâchèrent de calmer le peuple, et la messe s'acheva avec grande hâte. Les consuls et principaux accompagnèrent les seigneurs-lieutenans, et les ramenèrent sains et saufs dans leurs logis : depuis furent les messes plus dangereuses que devant, et disoit-on par mémoire dans ladite ville *la messe des comtes*.

Lesdits seigneurs quelques jours après s'en allèrent, laissant ladite ville dans un état pire qu'auparavant : tant il est dangereux de lâcher la bride au peuple, et lui laisser gagner le haut.

Le 23 avril, on publia à Montpellier les lettres patentes du Roi, par lesquelles il déclaroit être parfaitement libre, et non detenu, comme le publioient les protestans, qui avoient commencé la guerre civile. A la fin du même mois, on publia d'autres lettres du Roi, qui commandoit qu'on laissât les armes, et confirmoit l'édit de janvier.

On fit alors à Beziers ce qu'on avoit fait à Montpellier; la messe abolie et les images brisées. Les protestans de Montpellier prirent prétexte d'une pluie pour ne plus prêcher dans le fossé et pour se remettre dans Notre-Dame. On fit garde la nuit, et on sonna le tambourin, ce qui n'avoit pas encore été fait.

Les protestans allèrent se saisir de l'isle et château de Maguelone, et y mirent une garnison pour être les maîtres du passage de l'étang. Ils ruinèrent les antiquités et les sépulchres. Les reliques épargnées et le trésor de Saint-Pierre, dans lequel on trouva six cents marcs d'argent, furent employés à lever des troupes.

Le 12 et 18 mai, fêtes de la Pentecôte, les protestans de Toulouse, ayant voulu se rendre maîtres de cette ville, en furent chassés par les catholiques (1) secourus par Montluc, Terride et Fourquevaux. Le parlement fit ensuite décapiter Vabres, sénéchal de Toulouse, Portal, viguier, Theronde, ancien et fameux avocat, et le capitaine Sault.

Au mois de juin, Mirepoix, sénéchal de Carcassonne, prit d'assaut, après un mois de siege, la ville de Limoux, que les protestans, semons par Joyeuse leur voisin, n'avoient point voulu rendre. La ville, qui étoit fort marchande, fut pillée et ruinée.

Les protestans renforcèrent la garde à Montpellier, tenoient les portes fermées, et faisoient mettre dans la prison de Saint-Pierre les catholiques qui n'alloient pas au prêche.

Le 28 mai, Jacques de Crussol, seigneur de Beaudiné, dit le baron de Crussol, envoyé par le prince de Condé qui avoit pris les armes pour délivrer le Roi, et nommé par lui pour commander en Languedoc, fit publier à Montpellier ses pouvoirs de la part du Roi. Le Languedoc fut ainsi divisé : Joyeuse commanda de

(1) *En furent chassés par les catholiques.* Voyez, sur les troubles de Toulouse, la note de la page 129 des Mémoires de La Noue.

Narbonne en là, et Crussol de Beziers en çà. Ce baron alla résider à Beziers, comme ville frontière : Agde, Pezenas et Montagnac tenoient son parti. Tout le monde portoit des armes à Montpellier.

Le samedi matin 30 mai, la cour des aides s'assembla dans la chambre du conseil; les assesseurs du consistoire et les principaux de Montpellier s'y rendirent aussi. On proposa de députer à M. de Joyeuse pour le prier de faire cesser les armes d'un côté et d'autre : les consuls et surveillans éludèrent cette proposition. Le consistoire ayant pour lors toute puissance en ladite ville, le baron de Crussol choisit parmi les surveillans cinq, leur donnant pouvoir, par ses lettres, de gouverner Montpellier, son ressort et places, et de prendre les dixmes et revenus ecclésiastiques, reliques, cloches, et le tout employer au fait de cette guerre. On fit la recherche d'armes dans la ville et dans les châteaux et maisons des gentilshommes, où l'on en enleva plus de mille. On en fit de même à Nismes, à Alais et ailleurs. Les troupes que l'on leva allèrent joindre Crussol à Beziers.

Joyeuse leva aussi de son côté des troupes, et assembla la noblesse et les anciens capitaines qui avoient servi, Fourquevaux, gouverneur de Narbonne, Conas, ancien capitaine employé long-temps en Piémont, le baron de Rieux, le baron de Fendeille et le seigneur de Villeneuve, et se mit aux champs avec beaucoup d'artillerie. Crussol craignit qu'il ne le vînt assiéger dans Beziers, mais il côtoya la campagne, et se saisit de Capestang, de Cazouls, de Narbonne, Serignan et autres petits lieux sur son chemin; il y eut plusieurs escarmouches. Tout-à-coup Joyeuse passa l'Eraut, et assiégea Montagnac, qui se rendit à lui le vendredi 17 juillet. Il traita la garnison avec beaucoup de douceur, et se contenta de faire pendre Bonal, autrement le seigneur de Roquemaure, qui avoit proféré quelques paroles contre lui. Pendant le siége, Joyeuse ayant séjourné quelques jours à Montagnac, et son camp à l'entour, alla à Châteauneuf-lez-Pezenas, près l'Eraut. Crussol sortit de Beziers, vint camper vis-à-vis de lui, la rivière entre deux : pendant la nuit Joyeuse fit passer la rivière à son artillerie avec partie de ses troupes, et la posta dans une chaussée très à couvert du côté de Lusignan : le camp des protestans étoit vers Pezenas. Les deux armées étoient presqu'égales, de quatre mille hommes chacune, mais la cavalerie de Joyeuse étoit presque toute composée de noblesse, et celle des protestans des gens du peuple.

Le lundi 20 juillet, vers les quatre ou cinq heures du soir, la cavalerie de Joyeuse attacha une escarmouche que les protestans ne refusèrent pas. Les catholiques firent semblant de fuir, et attirèrent insensiblement les protestans devant leur artillerie, qui par une décharge imprévue les mit tous en désordre; les gendarmes survenant les prirent en flanc, et achevèrent de les mettre en fuite; ce peuple non accoutumé ne put jamais se ralier : Crussol se sauva dans Pezenas avec le reste de son camp, n'ayant pourtant perdu que trois ou quatre cents hommes : Joyeuse traita avec beaucoup de douceur tous ceux qui se rendirent.

L'évêque de Lodeve, accompagné du sieur de Saint-Felix, surprit Gignac et s'en empara; et les catholiques de Frontignan en chassèrent les protestans, et rétablirent la messe.

Joyeuse, étant à Châteauneuf, fit repasser l'Eraut à son artillerie, et la porta sur une hauteur près de la maison d'un gentilhomme nommé Saint-Martin, entre Châteauneuf et Aumes, tirant contre Pezenas, quoiqu'éloigné d'une demie-lieue, l'Eraut entre deux. Le canon tiroit et les couleuvrines, lorsque tout-à-coup, le 23 juillet, Joyeuse et Crussol convinrent d'une cessation d'armes, sans que l'on publiât d'autres conditions. Crussol quitta Pezenas, où Joyeuse étant entré, y mit la messe et garnison : il somma Beziers qui ne voulut pas le recevoir, et se retira vers Narbonne avec ses gens; Crussol vint à Montpellier, et son camp se débanda.

Les protestans de Montpellier, ni ceux du voisinage, n'avouèrent pas le traité conclu entre Crussol et Joyeuse, d'autant plus qu'ils y perdoient les villes de Pezenas, Montagnac, Gignac et Frontignan, où Joyeuse avoit aboli la religion prétendue reformée et mis garnison contre les traités, et ils résolurent de continuer la guerre : pour avoir de l'argent, ils empruntoient cent, deux cents et cinq cents écus de tous ceux qu'ils vouloient; et si on refusoit on étoit envoyé prisonnier à Saint-Pierre. On imposa sur le diocèse soixante et un mille livres payables par les bien-aisés, sauf à eux à les recouvrer sur les autres.

Le baron de Crussol, ayant ramassé trois mille hommes et quelques gentils hommes chassés de Provence pour leur religion, deux gros canons venus de Beziers, et d'autres pièces de campagne, assiégea Frontignan le mardi 18 aoust, et leva le siége le mercredi 26, sans y avoir donné l'assaut; et, après y avoir eu trois ou quatre cents hommes blessés ou tués, il renvoya l'artillerie à Montpellier, et fut camper à Poussan.

Cependant Joyeuse avoit rassemblé cinq cents cavaliers bien armés et montés, cinq mille fantassins, et quinze pièces de canon, grosses ou moyennes. Cette armée, conduite en l'absence de Joyeuse par le baron de Fourquevaux, passa l'Eraut, Crussol étant à Poussan; ce qui l'obligea à se retirer à Montpellier. Le peuple de cette ville, non accoutumé à telles allarmes, commença à se troubler; les catholiques ou les suspects furent enfermés dans Saint-Pierre; la noblesse de la ville avoit délogé. On résolut, pour la sûreté et renfort de la ville, d'abattre tous les fauxbourg qui en contenoient plus de la moitié, et où il y avoit quatre couvens de mendians, des plus beaux qu'il y eût en France, deux autres couvens d'hommes, un college séculier de Saint-Sauveur, trois monasteres de filles, et autres paroisses et églises, jusqu'à vingt-six; la commanderie des chevaliers de Rodes, dite Saint-Jean, trois sales pour le droit civil et canon, avec une belle tour hors la porte du Peyron, où étoit la cloche de l'Université; quatre grands fauxbourgs, l'un à la porte Saint-Guillen, dit le Corrau, s'étendant jusques aux Jacobins, et les autres aux portes du Peyron, dit Saint-Jaume, au Pila Saint-Geli et à la Sonnerie; un beau et grand château nommé Botonnet, avec seigneurie et jurisdiction à part de la ville, près la porte des Carmes. La démolition de ces édifices fut ordonnée par le baron de Crussol le 29 aoust, et exécutée par tout le peuple, hommes, femmes et enfans, par feu, ruine artificielle et sac, de maniere que dans quatre jours cela fut achevé; tous les arbres autour de la ville à la portée du canon furent coupés. Fourquevaux passa sans résistance à Loupian, Poussan,

Gigean et Cournon, et, au lieu de venir camper devant Montpellier, il alla à Lattes, ancien village dépeuplé et ruiné, distant une petite lieue de Montpellier; il prit et fit razer une ancienne tour qu'il y avoit, après avoir fait pendre ceux qui la gardoient, et campa le 4 septembre; ce lieu est plus ancien que Montpellier, et s'apelloit *Castellum-Latara*; une belle maison ou métairie, apellée Enseiguinade le joint, de manière que Lattes et cette métairie sont environnés d'eau, d'un côté par la riviere du Lez, et de l'autre par un bras de cette riviere que l'on a fait passer dans un fossé sur le Lez; et vers l'orient est un beau moulin dit de Saint-Sauveur, et la riviere se jette dans l'étang; il y a là un port où les denrées pour Montpellier arrivent d'Aigues-Mortes et de la marine; les environs de Lattes sont pleins de prairies, de grandes campagnes qui fournissent de bleds comme la Beausse. Fourquevaux campa dans ce lieu, capable de contenir une armée quatre fois plus forte que la sienne, et, ne se contentant pas de la situation de ce lieu, quoique très-forte, il fit faire des fossés autour de son camp, double tranchée au dedans, des batteries, des remparts et des plattes-formes, de maniere que ce camp parut aux amis et aux ennemis inexpugnable, et l'on dit que Fourquevaux, au lieu d'être venu assieger Montpellier, s'étoit venu retrancher pour soutenir un siege; toutes les maisons de la campagne jusqu'à Melgueil furent détruites et brûlées. Fourquevaux envoya attaquer l'isle de Maguelonne avec quelques pieces de campagne, et celui qui commandoit dedans se rendit moyennant quelque argent.

Le baron de Crussol, voyant la contenance des catholiques, et ayant cinq mille fantassins et cinq cents chevaux, alla camper à la portée du canon de Lattes, sur une hauteur où il mit son artillerie, près et en deçà le Mas dit d'Envallat, et au Mas de Boisson; les deux camps commencerent à se canonner.

Le baron des Adrets arriva avec quatre cents chevaux à Montpellier le 14 septembre; et le lendemain, ayant conféré avec Crussol et les autres officiers de l'armée, il fit marcher l'artillerie pour aller attaquer le camp de Lattes par trois côtés. Il se chargea de celui du moulin de Saint-Sauveur; Crussol eut le côté de Montpellier et d'Encivade, et le capitaine Bouillargues du côté des prairies. Fourquevaux se tint dans son camp, et se contenta de faire jouer son artillerie, et tirer ses arquebusiers derriere ses tranchées. Les protestans, ayant voulu attaquer ses retranchemens, furent repoussés vigoureusement, et obligés de se retirer avec perte; sur quoi des Adrets se contenta de faire razer avec son artillerie le haut du moulin de Saint-Sauveur, et de le rendre inutile aux catholiques : un ou deux jours après, voyant que Fourquevaux n'étoit pas assez fort pour assieger Montpellier, et l'étoit trop pour être forcé dans son camp, retourna en Dauphiné, et le camp des protestans se débanda.

Fourquevaux, quelques jours après, sortit avec une belle troupe de cavalerie, de l'infanterie et du canon; marcha le long du Lez, et s'embusca près d'une métairie dite le Pont Trincat; il envoya de là quelques coureurs, qui furent jusqu'aux aires de Saint-Denis pour donner l'allarme à la ville. Crussol fit d'abord sortir des troupes pour poursuivre ces coureurs, qui étant soutenus par les catholiques, les protestans furent obligés de reculer jusques à la porte du Pila Saint Geli. Le capitaine Gremian, gentilhomme, voisin de Montpellier, jeune et vaillant, n'ayant pas voulu abandonner ses soldats, fut tué avec vingt-cinq fort près du fauxbourg Saint Geli; les canonniers de la ville firent très-mal leur devoir ce jour-là, et ils auroient pu incommoder beaucoup la cavalerie catholique, lorsqu'elle parut dans la plaine au deçà de la riviere et du pont Juvénal; mais ils ne tirerent que lorsque la cavalerie catholique fut, en s'en retournant, hors la portée du canon. Les catholiques perdirent dans cette action Mossen Peyrot Loppian (1), capitaine espagnol fort estimé, qui reçut un coup d'arquebuse à croc tirée d'une tour du moulin de l'évêque sur le Lez : Loppian n'avoit pas été d'avis d'assiéger Montpellier; et comme il représentoit que l'armée n'étoit pas assez forte pour une telle entreprise, on lui dit que Montpellier, n'étant pas une ville de guerre, mais de plaisir, apporteroit les clefs trois lieues à l'avance; lorsqu'il fut blessé il se ressouvint de cela, et dit en son langage : *Ah! señor de Joyosa, ahora à Montpellier, tienen mi vida, et nos non tenemos las llaves* (2). Quelques jours après, Joyeuse vint au camp de Lattes avec cent vingt chevaux et huit cents fantassins; et le même jour, qui étoit un dimanche, après avoir dîné au Terral, château de l'évêque de Montpellier, il alla se présenter devant cette ville sur le coteau de Saint-Martin de Prunet; ceux de sa suite allerent voltiger sur les aîles de Saint-Jean,

(1) *Peyrot Loppian* : Peÿro Loppia, chef de bandoliers espagnols
— (2) *Ah! senor de Joyosa, ahora à Montpellier, tienen mi vida, et nos non tenemos las llaves.* « Ah! monsieur de Joyeuse, maintenant à Mont-
« pellier ils ont ma vie, et nous n'avons pas les clefs. »

et lâcherent leurs pistolets ; on ne leur répondit de la ville que par quelques volées de canon. On dit qu'il ne s'avança jusques là que pour reconnoître l'état présent de la ville, et les ruines des couvens, des églises et des fauxbourgs, que l'on découvroit très-bien de ce lieu là : il en témoigna beaucoup de regret, ayant reçu beaucoup de services et bon entretien dans cette ville, et ayant avec lui beaucoup de gentilshommes voisins, qui avoient dans la ville leurs parens et leurs biens.

Le 27 septembre, Sommerive et Suze, ayant assiégé Saint-Gilles avec trois mille Italiens ou Provençaux, le capitaine Grille marcha au secours avec quinze cents hommes. Dès qu'il parut, le camp catholique prit la fuite pour passer une brassiere du Rhône sur un pont de bois qu'ils y avoient fait faire. Les protestans, qui ne vouloient que secourir Saint-Gilles, voyant cette déroute, donnerent dessus, et les catholiques eurent douze ou quinze cents hommes tués ou noyés, dix-sept enseignes de perdues, deux gros canons, et leur camp, où il y avoit des meubles très-riches, pillé.

Le premier octobre, le capitaine Grille, revenant victorieux de la journée de Saint-Gilles avec douze cents hommes, étant parti de Lunel après dîné, et marchant sans grand ordre, fut défait aux Arenasses, entre Castelnau et le pont de Salaizon, par les catholiques qui s'étoient embusqués dans les vallons de Garrigues de Gramont ; il ne perdit pourtant que deux cents hommes. Le capitaine Bouillargues s'étant retiré par le haut des Garrigues du Crez vers Teiran, Crussol sortit de Montpellier pour le secourir ; mais il apprit la défaite avant d'arriver à Castelnau. Le seigneur de Bizanet fut tué du côté des catholiques à la fin du combat.

Le lendemain de cet exploit, qui étoit un vendredi, un tabourin du camp vint à la ville, portant une lettre de l'évêque d'Alet, fils du seigneur de l'Estrange en Vivarais, arrivé au camp avec Joyeuse pour demander une entrevue au capitaine Grille. L'entrevue se fit le lendemain samedi, entre le pont Juvenal et le Pont Trincat. On ignore ce qu'ils se dirent; mais le même jour et le lendemain 4 octobre, Joyeuse et son camp délogerent de Lattes, et se retirerent vers Pezenas.

Le camp ainsi levé, le baron de Crussol établit pour gouverneur dans Montpellier le capitaine Rapin, et alla à Nismes où il fut assiéger et prendre La Carbonniere, qui est une forte tour, seule assise dans le marais et étang, et le passage nécessaire pour aller à Montpellier, à Nismes et à Aigues-Mortes.

Le 11 octobre, on cria à Montpellier un réglement de police, avec ordre aux officiers du Roy d'ouvrir leur auditoire, et à tout le monde d'aller aux prêches et ouir le ministre sous peine de baniment.

Au commencement de novembre, Joyeuse assiegea Agde, contre lequel on tira cinq cents coups de canon; mais les catholiques ayant été repoussés avec perte par le capitaine Senglar, natif de Montpellier, qui commandoit la garnison, Joyeuse leva le siege.

Pendant ce mois, les catholiques prirent sur les protestans le bourg Saint Andiol, petite ville sur le Rhône, deux lieues au dessus du Pont Saint Esprit; le seigneur de Saint Remesy étant dedans fut occis; mais d'abord après le baron de Crussol ayant paru devant la ville, les catholiques l'abandonnerent.

Au commencement de ce mois de novembre, furent

tenus les états des villes et dioceses protestans à Nismes, où n'assisterent que les consuls et envoyés desdites villes, avec autant de surveillans des églises et consistoires. On y élut pour chef du pays, conducteur, protecteur et conservateur, jusques à la majorité du Roy, le comte de Crussol et de Tonnerre, aîné du baron de Crussol; on imposa pour l'entretien des troupes 400,000 livres, outre les bénéfices et revenus ecclesiastiques; et on regla tout à l'instar des républiques réduites en démocratie. Le 11 novembre, le comte de Crussol accepta en la ville d'Usez, dont il étoit vicomte, publiquement et solemnellement, l'employ présenté par les états de Nismes, sous le bon plaisir du Roi, et pour maintenir ledit peuple en l'obéissance dudit seigneur.

A la mi-décembre, Joyeuse tint les etats du Languedoc à Carcassonne, où assisterent les cardinaux d'Armagnac et Strozzi; et où l'on arrêta plusieurs choses contre les protestans et la délibération de l'assemblée tenue par eux à Nismes.

Le baron des Adrets, soupçonné par les protestans à cause de ses conférences avec le duc de Nemours, fut arrêté par ordre du comte de Crussol, mené au château de Nismes, et sur la fin de janvier à Montpellier mis prisonnier dans Saint Pierre, que l'on nommoit lors le château Saint Pierre; on l'y laissa huit jours, après lesquels on le ramena à Nismes.

Le seigneur de Peraud en Vivarais arriva à Montpellier pour y être gouverneur à la place du capitaine Rapin. Les surveillans et autres ayant l'administration de la ville, firent un rolle de proscription des catholiques qui ne leur étoient pas agréables, avec ordre de sortir de la ville sans emporter autre chose que dix livres tournois; et le 12 février, on proclama une défense de rien acheter des catholiques; mais ce réglement ne fut pas exécuté à la rigueur.

Au mois de mars, fut tenu à Montpellier, le synode général, ou colloque de tous les ministres des églises de Languedoc, et autres voisines dissipées, où il y avoit bien cent cinquante ministres, et autant d'anciens et de surveillans.

Le vendredi 5 mars, on apprit à Montpellier la mort de M. de Guise, occis devant Orleans par Poltrot le 17 février, dont fut à Montpellier délachée toute l'artillerie en signe de réjouissance.

Les protestans ayant assiégé Aramon furent obligés de lever le siége.

Le comte de Crussol, ayant resté quelque temps à Valence pour s'opposer au duc de Nemours, entra à la fin de mars dans le comté de Venisce (1); il prit Orange et Serignan, et y eut un de ses freres tué.

Au commencement d'avril, les villes protestantes du Languedoc tinrent leur assemblée à Bagnols par devant le comte de Crussol.

Saint Vidal ayant assiégé Florac, le baron de Beaudiné marcha au secours, et l'obligea de se retirer.

La paix conclue en France portant que les prêtres et ecclesiastiques seroient remis en leurs églises et biens, les protestans de Montpellier commencerent à ruiner le dedans des églises qui restoient, et rompirent toutes les cloches qui étoient en grand nombre, et même à Saint Pierre, où il y avoit quatre tours et beaucoup de cloches, dont deux étoient des plus belles

(1) *Le comté de Venisce* : le comtat Venaissin.

et grosses qu'il y eût en France; elles ne pouvoient être mises en branle, et ne sonnoient qu'au batoir : on ne conserva que les cloches de Notre Dame des Tables et de Saint Firmin où l'on prêchoit. Les protestans ne faisoient cela à Montpellier et dans les autres villes où ils étoient les maîtres, que pour ôter les moyens d'y rétablir la messe et le service divin.

Le 7 mai, le cardinal de Châtillon tenant le parti des protestans, qui depuis ces troubles s'étoit retiré par deçà avec le comte de Crussol en habit de laïque, et qu'on nommoit le comte de Beauvais, le comte de Crussol, et Boucard, chevalier de l'Ordre, envoyé par le prince de Condé, vinrent à Montpellier, où on leur fit la reception la plus magnifique que l'on peut imaginer; on leur alla au devant jusqu'aux Areniers par de-là Castelnau; ils trouverent au pont de Castelnau cent vingt petits enfans chantans tous ensemble les pseaumes de David; à leur approche de la ville, on délacha toute l'artillerie, dont partie avoit été mise sur les murs de la porte du Pila Saint Geli.

Le dimanche 9 mai, arriva à Montpellier le seigneur de Caylus, gentilhomme de la chambre du Roi, et envoyé par ce prince pour faire publier la paix en Languedoc, ce qu'il avoit déjà fait à Toulouse, Carcassonne et Narbonne. Tous ces seigneurs étant à Montpellier, les états du pays de ladite religion du Languedoc s'assemblerent, et firent leur ouverture le 11. Le comte de Crussol leur ayant déclaré vouloir se décharger de l'administration du pays qu'il avoit eue jusqu'alors, le lendemain jeudi 12, les états allerent le prier de continuer sa charge jusqu'à ce que les choses fussent entierement pacifiées, ce qu'il accepta. Les états répondirent à Caylus qu'ils acceptoient, comme très dévots sujets du Roi, l'édit de pacification fait à Amboise le 19 mars précédent, et qu'ils firent publier le même jour avec beaucoup de solemnité. Le baron de Crussol courut la lance et la bague.

Le 13 mai, on lut publiquement au prêche la convention passée entre les sur-intendans de la religion et les chanoines de Saint-Pierre, qui leur cédèrent la jouissance de trois temples, Notre-Dame ou La Loge, Saint-Firmin et Saint-Paul. Caylus, ayant les actes de la publication de l'édit, partit le 15, et les états ayant fini vers le 18, les comtes allerent à Beziers. Pendant qu'ils y étoient, le comte de Beauvais [1] eut une conférence avec M. de Joyeuse à Montels, entre Narbonne et Capestang; chacun étoit suivi de vingt-cinq hommes sans armes: la conférence dura quelques heures, après laquelle l'un se retira à Beziers, et l'autre à Narbonne. Sur la fin de mai, lesdits seigneurs comtes repasserent à Montpellier, et retournerent vers Usez.

Le maréchal de Vieilleville, nommé pour l'exécution de l'édit de paix, étant au mois de juin à Lyon, y rétablit la messe, et fit donner trois temples aux protestans. Il alla en Dauphiné, au Saint-Esprit et à Beaucaire; il rétablit la messe, et fit cesser les prêches dans les églises.

Au mois de juillet, Caylus revint en Languedoc, envoyé par le Roy pour recevoir des mains du comte de Crussol les villes et pays de la religion, et en icelles commander pour l'exécution de l'édit de paix. Cela

---

[1] *Le comte de Beauvais.* Le cardinal de Châtillon, évêque de Beauvais, avoit pris le titre de comte de cette ville, après avoir embrassé la religion protestante.

étant fait, Caylus fit son entrée à Montpellier le samedi matin 2 août. Le lundi suivant, on commença de prêcher à la grande Loge, et puis à l'Ecole-mage; Caylus ne put pas rétablir la messe, personne ne s'étant présenté pour la dire, ni pour en demander le rétablissement. L'évêque s'étoit retiré depuis la paix avec quelques chanoines à Maguelonne, où il avoit rétabli la messe aussi-bien qu'à Villeneuve, village qui lui appartenoit : il écrivit à Caylus qu'il ne vouloit venir à Montpellier.

Le dimanche 3 août, Caylus fit publier une lettre du Roy, du 17 juin, qui deffendoit le port des armes, excepté l'épée et la dague aux gentilshommes, et qui ordonnoit d'enfermer sous la clef toutes les armes à feu dans les villes, ce qui s'exécuta sans résistance ; on fit rouvrir neuf ou dix portes de la ville qui avoient resté murées pendant plus d'un an.

M. de Damville, second fils du connétable de Montmorency, ayant été nommé gouverneur du Languedoc sur la démission de son père, partit au mois de septembre, accompagné de cinq cents hommes d'armes et de beaucoup de noblesse qui augmentoit à mesure qu'il avançoit. Il vint par Toulouse et Narbonne, où la ville de Montpellier l'envoya complimenter par Ceselly, premier président de la chambre des comptes, Jean Philippi, général des aides, et les seigneurs de Poussan et Figaret. Il arriva à Montpellier, et y fit une entrée solennelle par la porte de la Sonnerie, le mardi 7 novembre ; il logea chez Monsereau, autrement la maison des généraux : à l'entrée de la ville se trouverent quelques chanoines de l'église cathédrale et autres prêtres vêtus du surplis, et six cordeliers chantant processionnellement en l'accompagnant, chose que l'on n'avoit vue ni ouïe depuis plus de deux ans; on lui présenta un dais magnifique avec ses armes et celles de la ville, sous lequel il refusa de se mettre; sa garde, de cinquante arquebusiers à pied morionnés, marchoit devant Joyeuse, suivi d'une infinité de noblesse. Au lieu d'aller chez lui, il fut à Notre-Dame des Tables, où l'on chanta le *Te Deum;* l'évêque et le juge-mage revinrent alors. Damville fit généralement désarmer tout le monde, jusques aux épées et dagues; la ville lui présenta une grande coupe d'argent relevée en bosse, dorée de fin or, le couvercle de même, et dans la coupe six belles pièces d'or rondes, fabriquées expressément à la monnoie, chacune pesant cinquante écus d'or au soleil, avec ses armes d'un côté, et celles de la ville de l'autre; on lui présenta aussi deux caisses pleines, l'une de fioles de verre peintes de diverses histoires, et pleines d'eau d'ange, et musquées; l'autre de carrelets de satin, pleins de diverses poudres odoriférantes, le tout de grande valeur. Le lendemain on dit solemnellement la messe à Notre-Dame des Tables; les prêtres et religieux commencèrent à se montrer, et les gens de justice reprirent leurs bonnets carrés.

Le 16 novembre, Damville partit pour aller au Saint-Esprit. Le 5 décembre, les habitans des deux religions convinrent de nommer six catholiques et six protestans pour gouverner la maison de ville, ce qui fut approuvé par Damville retournant à Narbonne pour y tenir à la fin de décembre les états, qui ne furent pas favorables à ceux de la religion; ils députerent, pour faire part de leurs intentions au Roy, Ambrès et Bachellerii, premier consul de Beziers.

Au mois de janvier 1564, Damville retourna à Montpellier; et tout fut confirmé le 1er mars par le seigneur de Castelnau-les-Pezenas, gouverneur pour la guerre, établi à Montpellier par commission de Damville. Les protestans faisoient leurs exercices dans la cour du Bayle, et la maison de Formy près la Loge. Le prince de Salerne, grand seigneur du royaume de Naples, qui avoit embrassé la religion protestante, et s'étoit marié à Montpellier dans la maison de Paulian, assistoit au prêche lorsqu'il étoit à Montpellier.

Le 24 juin, le Roy, voulant visiter son royaume, donna une déclaration pour deffendre l'exercice de la religion protestante dans les villes où il passeroit. Le 21 septembre, la garnison de Montpellier fut cassée et réduite à cinquante hommes, et logée dans Saint-Pierre.

Le dimanche 17 décembre, le Roy, venant de Beaucaire et de Nismes, fit son entrée à Montpellier; on lui prépara un reposoir au jardin du seigneur de Villeneuve, gouverneur de ladite ville, au devant du couvent de Saint-Maur, dit communément de Saint-Mos, où le Roy reçut les harangues de toute la ville. Le 26 décembre il y eut une procession générale où le Roy assista. Ce prince partit pour Toulouse le 31 du même mois.

Le 4 mai 1567, il courut un bruit que les catholiques vouloient entreprendre quelque chose contre les protestans; ce qui obligea Joyeuse de se rendre à Montpellier pour y mettre la paix.

Le 30 septembre, on publia une déclaration du Roy, qui confirmoit les édits en faveur des protestans. Joyeuse étoit ce jour-là à Montpellier, et y reçut la nouvelle que ceux de la religion avoient pris les armes à Nismes, Saint-Esprit, Castres et Lavaur, et qu'ils s'étoient saisis de la tour de La Carbonniere; il assembla toute la nuit la garnison, et, ayant fait venir les principaux de la religion, il les exhorta à vivre en paix et pour le service du Roi, ce qu'ils promirent, lui disant qu'ils se tenoient fort assurés par sa présence : l'après dîné on conseilla à Joyeuse de faire sortir de la ville les étrangers, artisans, garçons de boutique et autres, qui pour la plûpart étoient protestans : cette commission exécutée avec un peu trop de vivacité, le peuple commença à s'émouvoir, et dès que Joyeuse le sceut, il se retira avec sa femme, ses enfans, les principaux catholiques et ses meilleurs effets dans le fort Saint-Pierre : on voulut continuer de faire la garde, mais le poste de la Loge se retira à Saint-Pierre, aussi bien que les autres; à minuit Joyeuse et la noblesse qui étoit avec lui, sortit par la fausse porte, et alla à Pezenas, laissant dans Saint-Pierre sa femme, ses enfans et ses meubles.

Le matin, les protestans voyant cela firent ouvrir les trois portes de la Sonnerie, de Lattes et Montpilleret, s'impatroniserent dans la ville, et appellerent à leur secours leurs voisins, gentilshommes et gens de guerre, qui y accoururent dans vingt-quatre heures. Se voyant maîtres de la ville, ils commencerent à serrer de près ceux de Saint-Pierre, les chassant dans le fort, leur ôtant le college de Saint-Ruf, la tour du Colombier battant dans Saint-Pierre, et plusieurs maisons des environs du fort, auxquelles ceux dudit Saint-Pierre mirent feu, détruisant toute la rue des Carmes, le long de laquelle les protestans firent des tranchées pour empêcher la garnison de venir dans la ville. Cependant les capitaines et commandans offrirent à madame de Joyeuse et à sa suite toute sureté si elle vouloit venir dans la ville, ou escorte si elle vouloit se retirer; elle les remercia, mais, quelques nuits après, escortée par la cavalerie que son mari lui envoya, elle sortit avec ses bagues et sa suite, chose qui déplut fort à ceux de la ville, qui n'espererent plus que Saint-Pierre fût secouru par Joyeuse.

Le 7 octobre, le seigneur d'Acier, nommé auparavant Baudiné ou le baron de Crussol, commandant pour le Roy en l'absence du prince de Condé en Dauphiné, Provence et Languedoc, arriva à Montpellier avec nombre d'ingénieurs et gentilshommes. On fit alors des tranchées hors la ville du côté du Peyrou pour battre le ravelin du fort, du côté de Boutonnet, devant la porte et tour des Carmes que les catholiques tenoient; l'infanterie campa hors la ville, depuis le fauxbourg de Saint-Guillen jusqu'auprès du Merdanson, méchant petit ruisseau venant d'assez loin, côtoyant la ville vers le nord, sur lequel il y a trois petits ponts, et duquel l'eau sert aux teinturiers. Il y eut alors quelques rencontres près de Gigean et de Mirevaux, où les protestans battirent les catholiques.

Le 6 novembre, Montbrun arriva avec beaucoup de noblesse, six compagnies d'infanterie et une pièce d'artillerie.

Le 8, Joyeuse, résolu de ravitailler Saint-Pierre, envoya le seigneur de Villeneuve, son lieutenant, avec dix-huit enseignes faisant deux mille cinq cents hommes, et quatre cents chevaux; il campa à onze heures du matin près de Boutonnet jusques au pont de

Saint-Cosme par de-là le Merdanson; alors d'Acier sortit de la ville avec quatre cents chevaux, et alla se poster entre les Jacobins et Saint-Cosme. Les assiégés de Saint-Pierre commencèrent l'attaque en faisant une sortie par le ravelin ; mais la garde de la tranchée du Peyrou les repoussa vigoureusement, et les obligea de rentrer : en même temps le camp des catholiques donna sur les tranchées, et passa le Merdanson; mais les assiégeans, ayant soutenu leurs attaques, les obligèrent de repasser le ruisseau, au-delà duquel le combat continua depuis midi jusqu'à quatre heures sans aucune décision. Les catholiques, voyant qu'ils avoient perdu soixante hommes, qu'il étoit tard, que l'une des pièces de campagne s'étoit entr'ouverte, et que le feu s'étoit mis à une des caques de poudre, commencerent à défiler à travers les olivettes vers les terroirs de Malbosc et La Colombiére, avec tous leurs charrois et bagage; d'Acier les laissa retirer tranquillement, et sans les poursuivre.

Les catholiques ainsi retirés, les compagnies dont Baudiné, frère d'Acier, étoit colonel, reprirent leur poste, et un ministre rendit publiquement graces à Dieu ; d'Acier rentrant dans la ville avec la cavalerie, un ministre fit aussi la prière devant la porte de la Sonnerie. Pendant l'escarmouche, tout le menu peuple, jusques aux femmes, enfans et demoiselles, apportoient des pierres sur la muraille pour faire des canonnières pour les arquebusiers ; les demoiselles d'une plus grande considération étoient dans le camp de l'infanterie et de la cavalerie, leur faisant apporter de grands paniers de pain, fruits et bouteilles de vin pour les rafraîchir. Les catholiques se retirerent au plus vîte, et ne s'arrêterent qu'à Meze et à Loupian ; les garnisons de Pignan, Poussan, Montbazin et Balaruc, donnerent sur leur queuë, leur tuerent quelques soldats, et prirent quelque bagage. Les protestans perdirent dans ce combat le capitaine d'Hostelle d'Alais, douze soldats, et autant de blessés.

Brissonnet, évêque de Lodeve, homme portant les armes, ayant fait enfermer quarante-trois protestans dans une grande salle, un dimanche, à l'heure de vêpres, les fit tuer par des soldats.

Le 16 novembre, le seigneur de Cipierre en Provence, frère du comte de Tende, gouverneur de Provence, arriva à Montpellier après avoir été quelques jours à Nismes, durant lesquels le château de Nismes s'étoit rendu aux protestans; il menoit six cornettes sous du Bar, Senas, Soliers et autres, et vingt-huit enseignes faisant cinq mille hommes, qui resterent entre Nismes et Montpellier. Arpajon, faisant profession de la religion, arriva à Alais et à Anduze, accompagné des vicomtes de Montclar, de Gordon, de Paulin, de Bourniquel, avec douze cents chevaux et six mille fantassins que l'on nommoit les Gascons.

Le lundi 17 novembre, un des capitaines du fort et garnison de Saint-Pierre, nommé Luynes, sortit pour capituler avec d'Acier. La capitulation fut reglée le lendemain à midi, après avoir tenu quarante-huit jours, à compter du 2 octobre, que le seigneur de Joyeuse s'en étoit allé, et avoit quitté la ville aux protestans. Les capitaines sortirent avec leurs armes, les soldats avec l'épée et la dague; les consuls, chanoines et autres, au nombre de quatre cents, avec leurs effets, furent remis à la discrétion d'Acier, qui en eut la vaisselle d'argent de Joyeuse, et beaucoup de meubles précieux; les soldats étoient au nombre de cent vingt, et les assiégeans y perdirent deux cents hommes, entre autres Saint-Auban. Le même jour de la reddition, le peuple se mit à détruire Saint-Pierre, et continua pendant trois jours; on abattit une des grosses tours : ainsi ce superbe édifice d'Urbain v périt dans trois jours, deux cent trois ans un mois et demi après sa première fondation. Le lendemain, on apprit que Suze avoit assiégé le Pont Saint-Esprit; sur quoi Cipierre s'y achemina avec ses troupes.

Le 20, d'Acier y alla aussi après avoir pourvu aux affaires de Montpellier, et y avoir laissé le seigneur d'Aubais, avec de la cavalerie et infanterie pour la garde de la ville. Le 22, le conseil de ville nomma par devant ledit gouverneur, douze personnes pour administrer la police à cause de l'absence des consuls, dont le premier étoit Antoine Robin. On aprit que Suze avoit levé le siége du Saint-Esprit.

Le 11 décembre, on fit, par ordre d'Acier, des réjouissances pour la victoire remportée par le prince de Condé [1] à Saint-Denis le 10 novembre; on abattit alors et on raza à fonds de terre l'église de Saint-Firmin.

La tour de La Carbonniere fut par intelligence recouvrée par les catholiques, dont accusé le capitaine Paye de Lunel, qui en avoit la charge, en perdit la tête à Montpellier. Les catholiques surprirent Poussan, prirent d'assaut Balaruc, et pillerent ces deux villages.

Vers la mi-janvier 1568, présent d'Acier, furent

---

[1] *La victoire remportée par le prince de Condé.* Ce ne fut pas une victoire, car le champ de bataille resta aux catholiques, et le prince fut obligé de se retirer.

tenus les états, et des gens du pays à Montpellier.

Au mois de février, Joyeuse alla avec ses troupes par la plage à Avignon, joindre le comte de Tende et de Suze. Ils allerent battre la tour du bout du Pont Saint-Esprit, et la prirent.

Les catholiques prirent d'assaut Mornas sur le Rhône, dans les terres du pape. D'autre part, ez Cevennes, le baron de Ganges prit d'emblée Sumene sur les protestans, qui l'assiégerent et le reprirent; Ganges y fut tué avec cent quatre-vingts des siens.

D'Acier, ayant ramassé ses forces, passa le Rhône à Viviers, et s'étant joint avec ceux du Dauphiné et de Provence, se présenta devant la tour du bout du Pont Saint-Esprit, que les catholiques abandonnerent pendant la nuit. Le lendemain, qui pouvoit être le 15 mars, d'Acier entra avec son armée par cette tour dans le Saint-Esprit; et sachant que Joyeuse avoit occupé Laudun et Tresques, pour être le maître du Saint-Esprit et de Bagnols, continua sa marche jusqu'à Bagnols avec Cipierre et Montbrun, quinze cents chevaux et soixante-dix enseignes; il surprit dans Tresques les gens d'ordonnance de Scipion, italien, et une compagnie du sieur de Laval, de la maison de Châteauneuf-lez-Pezenas. Alors Joyeuse, qui étoit vers Avignon, se tourna à gauche, assiégea Aramon, y donna trois assauts, et obligea la garnison de capituler, après que les catholiques eurent défait l'infanterie que les protestans envoyoient au secours de cette place; ils y perdirent deux ou trois cents hommes.

Les catholiques de Toulouse prirent quelques villages aux environs de Castres; mais ils furent obligés de lever le siége de Puilaurens.

D'Acier étant à Nismes, le seigneur d'Entrechaux y arriva en poste de la part du prince de Condé. D'Acier alla avec lui à Montpellier, où le lendemain de leur arrivée Entrechaux déclara aux consuls que le Roy avoit consenti à la paix, mais que pour renvoyer les soldats étrangers hors du royaume, la portion de finance pour les quatre diocèses de Viviers, Usez, Nismes, Montpellier et partie du Gevaudan, montoit à 50,000 livres; surquoi le conseil de ville délibéra et fit une réponse favorable, en attendant d'autres nouvelles de la paix; la populace se mit à achever de démolir ce qui restoit d'une quinzaine d'églises ou d'édifices publics.

Le 30 avril, la paix fut publiée à Montpellier; Joyeuse étoit alors à Beziers avec toute sa gendarmerie.

Le 7 may, Sarlabous, colonel d'un régiment de gens de pied, se présenta devant Montpellier pour y mettre garnison, mais on lui refusa la porte. Un mois après, lorsqu'on eut sçu la volonté du Roy par les députés qu'on lui envoya, La Crozette (1), guidon des gens d'armes de Damville, fut receu dans la ville pour gouverneur avec deux enseignes; il y rétablit la messe: Nismes, Sommieres, Lunel et autres villes jusqu'au Saint-Esprit receurent garnison.

Le 27 juillet, La Crozette s'étant retiré avec la garnison au palais, comme lieu plus clos de la ville, et voulant augmenter sa garnison, le peuple, qui étoit encore armé, se mutina; on fit des tranchées dans les rues, on tendit les chaînes pour empêcher la gendarmerie, qui entroit par la porte des Carmes et de la Blanquerie, d'avancer; on resta dans cette situation

---

(1) *La Crozette*. Jean de Nadal, seigneur de La Crouzette. Il avoit sauvé la vie à Danville à la bataille de Dreux.

depuis midi jusqu'à quatre heures que l'on conclut une espece de tréve, par laquelle deux mille cinq cens protestans sortirent de la ville, y laissant leurs familles; les cinq premiers consuls et deux ministres sortirent aussi, et furent escortés jusqu'à Castelnau. Le 30 juillet, Joyeuse arriva avec beaucoup de noblesse et d'ecclésiastiques. Le 31, il remit en charge les consuls catholiques de l'année précédente. Le 4 août, on fit quelques désordres dans les temples des protestans : Joyeuse y envoya des troupes pour les faire cesser; les prêches cessèrent, et les deux autres ministres furent mis hors la ville en toute sûreté. Quelques jours après, Joyeuse partit pour aller visiter Nismes et autres places jusqu'au Saint-Esprit. Vers la mi-août, il envoya un formulaire de serment, pour le faire prêter par ceux de la religion.

Les protestans, retirés à Alais, Anduze, Sauve et dans les Cevennes, firent des courses dans les pays-bas au commencement de septembre. Joyeuse étoit au Saint-Esprit pour empêcher les protestans de Provence et Dauphiné de passer le Rhône; mais Mouvans passa cette impétueuse rivière en un petit port, entre Viviers et Montelimar, et joignit d'Acier qui avoit délogé d'Usez, et que l'on disoit avoir rassemblé vingt mille fantassins et quinze cents chevaux. Joyeuse revint avec ses forces à Montpellier, et, après quelque séjour, il marcha vers Toulouse.

Le 19 octobre, on publia à Montpellier l'édit du Roy du 25 septembre, qui déclaroit ne vouloir dans son royaume qu'une religion, l'ancienne catholique-romaine. Joyeuse partit de ce temps-là de Toulouse pour aller joindre le duc d'Anjou vers Angoulême. La grande rigueur de l'hyver empêcha les deux armées d'agir.

Le baron de Castelnau-lez-Pezenas commandoit à Montpellier et dans tout le gouvernement.

Le vendredi 4 mars 1569, Jacques de Fargues, marchand apoticaire, des bonnes et anciennes maisons de la ville, âgé de soixante ans, demeurant à la place des Cevenols, dans sa maison nommée la boutique Noyer, avoit chez lui des sacs de poudre à canon et quelques armes; et comme son fils avoit été des plus zélés protestans dans les précédens troubles, lui, sa femme et sa famille furent mis en prison : sur cela le peuple se mutina vers le soir, força la maison de Fargues, la pilla pendant toute la nuit (les meubles et les épiceries valoient plus de 10,000 livres); le lendemain samedi, le peuple mit le feu à sa maison, et la ruina entièrement, alla assiéger la maison de ville, força le juge-mage et les consuls à condamner à mort Fargues, et le mena sur le champ à la maison, où il le fit pendre aux plus hautes fenêtres, où il demeura tout le lendemain dimanche : sa boutique étoit pleine des meilleures odeurs, et le Roy en passant à Montpellier avoit bien daigné y entrer et prendre la collation.

Le 24 mars, on apprit la nouvelle de la victoire remportée à Jarnac par le duc d'Anjou, qui n'y perdit que cinquante hommes, et le lendemain on en fit des réjouissances. Au mois de may, le maréchal de Damville, nommé pour commander en Guyenne, Languedoc, Provence et Dauphiné, arriva à Toulouse avec Joyeuse, et fit prendre Fiac.

Les catholiques prirent au mois de juillet Combas-lez-Sommieres; et les protestans des Cevennes surprirent Montpezat; vers la mi-août, ils s'emparerent de Melgueil, lieu auparavant très fort d'assiette, mais qui l'an précédent avoit été démantelé, de maniere qu'en peu de temps ils furent maîtres de tous les villages entre Montpellier, Sommieres et Lunel.

Montpellier étoit comme bloqué par la proximité de Melgueil, qui n'en est qu'à une heure et demi. Saint André, chevalier de l'Ordre, gouverneur d'Aigues-Mortes, et commandant pour Sa Majesté à Nismes et aux environs, et le baron de Castelnau, leverent des troupes, et assiégerent Melgueil : ce lieu étoit presque sans murailles, excepté ce que les protestans en avoient relevé depuis qu'ils en étoient les maîtres; mais comme il y avoit de bons fossés remplis d'eau, et qu'ils s'étoient remparés et parqués dedans, Castelnau, quoiqu'il eût beaucoup d'artillerie, leva le siége le 30 août; il l'avoit commencé le 27. Ceux de Melgueil, dont la plupart étoient habitans de Montpellier, confirmés en leur fort, songerent à surprendre ladite ville par le moyen d'un gentilhomme et capitaine catholique, nommé le seigneur de Barri en Rouergue, qui les y devoit introduire le lendemain de Saint Michel. Barri, qui avoit fait part du complot à son enseigne, nommé Travers, du pays de France, celui-ci l'alla dire à Castelnau dix ou douze jours avant l'exécution. Barri ne fut arrêté que le 30 septembre : on lui fit son procès, et le 11 novembre il fut décapité devant le consulat. Pendant le mois d'octobre, Damville prit par composition Mazeres. Le dimanche 16 novembre, on rendit graces à Dieu pour la victoire remportée par Monsieur le 30 octobre à Montcontour, où ceux de la religion perdirent douze mille hommes et leur artillerie.

Le 15 novembre, les protestans surprirent Nismes : le capitaine Lescout, s'étant jetté dans le château, le deffendit jusqu'au commencement de février qu'il capitula. Saint-André, gouverneur audit pays, se voulant sauver par les murailles s'étant grièvement blessé, fut pris et amené à la ville, deux jours après fut meurtri et occis de guet-à-pens, dans son lit, malade.

L'armée des princes, forte de douze mille hommes, avec cinq canons, prit Monréal et Conqués-lez-Carcassonne, Servian et Casouls-lez-Beziers, et Pignan près de Montpellier. La crainte que l'on eut qu'ils n'assiégeassent Montpellier, fit que l'on ruina les fauxbourgs, perte de plus de 50,000 livres pour les habitans qui avoient rebâti des maisons et des jardins depuis les premiers troubles; on y travailla le propre jour de Pâques 26 mars. L'armée des princes passa le 30, 31 mars et le premier avril, des deux côtés de Lattes, à la vue de la ville de Castelnau et du Crez, où la garnison de Montpellier donna une camizade aux protestans, qui y perdirent cent soixante chevaux; l'armée des princes brûla en passant le Terral, Montferrier et le Crez, et plusieurs maisons de la campagne; elle s'arrêta à Massillargues et aux environs, et mit le siége devant Lunel.

Le maréchal de Damville, ayant rassemblé ses forces, suivoit cette armée : il arriva à Montpellier le lundi 3 avril; il s'avança et fit ravitailler Lunel, ce qui obligea les princes d'en lever le siége après sept jours d'attaque : les vivres étoient fort rares, et le setier de bled valoit à Montpellier 3 livres 10 sols. Le maréchal y ayant resté quinze jours, alla à Lunel, Beaucaire, Avignon et au Saint-Esprit, poursuivant les ennemis, qui receurent une grande route et déroute à Baïs-sur-

Baïs. L'ennemi étant sorti du Languedoc, le maréchal vint séjourner à Avignon et à Beaucaire.

Le 19 août, deux gentilshommes, l'un de la part du Roy, et l'autre de celle des princes, arriverent à Montpellier après avoir passé par Nismes et Melgueil, apportant la nouvelle de la conclusion de la paix que l'on annonça le lendemain; et l'édit étant ensuite arrivé, on le publia le 26. Le dimanche, 27 septembre, le maréchal étant arrivé à Montpellier, permit à ceux de la religion et au ministre d'y rentrer; mais ils n'eurent point d'exercice dans la ville, et furent obligés d'aller au prêche à Saint-Jean de Vedas.

Le maréchal demeura audit Montpellier jusqu'au mois d'octobre 1571, que les états du pays furent tenus en ladite ville sous Joyeuse. Le 13 octobre, la garnison vuida Montpellier, et l'on vit les portes sans garde, onze ans après le commencement des troubles : la garnison de Nismes en sortit aussi. Molé (1), commissaire envoyé par le Roy, resta à Montpellier une bonne partie de l'été.

L'an 1572, le Roy envoya pour la main forte le seigneur des Ursiéres, chevalier de l'Ordre, natif de la ville, de la maison de Gaudette, ou du seigneur de La Vaulciere, et pour sur-intendant à la justice Belliévre, président au parlement de Dauphiné. Guillaume de La Coste, général des aydes, qui durant la guerre précédente avoit été colonel des habitans, de Leyder et Pierre Couvers, maîtres des comptes, eurent ordre de s'absenter de la ville.

---

(1) *Molé.* Le marquis d'Aubais soupçonne qu'il est ici question de Nicolas Molé, alors intendant général des finances, et qui mourut en 1586.

Le samedi, 30 août, passa par Montpellier un courrier du Roy, aportant la nouvelle de la Saint-Barthelemi ; on prit d'abord les armes, et on mit garde aux portes de ceux de la religion, et on emprisonna les plus factieux ; les autres, avec les ministres, trouverent moyen de s'évader. Le 8 septembre, on publia une ordonnance du Roi, du 28 août, qui déclaroit le meurtre de l'Amiral avoir été fait par son ordre, vouloit que ses sujets protestans vécussent en sûreté, et deffendoit les prêches et assemblées. En Languedoc, il n'y eut pas le moindre excès, par la bonne conduite de Joyeuse ; ceux de Nismes et des Cevennes ne voulurent pas recevoir des garnisons ; Castres obéit. Sur la fin d'octobre, le maréchal de Damville arriva de la Cour à Beaucaire. Les protestans se saisirent d'Usez, de Sommieres, et de quelques autres petits lieux : le maréchal arriva à Montpellier vers Noël.

Au mois de janvier 1573, les états assemblés à Montpellier, imposerent des deniers pour la nouvelle guerre. Le maréchal prit Calvisson par composition, et Montpezat d'assaut. Vers le 10 février, il assiégea Sommieres avec piéces de canon, étant le château très-fort et la ville aussi ; il y donna un assaut le 18, et un autre le mardi 3 mars ; la ville ne capitula que le 9 avril, après avoir perdu plus de mille hommes ; l'armée catholique prit ensuite le pont de Quissac. Pendant que le maréchal étoit à Sommieres, les députés des protestans vinrent lui proposer un accommodement qui ne réussit pas ; il distribua les armées dans les places, et alla à Montpellier à la fin d'avril. Un mois après, étant à Beaucaire, il rassembla son armée, et se logea à Manduel et à Bouillargues pour empêcher ceux de

Nismes de faire leur récolte. Les protestans, se voyant maîtres de la campagne du côté de Montpellier, y faisoient continuellement des courses; ils surprirent un bon village et château fort, nommé Montlaur, à une lieue de Sommieres et à trois de Montpellier, où tous les environs étoient obligés de leur aporter la contribution.

Au commencement de juillet, Lodeve, qui n'avoit pas encore été prise, le fut par le baron de Tamerlets.

Le 4 août, le maréchal, étant campé à Milhau à une lieue de Nismes, accorda à ceux de cette ville une tréve de quinze jours, qui fut publiée à Montpellier le 6, et ensuite prorogée jusqu'au premier octobre, et publiée à Montpellier le 27 août. Le 13 septembre, le maréchal étant à Montpellier y fit publier l'édit de la paix, donné par le Roy au château de Boulogne au mois de juillet précédent.

Vers la fin de septembre, le maréchal s'étant retiré à Montbazin pour se reposer, ceux de la religion demanderent la continuation de la tréve, et l'élargissement du seigneur de Saint-Cesari, de la ville de Nismes, venant d'Allemagne de négocier leurs affaires, pris par les catholiques durant la suspension. Le maréchal envoya à Montpellier Truchon, premier président au parlement de Grenoble, et le seigneur de Colhas, lieutenant principal à la sénéchaussée de Nismes, son conseil ordinaire, pour examiner ce qu'il y avoit à faire pour la prorogation de la tréve. Sur cela on tint une assemblée le 26 septembre en la maison de ville, où Truchon présida, et avoit à sa droite le baron de Rieux, gouverneur de Narbonne, le seigneur de Villeneuve, ci-devant gouverneur de Montpellier, le seigneur Alfonce, colonel des compagnies bourgeoises, étant lors en garnison à Montpellier, chevaliers de l'Ordre, Jean Torillon, Colhas, et à gauche la cour des aydes, La Mausson, chevalier de l'Ordre, premier consul. L'assemblée fut d'avis de prolonger la tréve, et de rendre Calviere, sieur de Saint Cesari; le maréchal ne fut pas d'avis de la reddition du prisonnier: la tréve fut prorogée jusqu'à la mi-novembre, et publiée à Montpellier, le maréchal y étant, le 20 octobre.

On n'avoit fait aucune hostilité durant ce temps-là, si ce n'est du côté de Beziers, où les protestans avoient pris un bon village, nommé Brian de las Allieres, à quatre lieues de cette ville, sur le grand chemin de Carcassonne.

Le 29 octobre, Antoine Subjet, premier évêque de Montpellier qui porta ce titre, Guillaume Pellissier n'ayant porté que celui d'évêque de Maguelonne, fit son entrée à Montpellier.

Le 20° novembre, les protestans, s'étant assemblés dans les montagnes de Lodeve, descendirent au pays bas, et s'emparoient de Florensac et de Pomerols au diocese d'Agde, si le duc d'Usez, autrefois M. d'Acier, n'étoit arrivé avec les députés des protestans, renvoyés par le Roy pour traiter de la tréve avec le maréchal Damville[: la tréve fut renouvellée au commencement de décembre pour trois mois, avec promesse de rendre Florensac et Pomerols, ce qui ne fut point exécuté. On pendit un masson, un laboureur et un valet de serrurier, pour avoir projetté de livrer la ville de Montpellier. Les états, qui devoient commencer le 8 décembre, furent renvoyés au 15 janvier. Le maréchal, voyant que les protestans ne lui rendoient pas Pomerols, l'alla assiéger; et la garnison le lui rendit à composition; on convint de renvoyer Florensac à un autre traité; la tréve fut prolongée jusqu'à la fin de février.

Le 15 janvier 1574, les états commencerent. Le château de Montferrand, appartenant à l'évêque de Montpellier, imprenable par son assiette, fut pris par les huguenots; les catholiques le reprirent par escalade au commencement d'avril.

Le 1er mars, le maréchal nomma premier consul de Montpellier Jean des Ursieres, dit de Gaudette, seigneur de Castelnau, chevalier de l'Ordre, avec cinq autres.

Au commencement d'avril, le maréchal s'assembla à Montpellier avec Joyeuse, Suze, Maugiron, Cailus et le sénéchal de Beaucaire, pour conférer des affaires de la guerre. Peu après, les protestans prirent la ville de Massillargues.

Vers le 20 mai, Beziers et Agde refuserent d'obéir au maréchal, sous couleur qu'il fût compris dans la conjuration (1) comme son frere, applaudissans à certains seigneurs de la Cour étant en Avignon, et soi-disans du conseil du Roy. Le maréchal declara vouloir être permanent au service de Dieu, de son Eglise et du Roy, vers lequel il dépêcha la baron de Rieux; cependant, averti qu'il pourroit être fait quelque entreprise sur sa personne, il se retira dans le palais de Montpellier qu'il fortifia; il renforça la garnison de la ville, et prorogea pour six mois la tréve, qui fut publiée le 7

---

(1) *Dans la conjuration.* Il s'agit de l'intrigue tramée à cette époque par La Mole et Coconnas, et dans laquelle le maréchal de Montmorency, frére de Danville, fut compromis. (Voyez l'Introduction aux Mémoires sur les guerres de religion, tome xx, pages 168 et suivantes.)

juin. Le dimanche 13, il reçut un courrier du duc de Savoye, qui lui apprit la mort du Roy (1); il n'en eut aucun avis de la Cour. Le maréchal écrivit d'abord à Joyeuse, qui étoit à Toulouse, et aux principaux de son gouvernement, leur indiquant une assemblée à Montpellier au 2 de juillet.

Vers le 15 juin, le baron de Rieux revint de la Cour à Pezenas, où étoit le maréchal, et lui apporta des lettres de la Reine mere régente. Le 10 août, le maréchal étant à Beaucaire écrivit aux consuls de Montpellier que le Roy (2), ayant passé les monts d'Allemagne et Venise, étoit arrivé à Ferrare, comme il le lui avoit écrit de cette ville le 1er août, avec ordre de l'aller trouver à Turin; qu'il partoit pour s'y rendre le 13. Il ordonna que l'on fît des feux de joye, et que l'on chantât le *Te Deum*, ce qui fut exécuté le 10 et 15 août.

Le même jour, on nomma pour aller saluer le Roy, Jean Philippi, conseiller en la cour des aydes (3), Castelnau, premier consul, et deux autres. Le Roy arriva à Lyon le 10 septembre. Le maréchal ne revint de son voyage que le 4 octobre, qu'il aborda au grau de Melgueil, d'où il vint à Montpellier; le lendemain il fit assembler tous les états de la ville; il renouvella cette assemblée le 11 octobre, la veille de son départ pour Beaucaire, et leur parla vivement pour les engager à vivre en paix avec les protestans.

Le Roy, s'étant résolu à la guerre, fit assiéger le Pousin, qui fut abandonné de nuit.

---

(1) *La mort du Roy*: de Charles IX, 30 mai 1574. — (2) *Que le Roy*. Henri III qui revenoit de Pologne. — (3) *Conseiller en la cour des aydes*. A la page 364 de ces Mémoires, Philippi est qualifié de *général des aydes*.

Le maréchal étant à Beaucaire fit alliance avec les protestans (1); et, revenu à Montpellier, il leur promit l'exercice public de leur religion. Les capitaines de Pezenas et de Sommieres refuserent d'obéir au maréchal, ce qui fut cause qu'on désarma les catholiques de Montpellier.

Vers la mi-novembre, le maréchal tint à Montpellier une petite assemblée de quelques dioceses voisins. Il alla ensuite à Nismes, où se tint l'assemblée générale de ceux de la religion, et des autres de l'obéissance du maréchal. La Reine mere lui écrivit le 22 pour qu'il apaisât ces troubles; le maréchal lui répondit que, s'étant uni avec les protestans, il ne pouvoit rien de lui-même, et qu'il agiroit pour la paix dans l'assemblée prochaine. Sur la fin de décembre, cette assemblée fut tenue à Nismes, les protestans l'y reconnurent pour leur chef en l'absence du prince de Condé; l'assemblée dura jusques au 15 février.

Le 10 janvier 1575, le Roy partit d'Avignon, après avoir ôté le gouvernement du Languedoc au maréchal de Damville, et donné le commandement du bas au duc d'Usez, laissant le haut à Joyeuse.

On découvrit une entreprise pour ôter Beaucaire à Damville.

Le mercredi 12 janvier, à six heures du matin, les gens de l'union, au nombre de cinquante, avec le maréchal, surprirent Aigues-Mortes, ville située dans des marécages; les tours de Constance et de La Reine se rendirent le même jour; quelques jours après le

---

(1) *Fit alliance avec les protestans.* Danville figuroit à la tête des catholiques mécontens, qui, sous le nom de politiques, favorisoient les protestans.

maréchal y vint : le Roy, ayant apris cette nouvelle, y envoya Sarlabous, qui en étoit gouverneur, qui arriva trop tard. La prise de cette ville devint d'autant plus considérable pour ceux de l'union, qu'elle les rendit maîtres des salins de Peccais. Le maréchal assiégea ensuite Galargues sur le grand chemin, qui fut pris d'assaut après avoir enduré quelques coups de canon.

Sur la fin de janvier, le duc d'Usez, avec une armée de plus de huit mille hommes et de l'artillerie, prit Saint-Gilles et le château de Vauvert, l'ayant fait battre de son canon; le maréchal, ayant rassemblé ses forces, s'alla poster à Lunel : ainsi les deux armées resterent de-çà et de-là la riviere du Vidourle environ un mois, sans faire autre chose; le duc d'Usez retira la sienne, et retourna vers Avignon.

Vers la mi-février, partirent de Montpellier sept députés protestans, conduits par un trompette du Roy, pour aller en Allemagne vers le prince de Condé, et revenir en France traiter de la paix.

En ce temps-là, les protestans surprirent la ville d'Alais, sauf les châteaux; le maréchal y alla, mais les châteaux ne se rendirent qu'à la fin de mars, après qu'il y eut fait mener deux canons de Montpellier.

Le maréchal nomma les consuls de Montpellier pour cette année là : le premier fut Antoine de Tremolet, baron de Montpezat, auparavant conseiller du Roy et général en la cour des aydes, de la religion; le second, Pierre Châlon, catholique, le troisieme, Jean Miot, marchand. Les habitans payoient 3,500 livres par mois pour l'entretien de deux compagnies. On craignoit une famine; le bled valoit jusqu'à 8 livres le setier, et l'avoine 35 sols.

Le maréchal revint à Montpellier à la fin d'avril, et mit ses troupes en quartier dans les villages circonvoisins.

Le duc d'Usez assiégeoit alors Baïs-sur-Baïs; l'artillerie ayant fait bréche au village, la garnison se retira dans le château; le duc l'attaqua pendant long-temps, mais enfin il fut obligé d'en lever le siége après avoir perdu beaucoup de monde par les arquebusades des assiégés, et en pleine campagne contre les protestans venus au secours dudit château.

A la mi-mai, le maréchal tomba dans une grosse maladie. Le lundi 30, le conseil général extraordinairement nombreux s'assembla, et délibéra que, quoi qu'il arrivât, la ville observeroit l'ordre et le réglement établi par le maréchal depuis l'union. Le 6 juin, les députés de la religion revinrent d'Allemagne sans avoir rien fait. Le maréchal commença d'entrer en convalescence le 24 juin.

Le duc d'Usez alla faire le degât, et brûler les gerbiers des aires de Nismes, de Beaucaire et des environs d'Usez.

L'assemblée des deputés pour la paix commença à Montpellier vers le 12 juillet, et dura jusqu'au commencement de septembre.

Au commencement de ce mois, la ville d'Aimargues, très-forte, fut surprise par le maréchal, par une intelligence qu'il eut dedans.

A la mi-octobre, Sommieres, n'ayant pas été secouru par le duc d'Usez, se soumit au maréchal, comme fit aussi le fort de Maguelonne.

A la mi-décembre, le maréchal dressa une armée avec trois pieces de canon et une couleuvrine, marcha vers l'Eraut, prit d'assaut Loupian, Valros et Puimisson, soumit beaucoup d'autres villages; mais il ne prit point Agde, Beziers et Pezenas.

Le 10 janvier 1576, les députés assemblés pour la paix à Montpellier en partirent. Le maréchal etoit du côté de Beziers, où il soumit Gignac, Clermont, et plus de soixante autres bons lieux, dont la pluspart furent pris d'assaut; il perdit devant Pouzolles le seigneur de Montataire, colonel des compagnies françoises, personnage fort regretté, et retourna à Montpellier pour la fête de la Chandeleur.

Le premier mars, il nomma, comme l'année passée, les consuls; mais le premier, qui fut Arnaud de Rignac, étoit catholique.

Vers la mi-mai, le maréchal rassembla son armée, et marcha vers Beziers et Narbonne, soumit plusieurs bons lieux, et tous les environs de Beziers jusqu'à Coursan sur l'Aude, à une lieue de Narbonne. Le 30 mai, il y reçut deux gentilshommes envoyés par le Roy et par le duc d'Alençon, avec l'édit de paix publié à Paris le 14 mai; le lendemain, premier juin, le maréchal le fit publier dans son armée, et fut de retour à Montpellier le 6 juin; le jeudi 7, il le fit publier à Montpellier: on y établissoit une chambre de vingt conseillers pour rendre la justice aux protestans. Le dimanche 19 juin, jour de la Pentecôte, on fit une procession générale pour remercier Dieu de la paix, et le maréchal y assista.

Quelques jours après, Joyeuse qui avoit commandé du côté de Toulouse, le baron de Rieux, gouverneur de Narbonne, plusieurs prélats, seigneurs et gentilshommes, qui avoient tenu contraire parti, vinrent à

Montpellier visiter le maréchal, et le reconnoître comme le gouverneur du pays. La noblesse s'étant retirée à la mi-juillet, le maréchal alla visiter le pays du côté du Saint-Esprit, et établir de nouveaux gouverneurs à Beaucaire et à Aigues-Mortes.

Au commencement d'août, fut vue à Montpellier chose rare et prodigieuse, une mule qui avoit porté fruit; c'est une jument qu'elle allaittoit, et fut amenée d'un village près de Beziers.

Montmorency étant à Pezenas, le maréchal de Bellegarde l'y vint trouver pour lui persuader de quitter ce gouvernement, et se retirer au marquisat de Saluces que le Roy lui donnoit, à quoi il ne voulut entendre.

Les estats furent tenus à Beziers sous le maréchal et Joyeuse en novembre.

Au commencement de décembre, Thoré (1) étant au Saint-Esprit, le capitaine Luynes (2), qui depuis la paix avoit été mis audit lieu par le maréchal pour y commander, se saisit dudit lieu et de la personne de Thoré, qui, quelques jours après, par le moyen de quelque gens du lieu, en fut mis hors : on prit d'abord les armes, on surprit des villes, et il y eut des meurtres; le maréchal apaisa le tout et en écrivit au Roy : on étoit cependant sur le qui vive, et on y faisoit la guerre, quoique non ouvertement. Le maréchal, qui étoit vers Beziers, ayant assuré cette ville et celles des environs à son parti, revint à Montpellier, et fut de là au Saint-Esprit, qu'il ne put pas recouvrer; mais il s'assura de Viviers, du bourg Saint-Andiol, d'autres lieux catholiques dudit pays, et de la noblesse.

---

(1) *Thoré*. Il étoit frère de Danville. — (2) *Le capitaine Luynes* : Henri-Albert.

Au commencement de janvier 1577, le maréchal revint à Montpellier. Le 2 fevrier, d'Oignon, chevalier de l'ordre du Roy, l'un des maîtres d'hôtel, l'evêque du Puy, Rochefort, gouverneur de Blois, et du Roger, deputés des états de Blois vers le maréchal, lui firent des remonstrances de la part des états, auxquelles il ne jugea pas à propos d'acquiescer. Il y eut quelque rumeur entre les catholiques et les protestans à Beziers; le maréchal y fut; et l'ayant terminée d'une maniere qui ne plut pas aux protestans, ils exciterent une espece de sédition à Montpellier le mardi-gras, 19 février : la maréchale, laissée dans le palais, y fut comme prisonniere; Châtillon, chef des protestans, apaisa l'émeute, et envoya au maréchal à Beziers des députés, lesquels étant revenus le dimanche 3 mars, la maréchale, avec tous les siens et tous ses meubles, sortit de la ville, avec grande douleur des catholiques, qui ne purent plus exercer leur religion qu'à huis clos. La forteresse du palais, qu'on disoit citadelle, fut abatue, le temple joignant le palais, la chapelle royale, et le college des prêtres seculiers, ruinés.

Le maréchal, qui avoit encore dans son parti Villeneuve-lez-Maguelonne, Frontignan et tout le pays jusqu'à Beziers, convoqua à Montagnac, le 25 mars, une assemblée d'estats qui dura jusqu'au 17 avril lui restant à Pezenas; l'union y fut confirmée sous son obéissance, mais elle ne dura guere. Les protestans élurent pour leur chef Thoré, quoique frère du maréchal et catholique.

Damville ayant repris les armes, alla au mois de mai assiéger Thezan, occupé pour les protestans par le capitaine Bacon qui le rendit. Au mois de juin, les forces du maréchal ayant augmenté, Joyeuse et autres seigneurs l'ayant joint, il alla assiéger Montpellier, et l'investit depuis les chemins de Clermont, La Verune, Villeneuve, Pont-Juvenal, Saint-Mos, les Carmes et Jacobins ; ce qui dura jusqu'au mois d'octobre : le maréchal logeoit tantôt à La Verune, à Villeneuve et au Mas de Cocon. Pendant le siége, la ville de Melgueil se rendit au maréchal qui l'alla recevoir ; mais comme il n'y mit point de garnison elle reprit le parti protestant. Mandelot, qui avec de grandes troupes faisoit la guerre aux environs de Nismes, vint, fort accompagné de cavalerie, conférer un demi-jour avec Montmorency à Castelnau ; la ville se seroit rendue à lui faute de vivres, si elle n'avoit été secourue par Thoré et Châtillon, qui y entrerent de nuit du côté de Montferrier, après quelque léger combat, et si La Noue n'avoit apporté la nouvelle de la paix faite à Poitiers en septembre, au maréchal logé au Mas de Cocon.

Le 27 mars 1578, les consuls de Montpellier sommerent les officiers absents de revenir. Au mois de mai, les protestans se saisirent de Montagnac pendant que le maréchal et Joyeuse, revenus de tenir les estats à Beziers, étoient à Pezenas.

Le baron de Faugeres, qui, en l'an 1573, avoit pris Lodeve, fut meurtri à Faugeres dans son château par les catholiques, et sa tête apportée à Lodeve, où l'on s'en joua par les rues, comme en la prise il avoit fait de celle de Saint-Fulcrand.

En 1579, la Reine mère, venant de la *conférence de Nerac*, fit tenir les estats du Languedoc à Castelnaudary. Accompagnée du maréchal, elle vint à Narbonne, Beziers, Pezenas et à La Verune, où elle séjourna quelques jours pour accommoder les habitans des deux religions de Montpellier; ce qu'elle termina par un acte signé Pinard, secrétaire d'Etat, du 28 mai. Le maréchal, qui accompagna la Reine jusqu'à Grenoble, revint en Languedoc au mois d'octobre, où il trouva que les protestans avoient surpris Saint-Hibery, Caux, Fort-de-Cabrieres, Limascon en escalade baillée de nuit par ceux de Gignac à la ville d'Agniane, pour surprendre et piller les gens de la cour des aydes de Montpellier, qui y étoient refugiés et tenans la cour pour la peste régnant à Montpellier, de laquelle escalade ils furent repoussés. Le maréchal permit à la cour de se changer à Pezenas où il résidoit, et où, dans le temps qu'il travailloit à remédier aux troubles, Cornus, gentilhomme envoyé par le roy de Navarre, lui porta des lettres de ce prince, qui lui proposoit une conférence sur les confins de Guyenne et de Languedoc, pendant laquelle il y auroit une suspension d'armes : le maréchal y consentit et en écrivit au Roy, qui lui permit cette entrevue : il avoit levé des troupes pour recouvrer Saint-Hibery et Caux, et l'entrevue en suspendit l'exécution. Il manda les estats au premier décembre à Carcassonne, où ayant fait la proposition, il les quitta pour aller trouver le roy de Navarre à Mazeres, ville qui appartenoit à ce prince, et située au comté de Foix; le duc de Montmorency se logea à Belpuech de Gragniago, en son gouvernement de Languedoc; il étoit accompagné de la principale noblesse et des plus notables de la province, avec lesquels il alla le 19 décembre à Mazeres, éloigné d'une lieue de Belpuech : le roy de Navarre le receut très-agréablement ; Rambouillet se trouva à la conférence de la part du Roy, l'abbé de Gadagne de la part de la Reine, deux conseillers du parlement de la chambre de l'édit établie à l'Isle en Albigeois : on ne prit aucune bonne résolution dans cette conférence, et le maréchal revint à Carcassonne terminer les estats.

Au commencement de 1580 il fut de retour à Pezenas. Le 4 juillet, le parlement de Toulouse vérifia une déclaration du Roy contre les perturbateurs du repos public.

Au mois d'août, Montmorency leva une armée, et alla assiéger Villemagne, tenue par les protestans, et secourue par Chatillon : le siége fut long, et le maréchal obligé de le lever avec perte. La peste étoit à Montpellier, à Pezenas et à Beziers, d'où le maréchal se retira à Agde.

Le 21 janvier 1581, le maréchal, étant à Saint-Pons de Tomieres, y fit publier la conférence de Fleix entre Monsieur et le roy de Navarre, du 26 décembre ; deux jours après, le parlement de Toulouse la fit publier.

Le vicomte de Turenne, envoyé par le roy de Navarre à Montpellier, ne put pas persuader aux habitans de l'accepter, et ils ne la firent publier que le 14 mai, après que le Roy leur eut accordé en avril une nouvelle abolition ; ils tenoient le fort de Cabrieres-lez-Pezenas, lieu très-fort, et qui avoit été occupé par les Albigeois, comme il paroît par une commission du mois de mai 1250, addressée au châtelain de Pezenas.

Au mois d'octobre, les protestans se saisirent de

Villeneuve la Cremade à une lieue de Beziers; et à la fin du même mois, il y eut une assemblée à Pezenas en présence du maréchal, où se trouverent Châtillon, quelques ministres et députés des villes du bas Languedoc; le seigneur de Clermont, envoyé par le roy de Navarre, y survint; et on y résolut que les édits et conferences seroient exécutées, que Villeneuve et Cabrieres seroient rendus, ce qui fut incontinent effectué; et ledit château de Cabrieres fut razé de pied; les protestans rendirent aussi La Bastide-lez-Lodeve.

Le prince de Condé vint à Montpellier, et passa par Pezenas, où étoit Montmorency.

Au commencement de 1582, le vicomte de Joyeuse, qui avoit toujours vécu en bonne intelligence avec le duc de Montmorency, surtout depuis l'union, prit un parti contraire, quitta Pezenas, et se retira à Narbonne. Au mois de février, Bacon, capitaine de la religion, s'empara de Minerve en Minerbois; Montmorency alla au mois de mai à Azille-le-Comtal en Minerbois, et y fit une assemblée de quelques évêques, du baron de Rieux et autres; on y résolut le siége de Minerve, qui fut mis devant cette place au mois de juillet, sous le baron de Rieux, gouverneur de Narbonne. Le maréchal alla à Carcassone, Brugueirolles, Limoux, Alet, Fanjaux, Castelnaudary, jusques à Montesquieu près de Toulouse, faisant dire la messe en tous les lieux de la religion. Revenu en septembre, il fut à Bisan de las Allieres, le siége étant encore devant Minerve, où il fit tant qu'à l'amiable Bacon quitta la place le 17 septembre, moyennant une abolition que le maréchal avoit toute prête, et qu'il lui délivra lui-même.

Le premier octobre, le maréchal commença les états de Languedoc à Beziers; et le lendemain 2 il fut, bien accompagné, à Nisse, entre Beziers et Narbonne, conferer avec le duc de Joyeuse, fils du vicomte, qui étoit venu voir son pere, et qui y étoit grandement accompagné : la conférence dura plus de deux heures, pendant lesquelles leurs troupes étoient à pied.

Au commencement de décembre, le maréchal alla à Alais, et en y allant il passa par Montpellier, où le prince de Condé résidoit, et où il n'avoit pas été depuis 1577. On lui rendit tous les honneurs imaginables, et il resta à Alais jusqu'au mois de mars.

En 1583, les protestans se saisirent de Montréal, d'Olargues, et près de Lodeve de las Ribés et Sorgues, courans et riblans les environs.

Les catholiques assiégerent Montréal, et ne purent pas le prendre; ils surprirent Alet, et le garderent.

Au mois de juillet, le baron de Rieux revint de la Cour, et apporta à Montmorency, qu'il trouva à Beziers, des instructions du Roy données à Paris le 27 may, par lesquelles il approuvoit la conduite de Joyeuse, avouant ce qu'il avoit fait, voulant qu'il se tînt à Narbonne, et que Montmorency n'y allât point, moyennant quoi il seroit content de lui.

Il n'y eut point d'états en Languedoc, et le Roy, par ses lettres du 3 décembre, fit faire le département des deniers par les trésoriers de France.

Au commencement de 1584, se manifesta le grand crédit et faveur du duc de Joyeuse, qui fit faire son père maréchal de France, son frère cardinal et archevêque de Toulouse et Narbonne. La malveuillance du maréchal de Joyeuse se déclara contre Montmorency; au mois de mars, il engagea l'Estang, évêque de Lodeve, de se saisir de la ville de Clermont, et il fit occuper le château et le lieu de Secenon, à trois lieues de Beziers.

Montmorency étant à Beziers au mois d'août, le président de Belliévre, envoyé par le Roy pour pacifier le pays, y arriva; il fut de là trouver Joyeuse. Au mois d'octobre, Pontcarré, maître des requêtes, vint aussi de la Cour, apportant la résolution sur la réponse donnée à Belliévre; mais il trouva les affaires fort altérées, et retourna sans rien faire. En novembre, Montmorency assiégea Clermont, et prit d'assaut l'église, lieu fort, hors la ville, qui capitula; de là Montmorency alla surprendre Corsan sur l'Aude, où étoient les gens d'armes de Joyeuse. En décembre, Poigny-Rambouillet et Pontcarré, renvoyés par le Roy pour la paix, assurerent Montmorency de la bonne volonté du Roy, et de sa manutention en son gouvernement, et ils négocierent si bien entre lui et le maréchal de Joyeuse, que la guerre cessa de part et d'autre; Olargues fut rendu, et le château de Secenon razé.

En 1585, au mois de mai, le Roy accorda une abolition générale du passé au duc de Montmorency. Les estats furent tenus à Beziers en juillet. Montmorency alla conférer avec le roy de Navarre en aoust à Castres, et en septembre, étant à Pezenas, il s'unit avec les protestans; et au mois d'octobre, il publia une déclaration pour justifier sa conduite. Le Roy lui avoit envoyé Pontcarré pour le regagner, mais il n'en put pas venir à bout : Cuxac, Oveillan, Capestang, Puisserguier, Beziers et Saint Pons, lui servoient de frontière contre le maréchal de Joyeuse, qui restoit armé à Narbonne sans rien faire.

En janvier 1586, Montmorency tint les estats à Pezenas; la Reine mere lui envoya en mars l'abbé de Juilli et Veirac pour le ramener au service du Roy, à quoi il ne voulut entendre.

En 1587, l'amiral de Joyeuse prit Marvejols en aoust, et vint dans le pays toulousain pour voir son pere. Jean Douzon, seigneur de Villespassans, ayant voulu faire revolter Beziers contre le duc de Montmorency, le duc lui fit faire son procès; il fut étranglé de nuit, et le lendemain trouvé pendu dans la place publique au mois d'aoust.

Le 20 octobre se donna en Guienne cette grande bataille au lieu de Cotras (1), entre le roy de Navarre et ceux de la religion d'une part, et l'amiral de Joyeuse avec les forces du Roy, d'autre, en laquelle ledit amiral fut occis, et avec lui grand nombre de grands seigneurs et noblesse, comprins un sien frere, le plus jeune, seigneur de Saint Sauveur, fort aimé de leur pere. Par sa mort, son frere (2), qui le suivoit, grand prieur de Tholose, et qui étoit en Languedoc près son pere faisant la guerre, fut dit duc de Joyeuse.

L'an 1588, au mois de mai, furent les barricades de Paris contre le roy Henri III y étant, et saisi de ladite ville par M. de Guise, dont le Roi délogea; de quoi s'ensuivit grand trouble au royaume, qui sembla vainement appaisé par l'indiction générale des états de

---

(1) *Cotras* : Coutras. — (2) *Son frere* : Antoine-Scipion de Joyeuse.

France par le Roy en la ville de Blois, qui y furent tenus au mois d'octobre suivant 1588, le roy de Navarre ni aucun grand ou petit de la religion appelés ou présens; èsquels états continuant l'haine du Roy contre M. de Guise et ses partisans, ledit sieur de Guise et son frere le cardinal y furent tués, et plusieurs prélats, grands seigneurs et autres, emprisonnés; les états dissipés, et grande guerre redressée entre le Roy et ceux de la Ligue, desquels se rendit chef M. du Maine, frere dudit feu seigneur de Guise, se nommant conservateur de l'état et couronne de France, appellé avec eux le roy d'Espagne, ses gens, faveurs et forces; dont je laisse des discours plus amples aux écrivains de l'histoire royale.

L'an 1589, la ville de Tholose et ses adherans, de l'obéissance de M. le maréchal de Joyeuse, au mois de février audit an, jurerent l'union et confédération avec la Ligue, sous la charge de M. du Maine, contre le Roy et M. de Montmorency, de leur parti autoriser les articles de cette union par arrêt de la cour du parlement dudit Tholose, du 14 dudit mois de février 1589, s'en réservant ladite cour l'autorité et surintendance. Audit an 1589, par lettres patentes du Roy, données au camp de Beaugency le 17 du mois de juin, ledit seigneur translata le parlement de Tholose à la ville basse de Carcassonne, et y fit président M. de La Borgade, auparavant conseiller audit Tholose, qui en étoit sorti. En la même année, et le premier jour d'août, le roy Henri III étant à Saint Cloud près Paris avec son camp et grande armée, pour bloquer Paris, fut misérablement tué par un jeune religieux de l'ordre des Jacobins, qui, feignant lui vouloir parler en secret, lui donna d'un couteau dans le petit ventre; lequel moine fut illec tué sur le champ, et le pauvre Roy mourut le lendemain. A ce meurtrier, nommé frère Clément, furent ès villes de Paris et Tholose, et autres de la Ligue, faites funérailles publiques et solemnelles; son effigie portée, et au contraire celle du Roy défunt traînée par les rues. Après cette piteuse mort du roy Henri III, le roy de Navarre, dit Henri IV, comme plus prochain, vint à la couronne, et s'en vint audit Saint Cloud, où il fut reçu honorablement de tous les princes, seigneurs, et de toute l'armée, èsquels il fit une déclaration le 4 dudit mois d'août 1589, par laquelle il promet maintenir la religion catholique, sans aucune chose innover et changer en icelle, promettant s'y faire instruire, et au surplus ne permettre l'exercice de la religion prétendue réformée que selon les édits du feu Roy, permissifs d'icelle; après laquelle déclaration, lesdits princes et seigneurs lui protesterent toute fidélité et obéissance; desquelles choses il advertit M. de Montmorency en Languedoc, comme il fit aussi d'autre déclaration depuis faite par Sa Majesté au camp du Mans, le 25 novembre audit an 1589, publiée à Tours au parlement le 25 décembre suivant, par laquelle il indique une assemblée des états généraux du royaume au mois de mars prochain, en la ville de Tours (1), y convoque tous ceux de la Ligue, les rappelle à soi et à son obéissance, en faisant les soumissions portées par ladite déclaration. Cependant que

---

(1) *La ville de Tours.* La guerre empêcha que ces états ne pussent être assemblés.

ces choses se faisoient en France, l'autre et second fils de M. le maréchal de Joyeuse, dit M. de Joyeuse par la mort de M. l'Amiral, vint en Languedoc, et commença à y faire la guerre contre M. de Montmorency, et armées dressées par eux respectivement au terroir de Narbonne, lieu dit le Mas-de-Pardelhan. Ils firent une tréve pour quatre mois, le dernier jour d'août susdit 1589.

L'an 1590 se passa cette année en Languedoc sans grande faction d'armes, chacun se tenant sur la garde.

FIN DES MÉMOIRES DE PHILIPPI.

TABLE DES MATIÈRES

CONTENUES

DANS LE TRENTE-QUATRIÈME VOLUME.

MÉMOIRES DE JEAN DE MERGEY. Page 1

Notice sur de Mergey et sur ses Mémoires. 3

FRANÇOIS DE LA NOUE.

Notice sur François de La Noue et ses Mémoires. 85

MÉMOIRES DE FRANÇOIS DE LA NOUE. 121

PREMIERS TROUBLES.

Chapitre premier. *Que ceux de la religion eussent esté prevenus au commencement de la premiere guerre civile sans l'accident de Vassy.* 121

Chap. II. *A sçavoir si M. le prince de Condé fit un si grand erreur aux premiers troubles, comme plusieurs ont dict, de ne s'estre point saisi de la Cour ou de Paris.* 126

Chap. III. *De trois choses que j'ay remarquées, qui arriverent avant que les armées se missent en campagne; dont l'une plaisante, l'autre artificieuse, et la tierce lamentable.* 131

Chap. IV. *De la promesse que fit M. le prince de Condé à la Royne, un peu legerement, de sortir hors du royaume de France, et de ce qui empescha qu'elle ne fust accomplie.* 137

Chap. V. *Par quelle action la guerre commença à s'ouvrir manifestement entre les deux armées.* 145

Chap. VI. *De la bonne discipline qui fut observée*

parmy les bandes, tant de cheval que de pied, de M. le prince de Condé, seulement l'espace de deux mois; puis de la naissance de la picorée. Page 150

Chap. VII. Pour quelles raisons l'armée de M. le prince de Condé se dissipa après la prise de Boisgency; et comme il tourna ceste necessité en utilité; et du dessein de celle du roy de Navarre. 154

Chap. VIII. Que, sans le secours estranger qu'amena M. d'Andelot, les affaires de ceux de la religion estoient en très mauvais estat, et les courages de plusieurs fort abatus, tant pour la prise de Bourges et Rouen que pour la defaite de M. de Duras. 160

Chap. IX. Du dessein que prit M. le prince de Condé, voyant les forces estrangeres approcher, et comme il s'alla presenter devant Paris, où ayant sejourné onze jours sans faire nul effet, il s'achemina vers la Normandie. 165

Chap. X. De six choses remarquables advenues à la bataille de Dreux. 171

Chap. XI. Du siege mis par M. de Guise devant Orleans, et du voyage que fit M. l'Admiral en Normandie. 179

SECONDS TROUBLES.

Chap. XII. Des causes de la prise des armes aux seconds troubles; et comme les desseins sur quoy ceux de la religion s'estoient appuyez se trouverent vains. 185

Chap. XIII. Que trois choses que le prince de Condé attenta rendirent le commencement de son entreprise fort superbe; dont les catholiques furent d'abord estonnez. 194

Chap. XIV. De ce qui avint au deslogement de Sainct Denis, qui est plus digne d'estre remarqué. 198

Chap. XV. Du voyage qui se fit vers la Lorraine par les deux armées à diverses fins. 204

Chap. XVI. Du retour des deux armées vers Orleans et

Paris, et la maniere que tenoit le prince de Condé pour faire vivre, marcher et loger la sienne. Page 209

Chap. XVII. Des nouvelles forces de diverses provinces qui se trouverent à Orleans, ce qui convia M. le prince de Condé d'entreprendre le voyage de Chartres. 213

Chap. XVIII. De la seconde paix qui fut faite à Lonjumeau. 217

TROISIESMES TROUBLES.

Chap. XIX. De la diligente retraite de ceux de la religion aux troisiesmes troubles, et de la belle resolution de M. de Martigues quand il vint à Saumur. 220

Chap. XX. Que le temps qu'on donna à M. le prince de Condé, après s'estre retiré à La Rochelle, sans luy jetter aucune armée sur les bras, luy servit de moyen de se prévaloir d'une grande province, sans le soustien de laquelle il n'eust peu continuer la guerre. 226

Chap. XXI. Des premiers progrez des deux armées, lors qu'estant en leur fleur elles cherchoient avec pareil desir de s'entrecombattre. 230

Chap. XXII. Que les deux armées, en s'entre-voulant vaincre, ne peurent pas seulement se combattre, et comme la rigueur du temps les separa, ruinant quasi l'une et l'autre armée en cinq jours. 240

Chap. XXIII. De la mort de M. le prince de Condé à Bassac. 249

Chap. XXIV. Du memorable passage du duc de Deux-Ponts, depuis les bords du Rhin jusques en Aquitaine. 255

Chap. XXV. Du siege de Poictiers. 262

Chap. XXVI. De la bataille de Moncontour. 268

Chap. XXVII. Que le siege de Saint-Jean-d'Angely fut la ressource de ceux de la religion. 274

Chap. XXVIII. Que la ville de La Rochelle ne servit

pas moins à ceux de la religion qu'avoit fait Orleans aux troubles passez. Page 279

Chap. XXIX. Qu'en neuf mois l'armée de messieurs les princes fit près de trois cens lieues, tournoyant quasi le royaume de France, et de ce qui luy succeda en ce voyage. 282

Chap. XXX. Des causes de la troisiesme paix, la comparaison d'icelle avec les precedentes, et si elles ont été necessaires. 289

ACHILLE GAMON ET JEAN PHILIPPI.

Notice sur les Mémoires d'Achille Gamon et de Jean Philippi. 299

MÉMOIRES D'ACHILLE GAMON. 303

MÉMOIRES DE JEAN PHILIPPI. 341

FIN DU TRENTE-QUATRIÈME VOLUME.

www.ingramcontent.com/pod-product-compliance
Lightning Source LLC
Chambersburg PA
CBHW071906230426
43671CB00010B/1495